Witaliy Aizendorf

Faktoren der Wohnstandortwahl hochqualifizierter Arbeitskräfte

D1739992

Witaliy Aizendorf

Faktoren der Wohnstandortwahl hochqualifizierter Arbeitskräfte

Eine Untersuchung am Beispiel von Absolventen der TU Dortmund

VDM Verlag Dr. Müller

Impressum/Imprint (nur für Deutschland/ only for Germany)
Bibliografische Information der Deutschen Nationalbibliothek: Die Deutsche Nationalbibliothek
verzeichnet diese Publikation in der Deutschen Nationalbibliografie; detaillierte bibliografische
Daten sind im Internet über http://dnb.d-nb.de abrufbar.
Alle in diesem Buch genannten Marken und Produktnamen unterliegen warenzeichen-, marken-
oder patentrechtlichem Schutz bzw. sind Warenzeichen oder eingetragene Warenzeichen der
jeweiligen Inhaber. Die Wiedergabe von Marken, Produktnamen, Gebrauchsnamen,
Handelsnamen, Warenbezeichnungen u.s.w. in diesem Werk berechtigt auch ohne besondere
Kennzeichnung nicht zu der Annahme, dass solche Namen im Sinne der Warenzeichen- und
Markenschutzgesetzgebung als frei zu betrachten wären und daher von jedermann benutzt
werden dürften.

Coverbild: www.purestockx.com

Verlag: VDM Verlag Dr. Müller Aktiengesellschaft & Co. KG
Dudweiler Landstr. 99, 66123 Saarbrücken, Deutschland
Telefon +49 681 9100-698, Telefax +49 681 9100-988, Email: info@vdm-verlag.de

Herstellung in Deutschland:
Schaltungsdienst Lange o.H.G., Berlin
Books on Demand GmbH, Norderstedt
Reha GmbH, Saarbrücken
Amazon Distribution GmbH, Leipzig
ISBN: 978-3-639-25427-3

Imprint (only for USA, GB)
Bibliographic information published by the Deutsche Nationalbibliothek: The Deutsche
Nationalbibliothek lists this publication in the Deutsche Nationalbibliografie; detailed
bibliographic data are available in the Internet at http://dnb.d-nb.de .
Any brand names and product names mentioned in this book are subject to trademark, brand or
patent protection and are trademarks or registered trademarks of their respective holders. The use
of brand names, product names, common names, trade names, product descriptions etc. even
without a particular marking in this works is in no way to be construed to mean that such names
may be regarded as unrestricted in respect of trademark and brand protection legislation and
could thus be used by anyone.

Cover image: www.purestockx.com

Publisher:
VDM Verlag Dr. Müller Aktiengesellschaft & Co. KG
Dudweiler Landstr. 99, 66123 Saarbrücken, Germany
Phone +49 681 9100-698, Fax +49 681 9100-988, Email: info@vdm-publishing.com

Copyright © 2010 by the author and VDM Verlag Dr. Müller Aktiengesellschaft & Co. KG and
licensors
All rights reserved. Saarbrücken 2010

Printed in the U.S.A.
Printed in the U.K. by (see last page)
ISBN: 978-3-639-25427-3

Inhaltsverzeichnis

Abbildungsverzeichnis

Tabellenverzeichnis

Abkürzungsverzeichnis

BBR	Bundesamt für Bauwesen und Raumordnung
bspw.	beispielsweise
bzw.	beziehungsweise
ca.	circa
Difu	Deutsches Institut für Urbanistik
et al.	et alii (und andere)
etc.	et cetera
EU	Europäische Union
ff.	folgende
FH	Fachhochschule
ggf.	gegebenenfalls
HIS	Hochschul-Informations- System GmbH
IAB	Institut für Arbeits- und Berufsforschung
Jg.	Jahrgang
km	Kilometer
LDS NRW	Landesdatenbank Nordrhein-Westfalen
NRW	Nordrhein-Westfalen
OECD	Organisation für wirtschaftliche Zusammenarbeit und Entwicklung
ÖPNV	Öffentlicher Personen-Nahverkehr
ÖV	Öffentlicher Verkehr
RVR	Regionalverband Ruhrgebiet
RWTH	Rheinisch Westfälische Technische Hochschule
S.	Seite
s.o.	siehe oben
TU	Technische Universität
u.a.	unter anderem
usw.	und so weiter
vgl.	vergleiche
vs.	versus
z.B.	zum Beispiel

EINLEITUNG

1. Einleitung

„Junge, mobile Eliten können sich ihren Wohnort nach Gutdünken aussuchen und ihn wechseln – was bedeutet, dass die Städte in einem harten Konkurrenzkampf und die Besten stehen. Es ist eine Entwicklung, von der nur die attraktivsten Städte profitieren können."

(Landry 2007: 102)

1.1. Anlass und Problemstellung

Während die Zahl der Arbeitsplätze im produzierenden Sektor in der Bundesrepublik kontinuierlich sinkt, steigt der Anteil der Stellen für hochqualifizierte Arbeitskräfte deutlich an (vgl. Fischer/Siebern-Thomas 2004: 38ff.; Frankfurter Allgemeine Hochschulanzeiger vom 01.2009). Im Zeitalter der Wissensgesellschaft und der Tertiärisierung wird die Nachfrage nach gut ausgebildeten Fachkräften in Deutschland auch in Zukunft weiter wachsen. Um diesem wirtschaftlichen Trend gerecht zu werden und den Bedarf an entsprechenden Arbeitskräften zu decken, benötigt die deutsche Wirtschaft steigende Zahlen an Hochschulabsolventen.

Doch an diesem Punkt besteht ein Problem: Bundesweit fehlt es an gut ausgebildeten Fachkräften, insbesondere mit Hochschulabschluss. Somit kann der steigende Bedarf an hochqualifizierten Kräften nicht gedeckt werden. Dieser Engpass verschärft sich durch den demografischen Wandel: Durch zunehmende Alterung und Schrumpfung der Bevölkerung nimmt der Anteil der Personen im erwerbsfähigen Alter[1] in Deutschland stetig ab. (vgl. Website Bundesministerium des Innern). Die Organisation für wirtschaftliche Zusammenarbeit und Entwicklung (OECD) prognostiziert für Deutschland einen Rückgang der arbeitsfähigen Bevölkerung bis 2020 um 6,2 % gegenüber 2005 (vgl. OECD 2009).

Vor diesem Hintergrund entwickeln sich junge, hochqualifizierte Arbeitskräfte zu einer verstärkt nachgefragten Zielgruppe für Unternehmen. Für viele wissensbasierte Betriebe ist die Verfügbarkeit gut ausgebildeter Fachkräften zu einem der wichtigsten Standortfaktoren geworden und steht häufig sogar noch vor den „klassischen" harten Faktoren wie Bodenpreise und Verkehrsanbindung (vgl. Grabow et al. 1995).

Somit hat die Wohnstandortwahl von Hochschulabsolventen maßgeblichen Einfluss auf die Wettbewerbsfähigkeit von Städten und Regionen. Da Akademiker allgemein ein geringeres Arbeitslosenrisiko haben als andere Arbeitskräfte, sind sie auch aus fiskalischen Gründen für Kommunen besonders interessant. Eine starke Abwanderung junger Akademiker, wie z.B.. in vielen ostdeutschen Regionen, bedeutet für die Kommunen ein Rückgang von Steuereinnahmen und damit eine Einschränkung von Handlungsspielräumen bei der Stadt- und Regionalplanung. Als

---

[1] Als Personen im erwerbsfähigen Alter gelten in der Bundesrepublik Deutschland alle Personen von 15 bis unter 65 Jahren (vgl. Website Bundesagentur für Arbeit 1).

Folge bemühen sich die Städte und Regionen darum, möglichst viele junge Akademiker anzuwerben und zu halten. Das Ruhrgebiet steht dabei vor einer besonderen Herausforderung. Hier vollzieht durch den Strukturwandel eine rasanten Übergang von einer alten Industrie- zu einer modernen Dienstleistung- und Wissensregion. So hat sich z.b. der Dortmunder Raum mittlerweile zur einem der führenden IT-Standorte Deutschlands entwickelt (vgl. Website Networker-Westfalen). Gerade Branchen wie die Informationstechnologie sind ist in hohem Maße auf akademische Arbeitskräfte angewiesen.

Gleichzeitig ist das Ruhrgebiet stärker vom demographischen Wandel betroffen als andere (westdeutsche) Ballungsräume, die Zahl der Personen im erwerbsfähigen Alter ist unterdurchschnittlich (vgl. Website LDS NRW 1). Im zunehmenden Wettbewerb der Regionen um akademische Arbeitskräfte bilden die Ruhr-Hochschulen das zentrale Reservoir für den hochqualifizierten Fachkräftenachwuchs der Region. Zum Wintersemester 2007/2008 studierten insgesamt 155.258 Studenten an den 14 Hochschulen des Ruhrgebiets, davon allein in Dortmund fast 30.000 (vgl. Website RVR-Datenbank 1). Damit hat die Metropole Ruhr mehr Studenten als Berlin[2]. Die Wettbewerbsfähigkeit dieses Raumes hängt entscheidend davon ab, ob es gelingt, die Absolventen ihrer Hochschulen an die Region zu binden.

In allen Universitätsstädten des Ruhrgebiets besteht ein positives Wanderungssaldo bei den 20 bis 25-Jährigen, aber ein negatives Wanderungssaldo bei den 25 bis 30 Jährigen (vgl. Website LDS NRW 2). Diese Statistik deutet darauf hin, dass bei den Absolventen der Ruhr-Hochschulen ein Trend zur Abwanderung besteht[3]. Auch Prossek (1999) spricht von einem anhaltenden „Abwandern kreativer, hochausgebildeter, künstlerischer Menschen aus einer Region[…]" (Prossek 1999: 4).

Dies wiederrum verschärft den oben erwähnten Fachkräftemangel sowie die demografische Schieflage im Rhein-Ruhr Raum, wie einige Statistiken belegen (vgl. Website LDS NRW 3 und Website RVR-Datenbank 2). Eine weitere Folge des Abwanderungstrends ist die vergleichsweise geringe Unternehmensgründungsaktivität und die relativ schwache Erfindertätigkeit. All dies trägt dazu bei, dass dem Ruhrgebiet trotz enormer Bemühungen, Innovationen, Unternehmen und gut ausgebildete Fachkräfte anzuziehen, im nationalen Wettbewerb der Regionen auch heute als „Schwundregion" gilt, während die wachstumsstarken Ballungsräume Süddeutschlands ihren Wettbewerbsvorsprung weiter ausbauen können (Kröhnert et al. 2006: 5ff.). Auch in den nächsten Jahren wird in den Kernstädten des Ruhrgebiets mit einem weiteren Bevölkerungsrückgang gerechnet (vgl. BBR 2006: 24).

Als Handlungsbedarf lässt sich ableiten: das Ruhrgebiet muss als Wohnstandort der kreativen und hochqualifizierten Leistungsträger der Gesellschaft attraktiver werden. Es braucht mehr Menschen, die erfinden, entwickeln, kreieren, schaffen und gründen können, Menschen mit kreativen

---

[2] Im Land Berlin waren Im Wintersemester 2005/2006 136.717 Studenten eingeschrieben (vgl. Website Statistisches Landesamt Berlin).
[3] Die Mehrzahl aller deutschen Hochschulabsolventen (Prüfungsjahr 2006) befand sich nach Erhebungen des statistischen Bundesamtes im Alter zwischen 25 und 30 Jahren. Ihr Altersdurchschnitt lag bei 27,2 Jahren (Frauen) und 28,0 Jahren (Männer)(vgl. Feuerstein 2008: 607-608).

Ideen und potentielle Unternehmensgründer. Um das zu erreichen, muss man sich zunächst fragen, was solche Menschen in einer Region eigentlich vorfinden möchten, um sich dort niederzulassen. Was muss das Ruhrgebiet und hier vor allem der Raum Dortmund tun, um für sie als Wohnstandort interessanter zu werden?

1.2 Fragestellung und Ziel der Arbeit

Das zentrale Ziel dieser Arbeit besteht darin, Faktoren der Wohnstandortwahl von hochqualifizierten Arbeitskräften zu ermitteln. Dies geschieht am Beispiel ausgewählter Absolventen der TU Dortmund.[4]

Wohnstandort im Sinne dieser Arbeit meint dabei nicht das Quartier oder die Stadt bzw. Gemeinde, sondern die **gesamte Region, innerhalb derer enge Berufspendlerverflechtungen bestehen** wie z.B. das Ruhrgebiet oder das Rhein-Main-Gebiet. Dementsprechend untersucht diese Diplomarbeit **nicht** die intraregionale oder lokale sondern die **interregionale** Standortwahl: nicht die Stadt-Umland-Wanderung, sondern die Wanderung über die Grenzen der Region hinaus stehen im Mittelpunkt.

Auf der Grundlage dieser Untersuchung sollen im zweiten Schritt, so weit wie möglich, Ansätze für allgemeine Handlungsempfehlungen in der Beispielregion abgeleitet werden, um mehr Absolventen zu halten bzw. anzuziehen.

Dabei sollen folgende zentrale Forschungsfragen beantwortet werden:

1. Welche Faktoren spielen bei der Wohnstandortwahl von Hochschulabsolventen beim Übergang zwischen Studium und Beruf eine wichtige Rolle?
2. Welches Gewicht haben die einzelnen Standortfaktoren? Haben harte Faktoren mehr Gewicht als weiche[5]?

Aus diesen zentralen Forschungsfragen lässt sich eine Reihe von ergänzenden Unterfragestellungen ableiten:

-Welche Ansprüche stellt die Untersuchungsgruppe konkret an die Kultur- und Freizeitausstattung einer Region?
- Besteht bei der Untersuchungsgruppe eine Tendenz zur Abwanderung aus der Region?

---

[4] Eine genaue Beschreibung und Abgrenzung der Untersuchungsgruppe erfolgt im empirischen Teil dieser Arbeit (siehe Kapitel 4).

[5] Die Definition und Abgrenzung von harten und weichen Standortfaktoren erfolgt in Kapitel 2.1.3

Da anzunehmen ist, dass die regionale Herkunft einer Person ihre Standortpräferenzen beeinflusst und somit Einheimische ein anderes Standortwahlverhalten haben als Zugereiste, soll ebenso die folgenden Frage betrachtet werden:

-Inwiefern unterscheidet sich die Wohnstandortwahl der aus dem Ruhrgebiet stammenden Absolventen von jenen, die aus anderen Regionen zum Studium nach Dortmund zugezogen sind? Und welchen Einfluss hat die Herkunftsregion der Absolventen auf ihre Standortpräferenzen?

Wie die dargestellten Ziele methodisch erreicht werden sollen und wie die Arbeit insgesamt aufgebaut ist, soll im folgenden Kapitel genauer erläutert werden.

1.2 Aufbau und methodische Vorgehensweise

Aufbau
Die vorliegende Arbeit gliedert sich in drei Abschnitte: Teil A bilden die theoretischen Grundlagen, Teil B die empirische Analyse und Teil C die Handlungsempfehlungen für den Betrachtungsraum (siehe Abbildung 1).

Kapitel 2 liefert das theoretische Fundament der Diplomarbeit. Um die Wohnstandortwahl von Individuen erklären zu können, ist es erforderlich, sich mit unterschiedlichen Standorttheorien, mit Migrationstheorien sowie mit der Lebensstilforschung zu beschäftigen. Die Vorgehensweise bei der Darstellung der jeweiligen Theorie ist deduktiv: Jeder der drei theoretischen Abschnitte wird zunächst allgemein eingeleitet und dann auf den Untersuchungsgegenstand– die hochqualifizierten Arbeitskräfte fokussiert. Des Weiteren soll die Relevanz von Hochqualifizierten für den Standortwettbewerb erläutert werden, um so die Wahl des zentralen Untersuchungsgegenstands zu begründen.

In **Kapitel 3** erfolgt eine Bestandsaufnahme des Untersuchungsraumes. Dieses Kapitel ist notwendig, um die Ausgangssituation und die Problematik des Untersuchungsraumes im Groben zu begreifen. Es dient zudem der Auswahl und Abgrenzung des Untersuchungsraumes sowie der Zielgruppe für die empirische Untersuchung. Dadurch bereitet dieses Kapitel die nachfolgende Untersuchung vor und ist Bestandteil der Empirie.

In **Kapitel 4** findet der Hauptteil der empirischen Analyse der Arbeit statt. Methodisch untergliedert sich diese in eine quantitative Absolventenbefragung sowie in qualitative Interviews mit Absolventen und Experten. Zuerst wird die jeweilige Methodik der Untersuchung erläutert, im nächsten Schritt erfolgt die Vorstellung der Untersuchungsergebnisse. Am Ende jedes Methodenkapitels werden die entsprechenden Ergebnisse kurz zusammengefasst und ein Fazit für das darauf folgende Kapitel gezogen.

Aufbauend auf den Ergebnissen aus der Empirie werden in **Kapitel 5** mögliche Handlungsempfehlungen für den Untersuchungsraum abgeleitet, wie Absolventen gehalten bzw. angezogen werden können. Diese richten sich zum einen an kommunalpolitische Akteure des Betrachtungsraums und

zum anderen an ansässige Unternehmen, die auf die untersuchten Hochschulabsolventen angewiesen sind, sowie an die TU Dortmund.

Mit einem Fazit und einem Ausblick in **Kapitel 6** wird die Arbeit abgeschlossen.

Methodisches Vorgehen

Die theoretischen Grundlagen können aufgrund der großen Anzahl unterschiedlicher themenrele-
vanter Theorien erst mithilfe eines umfangreichen Literaturstudiums erschlossen werden. Aufgrund der hohen Aktualität der Thematik und vieler neuer Veröffentlichungen sind zahlreiche
Quellen nur im Internet verfügbar. Somit machen Internetrecherchen neben den Literaturrecher-
chen einen nicht unerheblichen Teil der Gesamtrecherchen aus.

Neben diesen Methoden dienen formlose, explorative Gespräche mit Experten sowie mit Studierenden der TU Dortmund dazu, wichtige Informationen für die Beschreibung der Problemstellung
und somit für das Einleitungskapitel zu gewinnen[6]. Viele der dadurch gewonnen Angaben dienen
auch der späteren Gestaltung der Absolventenbefragung und der Experteninterviews.

Für die Bestandsaufnahme des Untersuchungsraumes werden einige sekundärstatistische Analysen durchgeführt – dazu gehören u.a. Absolventenstatistiken der TU Dortmund, Bevölkerungssta-
tistiken sowie Arbeitsmarktsstatistiken. Die Ergebnisse der Bestandsaufnahmen fließen zum Teil
in die Vorbereitung und Gestaltung der angewandten Methoden des Analysekapitels ein – also in
die Absolventenbefragung und in die Interviews. Sie dienen aber vor allem der exakten Abgrenzung der Untersuchungsgruppe. Schließlich bildet die Bestandsaufnahme auch eine Datengrund-
lage für den Vergleich des Ist-Zustandes im Raum Dortmund mit den ermittelten Standortpräferenzen der Absolventen (siehe Abbildung 1).

---

[6] Neben den formlosen Gesprächen wurde in diesem Zusammenhang auch ein Experteninterview mit
Rasmus Beck, einem Mitarbeiter des „dortmund-project" geführt. Aufgrund seiner Relevanz wurde dieses
Interview transkribiert und als eigene Quelle in der Arbeit verwendet (siehe Anhang 7).

Abbildung 1: Aufbau und Methodik der Arbeit

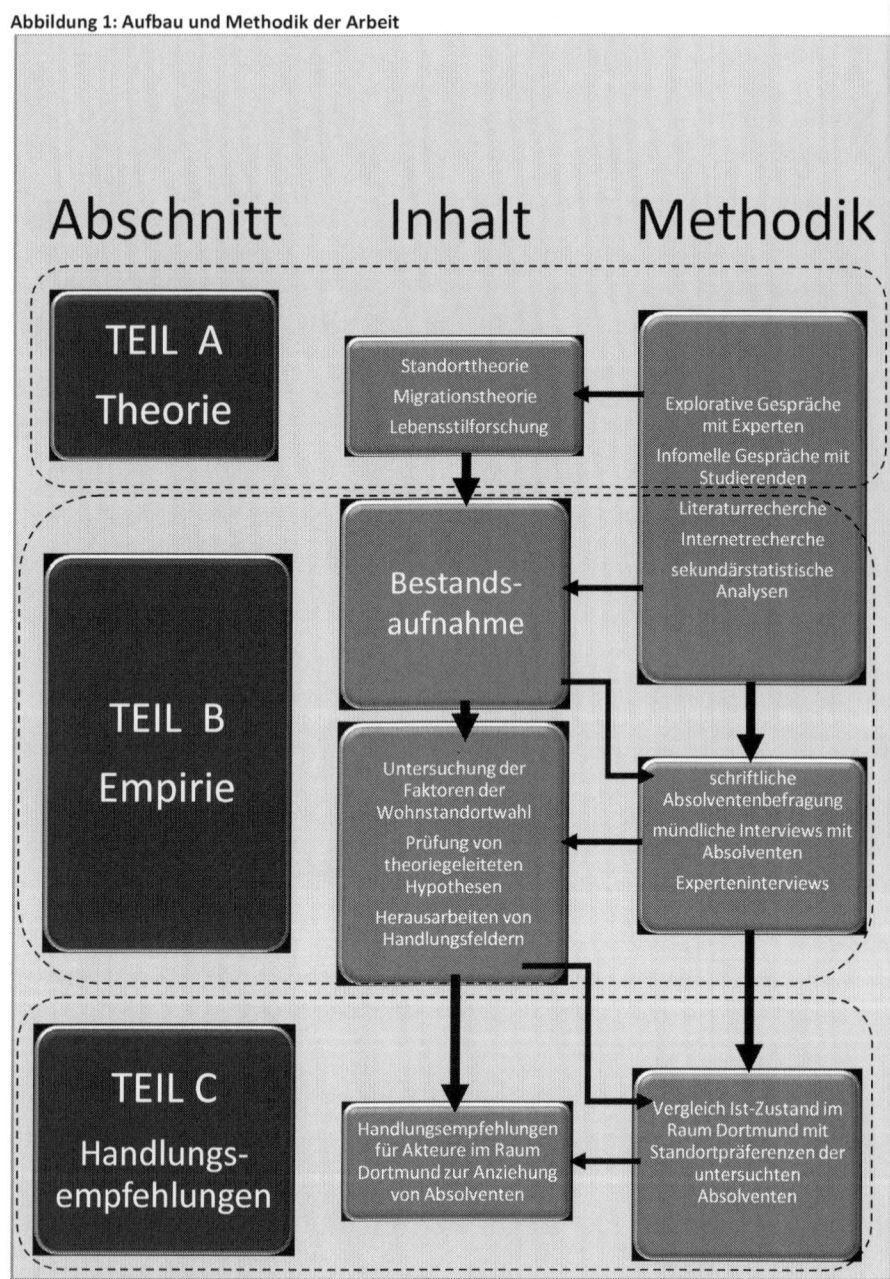

Quelle: Eigene Darstellung

TEIL A: THEORIE

2. Theoretische Grundlagen der Standortwahl

Dieses Kapitel liefert einen Überblick über den aktuellen Stand der Forschung zu der Thematik. Im Mittelpunkt steht dabei die Frage, welche Faktoren der Wohnstandortwahl von hochqualifizierten Arbeitskräften sich aus der Theorie ableiten lassen. Die methodische Vorgehensweise, die dabei gewählt wurde, ist deduktiv (siehe Kapitel 1.2).

Bislang gibt es kaum wissenschaftliche Untersuchungen, die sich primär den Standortfaktoren von Arbeitskräften widmen und somit keine Untersuchungen, die die Standortwahl der hochqualifizierten Arbeitskräfte in den Mittelpunkt stellten. Disziplinen, die sich im weiteren Sinne mit der Standortwahl von Humankapital beschäftigen, sind die Standortforschung, die Migrationsforschung und die Lebensstilforschung (vgl. Helbrecht/Meister 2007). Des Weiteren geht die vergleichsweise junge Disziplin der Berufsforschung auf die Faktoren der Standortwahl von Arbeitskräften ein, wobei die Standortfaktoren auch hier nur am Rande behandelt werden (vgl. Rolfes 1996). Für ein grundlegendes Verständnis der Standortwahl von Arbeitskräften müssen alle der genannten Theoriefelder vorgestellt werden. Das geschieht in den folgenden Kapiteln.

2.1 Standorttheorien

Woll (2008) definiert Standorttheorie als „Teil der Regionalwissenschaft, der sich vor allem um Erklärungen der einzelwirtschaftlichen Standortentscheidungen bemüht. Kernproblem ist die Bestimmung des optimalen Standorts [...]" (Woll 2008: 713-714).

Nach Schätzl (2008) ist die Standorttheorie eines der Bestandteile der Raumwirtschaftstheorie, welche wiederum eine Komponente der Wirtschaftsgeographie darstellt. Standorttheorien „[...] fragen nach dem optimalen Standort für einen zusätzlichen Einzelbetrieb der Landwirtschaft, der Industrie oder des Dienstleistungsgewerbes (*Theorie der unternehmerischen Standortwahl*) oder nach der optimalen Verteilung aller Standorte innerhalb eines Raumsystems sowie der Veränderung der Standortstruktur in der Zeit (*Standortstrukturtheorien*)" (Schätzl 2008: 25).

Aufgrund der großen Anzahl unterschiedlicher Ansätze sowie des begrenzten Rahmen der vorliegenden Arbeit erhebt die folgende Darstellung der Standorttheorien keinen Anspruch auf Vollständigkeit. Vielmehr werden die wichtigsten Erklärungsansätze und Modelle kurz vorgestellt, aus denen sich Aussagen zu Faktoren der (Wohn)Standortwahl ableiten lassen. Zur besseren Übersicht werden diese in chronologischer Reihenfolge abgebildet.

2.1.1. Theorien der Standortwahl: Traditionelle Ansätze

Tabelle 1 bietet einen Überblick über die traditionellen Ansätze der Standortwahl, welche in diesem Kapitel vorgestellt werden.

Tabelle 1: traditionelle Standorttheorien

Autor	Theorie bzw. Modell	Was erklärt die Theorie?
Von Thünen (1826)	Thünen`sche Ringe	Anordnung landwirtschaftlicher Nutzung im Raum
Launhardt (1882)		Den zweckmäßigsten Standort einer gewerblichen Anlage (ähnlich wie Weber)
Weber (1909)	Theorie des industriellen Standorts	Den optimalen Stand von Industrieunternehmen
Marshall(1920)	Konzept der Industriedistrikte Gehört bereits in das Feld der Neuen Ökonomischen Geographie	Ursachen für räumliche Konzentration von Industriebetrieben
Christaller (1933) / Lösch (1939)	Zentrale- Orte- Konzept	U.a. die unternehmerische Standortwahl anhand von Verteilung der Nachfrage im Raum

Quelle: Eigene Darstellung

Die erste Standorttheorie geht zurück auf Johann Heinrich von Thünen (1826). Von Thünen entwickelte eine Theorie der optimalen Raumnutzung am Beispiel der landwirtschaftlichen Nutzung um eine Stadt.

Sein idealtypisches Modell geht von einem isolierten Staat aus, in dem es nur eine einzige Stadt und somit einen einzigen Absatzmarkt gibt. Die Stadt liegt in einer fruchtbaren, agrarisch überall gleichermaßen nutzbaren Ebene ohne Flüsse, Berge oder sonstige physischen Faktoren, die zu einer Ungleichheit des Raumes führen könnten.

Unter solchen Voraussetzungen werden die Produkte in der Nähe zu der Stadt angebaut, die im Verhältnis zu ihrem Wert (Marktpreis) besonders hohe Transportkosten aufweisen, so dass ein Anbau dieser Erzeugnisse in weiterer Entfernung zu der Stadt zu unwirtschaftlich ist. In dieser Zone müssen außerdem auch die leicht verderblichen Produkte, die einen schnellen Transport zum Absatzmarkt erfordern, angebaut werden. Mit zunehmender Entfernung von der Stadt werden genau die Produkte erzeugt, die im Verhältnis zu ihrem Wert geringere Transportkosten verursachen. Nach dieser Logik bilden sich um die Stadt klar abgegrenzte konzentrischen Kreise mit jeweils unterschiedlichen landwirtschaftlichen Kulturen – die sogenannten „Thünen`schen Ringe" (vgl. von Thünen: 1826).

Von Thünens Theorie ist eine reine Kostentheorie, die davon ausgeht, dass jedes Individuum ein Homo Economicus ist, der sein Handeln ausschließlich nach dem Grundsatz der Kostenminimierung ausrichtet. Dabei differenziert sein Modell nicht zwischen Betrieben und Arbeitskräften. Bezogen auf die Standortwahl von Arbeitskräften trifft von Thünen keine explizite Aussage.

Auch Launhardt (1882) und Weber (1909) treffen in ihren einander ähnlichen Theorien keine speziellen Aussagen zur Standortwahl von Arbeitskräften. Beide entwickelten Theorien, mit denen der optimale Standort von Industrieunternehmen erklärt werden soll. Exemplarisch soll nun das bekanntere Modell von Weber kurz skizziert werden. Weber geht anders als von Thünen (1826) davon aus, dass der Herstellungsort des Produktes weder an den Fundort der Materialien noch an ein städtisches Zentrum gebunden ist. Unter der Prämisse, dass der Standort der Rohmaterialien und die Konsumorte bekannt und gegeben sind, und dass die Transportkosten bei einem einheitlichen System eine Funktion aus Gewicht und Entfernung darstellen sowie unter Annahme weiterer Prämissen definiert Weber drei Standortfaktoren, die die industrielle Standortwahl beeinflussen: *Die Transportkosten, die Arbeitskosten und die Agglomerationswirkungen.* Demnach berechnet Weber folgendermaßen den optimalen Standort eines Industriebetriebes: Im ersten Schritt wird der *Standort minimaler Transportkosten* berechnet und im weiteren Schritt verschiebt er den optimalen Standort in Abhängigkeit von den übrigen beiden Einflussgrößen Arbeitskosten und Agglomerationsvorteile. Die Wohnstandortwahl von Arbeitskräften spielt in dem Modell Webers keine Rolle da er davon ausgeht, dass sie immobil und außerdem bei einer gegebenen Lohnhöhe unbegrenzt verfügbar sind. Dies wird in der Fachliteratur vielfach kritisiert und als realitätsfern angesehen, da die quantitative und qualitative Verfügbarkeit von Arbeitskräften ein bedeutender Standortfaktor bei der Standortwahl vor allem von nicht standortgebundenen Industrieunternehmen ist (vgl. Schätzl 2008: 47).

Die Theorie der zentralen Orte von Christaller (1933) sowie die Theorie der Marktnetze von Lösch (1940) sind weitere bedeutende Standorttheorien. Sie gehören nach Schätzl (2008) in die Kategorie der Standortstrukturtheorien, weil sie nach einer optimalen Verteilung aller Standorte innerhalb eines Raumsystems fragen. Im Unterschied zu von Thünen und Weber beschränkten sich beide Theorien nicht nur auf die unternehmerische Standortwahl. Beide versuchen, die Standortwahl sowohl von Anbietern als auch von Nachfragern nach Gütern und Dienstleistungen zu erklären. Ihre Modelle versuchen u.a., den optimalen Standort für Absatzmärkte zu bestimmen. Aus diesen Modellen lassen sich folgende Standortfaktoren ableiten: Transportkosten, Informationskosten, Agglomerationsvorteile, sowie die Größe der Absatzmärkte (vgl. Niebuhr; Stiller 2004:235). Auch diese beiden Theorien treffen keine expliziten Aussagen über die Standortfaktoren von Arbeitskräften. Es geht lediglich um Anbieter und Nachfrager von Gütern.

Eine explizitere Behandlung der Standortfaktoren von Arbeitskräften erfolgt erst in den deutlich später entwickelten Theorien der Standortwahl in der Wissensgesellschaft, welche im nächsten Kapitel vorgestellt werden.

2.1.2 Theorien der Standortwahl in der Wissensgesellschaft

Die traditionellen Standorttheorien verlieren im Zeitalter der Tertiärisierung und Wissens-orientierung der Gesellschaft zunehmend an Bedeutung (vgl. Thießen et al. 2005 und Grabow et al. 1995). In einer neuen Ära der Wissensgesellschaft, in der das stärkste Wachstum in den wis-sens- und technologieorientierten Wirtschaftszweigen stattfindet, wird die Frage nach der Bedeu-tung von traditionellen, harten Standortfaktoren neu aufgeworfen(vgl. Helbrecht/Meister 2007). Die traditionellen Theorien mögen zwar die Standortwahl von klassischen Industriebetrieben er-klären, nicht aber die Standortwahl von wissensbasierten und forschungsintensiven Unterneh-men, welche immer stärker auf hochqualifizierte Arbeitskräfte angewiesen sind. Seit Anfang der 1990er Jahre sind in diesem Zusammenhang eine Reihe von neuen Theorien der Standortwahl entwickelt worden, die sich diesen deutlichen Veränderungen der Wirtschaftsstruktur angepasst haben. Tabelle 2 zeigt eine Auswahl an relevanten Theorien bzw. empirischen Befunden.

Tabelle 2: Standorttheorien in der Wissensgesellschaft

Autor	Name des Modells bzw. Konzepts (falls vorhanden)	Was erklärt die Theorie?
Diller (1991)		Standortfaktoren der „Neuen Professionel-len" im Dienstleistungssektor.
Romer (1990), Krugman (1991), Sternberg (1995) et al.	Neue Ökonomische Geo-graphie	Zusammenhang zwischen dem durch technischen Fortschritt verursachten Strukturwandel der Wirtschaft und der Raumentwicklung.
Grabow et al. (1995)		Standortwahl von Unternehmen und Ar-beitskräften nach Brachen differenziert in Deutschland.
Sternberg (1995)		Entstehung von High-Tech-Clustern u.a. in der Region München .
Helbrecht (1999)	„Look and Feel"	Bedeutung atmosphärischer Qualitäten für Standortwahl kreativer Dienstleistern (Werber und Designer).
Florida (2002)	Konzept der „Kreativen Klasse"	Wohnstandortwahl der „Kreativen Klasse" (*Creative Class*), der mehrheitlich hoch-qualifizierte Arbeitskräfte angehören.
Niebuhr/Stiller (2004)		Standortwahl technologieintensiver Un-ternehmen.
Thießen et al. (2005)		Stand der Forschung über weiche Stand-ortfaktoren.

Helbrecht/Meister		Stand der Forschung über Standortwahl
(2007)		hochqualifizierter Arbeitskräfte.

Quelle: Eigene Darstellung

Der von Paul Krugman geprägte Begriff der „New Economic Geography" stellt einen Oberbegriff für eine Vielzahl von neuen Theorien dar, welche sich den Erfordernissen einer Wissensgesellschaft angepasst haben. Die New Economic Geography „analysiert den Zusammenhang zwischen dem durch technischen Fortschritt verursachten Strukturwandel der Wirtschaft und der Raumentwicklung" (Schätzl: 2008: 202). Im Folgenden werden einige ausgewählte Modelle der New Economic Geography skizziert, welche u.a. auch die Standortwahl von Arbeitskräften behandeln.

Paul Romer (1990) hebt in seinem Innovationsmodell die Bedeutung der Produktionsfaktoren Humankapital und Wissen hervor (vgl. Schätzl 2008; Niebuhr/Stiller 2004). Demnach wird das wirtschaftliche Wachstum einer Volkswirtschaft durch technischen Fortschritt erzeugt. Dieser hängt entscheidend von Humankapital und Wissen ab. Mit Humankapital meint Romer die in Personen gebundene Kenntnisse und Fähigkeiten. Unter Wissen versteht er nicht personengebundene Kenntnisse wie z.B. Publikationen (vgl. Schätzl 2008: 203-204). Somit ist die Verfügbarkeit von qualifizierten Arbeitskräften, die über spezielle, nicht übertragbare Kenntnisse oder Fähigkeiten verfügen für Wirtschaftswachstum und Wettbewerb unabdingbar. Über die Standortfaktoren von Arbeitskräften sagt Romer in seinem weiterentwickelten Modell für die Außenwirtschaft, dass ein Lohnanstieg zu einer Verlagerung von Humankapital führt (Schätzl 2008: 206ff.). Dadurch wird in der Literatur erstmals explizit ein Standortfaktor von Arbeitskräften genannt: **Lohnniveau.** Auch Krugman (1991) geht in seinem Zentrum-Peripherie-Modell davon aus, dass Arbeitskräfte in Regionen mit höheren Realeinkommen wandern. Ziel des Modells ist es zu erläutern, unter welchen Bedingungen sich ein stabiles Gleichgewicht zwischen zwei ungleich entwickelten Regionen einstellt. Das Reallohnniveau ist in ökonomisch besser entwickelten Regionen höher und zieht daher Arbeitskräfte dahin (vgl. Schätzl 2008: 207ff.).

Bei den bisher dargestellten Theorien werden Standortfaktoren von Arbeitskräften nur am Rande behandelt und spielen keine große Rolle. Seit Mitte der 1990er Jahre rückten im Zuge der zunehmenden Wissensorientierung der Wirtschaft und des wachsenden Fachkräftemangel die Standortanforderungen von Arbeitskräften immer stärker in das Interesse der Standortforschung. Als Folge wurde eine Reihe von Studien zu diesem Thema publiziert, welche sich deutlich ausführlicher als die bisherigen Ansätze mit den Standortfaktoren von Arbeitern auseinandersetzen. Diese werden im folgenden Kapitel vorgestellt.

2.1.3. Theorien der Standortwahl von (hochqualifizierten) Arbeitskräften

Überblick

Mit der zunehmenden Veränderung von Produktionsstrukturen der Industrie und dem Übergang zur Wissensgesellschaft gewinnt das Humankapital als Standortfaktor für Unternehmen zunehmend an Bedeutung. Für technologieintensive Betriebe gilt die Verfügbarkeit von hochqualifizierten Arbeitskräften als wichtigster Standortfaktor, wie neue Studien empirisch gezeigt haben (vgl. Helbrecht/Meister: 2007) Bereits 1995 wies das Deutsche Institut für Urbanistik (Difu) in einer Unternehmensumfrage die große Bedeutung des Standortfaktors Arbeitsmarkt für Betriebe in Deutschland nach (vgl. Grabow et al. 1995: 227ff.). Folglich ist die Standortwahl solcher Unternehmen immer stärker auch von den Standortansprüchen der Arbeitskräfte abhängig, die sie nachfragen. Aus diesem Grund wird in der aktuellen Literatur die zentrale Bedeutung von weichen Standortfaktoren für Firmen hervorgehoben – denn sie sind für die Anwerbung hochqualifizierter Arbeitskräfte relevant (vgl. Niebuhr/Stiller: 2004). Diese Arbeitskräfte legen besonders viel Wert auf weiche Faktoren wie Freizeit- und Kulturangebot einer Region (vgl. Diller 1991). Als Beispiel für die Relevanz weicher Standortfaktoren wird der Raum München genannt: Zahlreiche Betriebe der Elektronikindustrie ließen sich hier in den 1990er Jahren nieder, obwohl dieser Unternehmensstandort einer der teuersten in Deutschland und somit aus Kostensicht eigentlich unattraktiv war. Diese Standortentscheidung wurde mit dem Flair und der Lebensqualität Münchens begründet (vgl. Thießen et al. 2005: 19). Eine genaue Abgrenzung von harten und weichen Standortfaktoren ist für die Beantwortung der zentralen Forschungsfragen unumgänglich. Deshalb wird im folgenden Abschnitt darauf eingegangen.

Abgrenzung von harten und weichen Standortfaktoren

Seit den 1980er Jahren wird in der Diskussion über Standortfaktoren allgemein zwischen harten und weichen Faktoren unterschieden (vgl. Diller 1991: 25). Ihre definitorische Abgrenzung wurde vor allem durch Diller (1991) und Grabow et al. (1995) vorgenommen. Die Grenzen zwischen harten und weichen Faktoren sind fließend und hängen ganz vom jeweiligen Betrachtungszusammengang ab. Dadurch ist eine eindeutige und allgemeingültige Abgrenzung nicht möglich (vgl. Grabow et al. 1995: 63ff.). Obwohl weiche und harte Faktoren ein Kontinuum ohne klare Grenzen bilden, gibt es dennoch grobe Unterscheidungsmerkmale nach denen eine tendenzielle Abgrenzung vorgenommen werden kann. Allgemein werden jene Faktoren als hart eingestuft, welche eine eher unmittelbare Relevanz für den Standortentscheider haben und eher gut messbar sind. Hingegen haben weiche Faktoren eine eher indirekte Relevanz für den Entscheider und sind eher weniger gut messbar. So werden bei der unternehmerischen Standortwahl Faktoren wie „Flächenverfügbarkeit" oder „Steuern" eher zu den harten Faktoren gezählt, die Mentalität der Bevölkerung oder der Freizeitwert eher zu den weichen (vgl. Grabow et al. 1995: 65).

Ferner können beide Kategorien nach dem Objektivitätsgrad abgegrenzt werden: Harte Faktoren werden als objektive Motive der Standortwahl betrachtet, während weiche Faktoren eher die subjektiven, persönlichen Präferenzen des Standortentscheiders darstellen (vgl. Diller 1991: 26ff.).

personenbezogene Standortfaktoren

Die empirische Untersuchung des Difu von Grabow et. al. (1995) über die Relevanz weicher Standortfaktoren liefert nicht nur wertvolle Ergebnisse über die Bedeutungen einzelner Faktoren der betrieblichen Standortwahl. Sie fragt auch nach personenbezogenen weichen Standortfakto-

ren der Beschäftigten aus Unternehmersicht. Somit können aus dieser Studie auch Standortfaktoren von Arbeitskräften direkt abgeleitet werden. Deshalb soll im Folgenden näher auf sie eingegangen werden.

Der Studie liegt eine 1993 durchgeführte repräsentative Umfrage von über 2000 Unternehmen zu
Grunde. Ziel der Umfrage war es, die Bedeutung weicher Standortfaktoren für die Entscheider bei
den Unternehmen zu ermitteln. Es wurden dabei lediglich ausgewählte Unternehmen der Branchen befragt, bei denen weiche Standortfaktoren eine Rolle spielen könnten. Die Grundgesamtheit der Betriebe, auf die sich die Befragung bezieht, umfasst dadurch nur rund 5 % aller Arbeitsstätten und 30 % aller sozialversicherungspflichtig Beschäftigten in Deutschland. Es wurde nur
Betriebe mit über 10 Beschäftigten befragt (vgl. Grabow et al. 1995: 54ff.). Folglich kann davon
ausgegangen werden, dass auch die Standortanforderungen der Arbeitnehmer für die befragten
Standortentscheider in den Unternehmen eine gewisse Rolle spielen muss.

Grabow et al. unterteilen weiche Standortfaktoren in zwei Kategorien: *Weiche unternehmensbezogene Standortfaktoren* und *Weiche personenbezogene Standortfaktoren*. *Weiche Unternehmensbezogene Faktoren* sind Standortfaktoren, die „von unmittelbarer Wirksamkeit für die Un-
ternehmens- oder Betriebstätigkeit sind, z.b. das Verhalten der öffentlichen Verwaltung oder
politischer Entscheidungsträger, die Arbeitsmentalität oder das Wirtschaftsklima" (Thießen et al.
2005: 38). *Weiche personenbezogenen Faktoren* umfassen persönliche Präferenzen der Entscheider bei den Unternehmen und auch die Präferenzen der Beschäftigten. Es sind subjektive Ein-
schätzungen über die Lebens- und Arbeitsbedingungen in einer Region z.B. im Bereich der Land-
schafts- und Stadtqualität, Kultur oder Wohnen und dadurch schwer messbar[7]. Das Difu geht davon aus, dass die subjektiven Ansichten der Standortentscheider von den Präferenzen der Fir-
menbeschäftigten mitbestimmt werden. Dadurch können die Standortpräferenzen der Arbeitnehmer bei Standortentscheidungen von Unternehmern eine wichtige Rolle spielen (vgl. Grabow
et al. 1995: 67).

Für die Fragestellung dieser Arbeit ist besonders der letztgenannte Abschnitt – „personenbezogene Standortfaktoren" interessant. Deshalb soll dieser nun ausführlicher vorgestellt werden. Das
Difu entwickelte im Vorfeld der vorgestellten empirischen Untersuchung einen Katalog aller möglichen Standortfaktoren, die bei betrieblichen Standortentscheidungen eine Rolle spielen können.
Die folgende Tabelle liefert einen Überblick über alle dort aufgeführten personenbezogenen weichen Standortfaktoren. Die linke Spalte zeigt dabei die vom Difu definierten Themenbereiche, die
rechte die einzelnen personenbezogenen weichen Faktoren, die dem jeweiligen Bereich zugeordnet wurden.

---

[7] Eine genauere Erläuterung dieser Bereich erfolgt in Tabelle 3.

Tabelle 3: Zusammenstellung von personenbezogenen Standortfaktoren des Difu

Bereich	Zugehörige Faktoren
Arbeitsmarkt	• Arbeits-/und Karrieremöglichkeiten am Standort • Aus-und Weiterbildungsmöglichkeiten • Entfernung zum Arbeitsplatz
Kosten, Einnahmen	• Regionale Lohn-/Gehaltsunterschiede
Netzwerke	• Informelle Kontakte vor Ort
Räumliche Lage der Stadt	• Erreichbarkeit anderer attraktiver Räume • Geographische Lage
Mentalität	• Mentalität der Kollegen und Mitbürger(landsmannschaftliche Besonderheiten, Religion usw.)
Images, Bilder, Traditionen	• Image des Mikrostandortes • Image der Region • Städtisches Flair (Metropole vs. Provinz) • Historische (kulturelle) Bedeutung
Kultur	• „Etablierte" Einrichtungen (Theater, Konzerte, Museen, Ausstellungen) • Unterhaltungskultur (Musik-und Kneipenszene, Kneipen, Kinos) • Breiten- und Stadtteilkultur (Stadtfeste, Angebote zu eigenen Aktivitäten)
Landschaft/Stadt-/Ortsqualitäten	• Grünanlagen • Historisches Stadt-/Ortsbild • Stadt-/Ortsgestalt und -Struktur • Qualität des Umlandes
Umweltqualität	• Klima/Wetter • Luftreinheit • Wasserqualität • Umweltimage • Aktivitätsniveau
Wohnwert/Wert des Wohnumfeldes/Freizeitwert	• Mieten • Verfügbarkeit von attraktiven Wohnungen bzw. Häusern • Schulen • Gesundheitsversorgung • Verkehrsmittel • Einkaufsmöglichkeiten • Naherholungsmöglichkeiten • Sportmöglichkeiten • Sicherheit

Quelle: Eigene Darstellung nach Grabow et al. 1995: 68-69

Tabelle 3 stellt ein breites Spektrum von Faktoren dar, die für die Wohnstandortwahl von Arbeits-
kräften- und damit auch für die der Hochschulabsolventen relevant sein können. Es werden sowohl leicht messbare und damit eher harte Standortfaktoren genannt wie z.b. die Arbeits- und
Karrieremöglichkeiten als auch schwer messbare, eher weiche Faktoren wie die Mentalität oder
das Image genannt.

Es stellt sich die Frage, wie wichtig die hier aufgeführten Standortfaktoren für die befragten Akteure sind. Die Antwort hierauf steht bei Abbildung 2. Unternehmer mussten bei der Befragung
die Wichtigkeit aller vorgegebenen Faktoren auf einer Skala von 1 für „sehr wichtig" bis 4 für „völlig unwichtig" bewerten. Bei der Darstellung in Abbildung 2 werden nur Engpassfaktoren präsentiert, also nur Faktoren, die besonders häufig mit „sehr wichtig" und „eher wichtig" benotet
wurden. Die Bezeichnung der Faktoren unterscheidet sich vom ursprünglichen Faktorenkatalog.
Es handelt sich hierbei um zu Oberbegriffen zusammengefasste Standortfaktoren, die nach anderen Kriterien zusammengefasst wurden als in der oberen Tabelle.

Abbildung 2: Wichtigkeit weicher personenbezogener Standortfaktoren

Quelle: Ausschnitt aus Grabow et al. 1995: 227

In Abbildung 2 ist erkennbar, dass die Bereiche Wohnen und Wohnumfeld sowie Umweltqualität
die mit Abstand wichtigsten personenbezogenen Faktoren sind. Andere Faktoren folgen, wie der
Faktor Schule/ Ausbildung oder Freizeitwert folgen erst mit Abstand. Die Standortfaktoren, die
sich auf kulturelle Aspekte beziehen, befinden sich auf den letzten Plätzen. Dies ist vor dem Hintergrund der bundesweit geführten aktuellen Debatte um die stärkere Förderung von Kultur und
Kreativität in den Städten sehr überraschend. Thießen et. al. ziehen daraus den Schluss, dass die
Bedeutung von Kultur als Standortfaktor häufig überbewertet wird (vgl. Thießen et al. 2005).

Richard Florida

In der jüngeren Literatur stellt das Konzept des amerikanischen Wirtschaftswissenschaftlers Richard Florida den bekanntesten Ansatz dar, um die Standortwahl von Arbeitskräften zu erklären.
Florida gehört zu den ersten Wissenschaftlern, der in seiner Theorie die Standortfaktoren hochqualifizierter Arbeitskräfte in den Mittelpunkt rückt.

Kern seiner Theorie ist die Überlegung, dass regionales Wachstum nicht von traditionellen Kostenargumenten, sondern von den Standortentscheidungen des Humankapitals abhängt. Dort, wo sich hochqualifizierte, kreative Köpfe vermehrt ansiedeln, erfolgt Wirtschafswachstum, entstehen neue Unternehmen und Arbeitsplätze. Der ökonomische Erfolg einer Region ist für Florida an ihre Fähigkeit geknüpft, diese Gruppe anzuziehen und zu halten. Er bezeichnet sie als *Creative Class*. Mit diesem Begriff definiert er alle Berufsgruppen, „whose workers productive output depends rather on thinking than doing" - daher alle Beschäftigten, die auf ihrer Arbeit hauptsächlich intellektuellen, kreativen Tätigkeiten nachgehen (Stolarick in: Thießen et al. 2005: 74). Florida unterteilt die *Creative Class* in einen *Creative Core* sowie in *Creative Professionals*. Zu der ersten Gruppe zählt er alle Beschäftigte, die ausschließlich kreativ, intellektuell tätig sind und den größten Beitrag zur Neuentwicklung oder Erfindung von Produkten und Dienstleistungen leisten, wie z.B. Professoren, Schriftsteller, Künstler, Architekten, Designer und Ingenieure. Mit *Creative Professionals* meint er alle Beschäftigten, die aufgrund ihrer beruflichen Aufgaben nicht ausschließlich, aber zu einem größeren Teil kreativ und intellektuell tätig sind und komplexere Probleme eigenständig lösen müssen. Dazu rechnet er unter anderem das obere Firmenmanagement, Beschäftigte im Finanzsektor, Anwälte und Ärzte (vgl. Florida:2002: 68ff und Stolarick in: Thießen et al. 2005: 74).

Man kann erkennen, dass es sich um Berufe handelt, für deren Ausübung meist ein Hochschulabschluss benötigt wird. Floridas Theorie behandelt somit vor allem Akademiker.

In seinem vielbeachteten Werk „The Rise of the Creative Class" versucht Florida herauszufinden, welche Standortfaktoren diese Kreativen besonders anzieht, daher nach welchen Kriterien sie ihren Wohnstandort aussuchen. Dazu stellte er Untersuchungen von Daten aus 49 Metropolregionen der USA an (vgl. Florida 2002: 236ff.).

Florida kam zu wichtigen Erkenntnissen, was die Relevanz weicher Standortfaktoren für die „Creative Class" angeht: Er stellte fest, dass bei der Wohnstandortwahl der Hochqualifizierten die Lebensqualität eine wichtige Rolle spielt: je höher die Lebensqualität einer Region, desto wahrscheinlicher sind dort Industrien mit einem hohen Anteil an hochqualifizierten Arbeitnehmern, also der *Creative Class* anzutreffen (vgl. Florida 2002: 223ff. und 249ff.).

Für Florida ist die Lebensqualität, die er als „Quality of Place" bezeichnet, aus drei Dimensionen zusammengesetzt: „What´s there, who´s there, what´s going on". *What´s there* ist eine Kombination aus gebauter und natürlicher Umwelt einer Stadt; *Who´s there* bezeichnet diverse Menschen in einer Stadt; *What´s going on* umfasst die verschiedenen Freizeitmöglichkeiten: das Nachtleben, die Café-Kultur, die Kunst und- Musikszene, und die Outdoor-Aktivitäten, die in einer Stadt praktiziert werden (vgl. Florida 2002: 231ff.).

Florida vertritt die Ansicht, dass sich alle Mitglieder der *Creative Class* in ihrem Lebensstil ähneln: sie sind erlebnisorientiert, ziehen aktive, teilnehmende Freizeitaktivitäten den gewöhnlichen „big-ticket-events" und „vorgefertigten" Unterhaltungsformen vor und möchten aufgrund ihrer sehr flexiblen Arbeitszeiten jederzeit und spontan an vielfältigen Freizeitaktivitäten teilnehmen können. Dabei wollen sie nicht auf Abwechslung verzichten. Zusätzliche hebt Florida die besondere

Bedeutung von Wasser als Freizeitort für die Kreativen hervor. Dadurch ergeben sich die folgenden Ansprüche an den Standort (vgl. Florida 2002: 223ff.):

- Vielfältige Freizeitaktivitäten
- Vielfältiges Nachtleben
- Vielfältige Breitenkultur im Quartier/"Straßenszene"
- Leichte, ständige Zugänglichkeit von Aktivitäten
- Unverwechselbarkeit
- Zugang zu Wasser und zu Freizeitaktivitäten am Wasser

Daneben wird „thick labour market", also ein breiter Arbeitsmarkt als Standortfaktor genannt. Die Kreativen bevorzugen Standorte, die einen breiten Arbeitsmarkt anbieten, so dass sie eine große Auswahl an diversen Jobangeboten haben. Denn sie wechseln karrierebedingt häufig ihren Arbeitsgeber. An Orten mit einer großen Ballung von Stellen für Hochqualifizierte wird ein Jobwechsel und damit eine Realisierung von Karrierewünschen erleichtert (vgl. Florida 2002: 223ff.). Schließlich unterstreicht Florida die besondere Bedeutung von Offenheit und Toleranz für die Kreative Klasse. Um ihre Kreativität und ihre äußerst vielfältige Hobbies ausleben zu können, brauchen die Kreativen ein offenes und tolerantes Umfeld, welches Ihnen alle Freiheiten lässt, die sie gerne hätten (vgl. Florida 2002: 226ff. und 249ff.).

Ein zentraler Aspekt des Konzeptes von Florida ist die Unterstellung, dass die *Creative Class* sich ihren Wohnstandort nicht nach Jobangeboten, sondern nach persönlichen Präferenzen aussuchen. Demnach zögen sie **nicht wegen eines Jobs** in eine bestimmte Region, sondern gehen dorthin, **weil sie dort wohnen möchten** und suchten erst dann in dieser Region nach Arbeit. Häufig führten ihre Standortentscheidung dazu, dass Arbeitsplätze in solche Regionen folgen bzw. erst durch Ihre Standortwahl entstehen („jobs follow people")(vgl. Florida 2002: 217ff.). Dies sei möglich, weil Florida der *Creative Class* eine hohe räumliche Mobilitätsbereitschaft unterstellt: So würden Mitglieder der Kreativen Klasse ihren Wohnstandort relativ frei aussuchen können, weil sie räumlich hochmobil seien. (vgl. Florida/Tinagli 2004:12)

Diese Thesen sind für die Fragestellung dieser Arbeit besonders relevant, da sie unterstellen, dass harte Standortfaktoren wie das Jobangebot einer Region bei der Wohnstandortwahl von hochqualifizierten Arbeitskräften keine Rolle spielen und dass sie die Region allein oder vor allem nach weichen Faktoren auswählen. Um die zentralen Forschungsfragen beantworten zu können, muss also geklärt werden, ob diese Annahmen auf die zu untersuchenden Absolventen zutrifft.

Floridas Ansatz ist in der Literatur sehr umstritten. Vor allem seine sehr breit gefasste, berufsgruppenübergreifende Definition der kreativen Klasse wird häufig kritisiert. So könne man nicht erwarten, dass Rechtsanwälte die gleichen Standortansprüche und Hobbies hätten wie Schriftsteller oder Designer. Darüber hinaus wird Florida vorgeworfen, all jene zu ignorieren, die der Kreativen Klasse nicht angehören. Stadt- und Regionalplanung müsse auf die Belange aller Bevölkerungsgruppen gleichermaßen eingehen (vgl. Krätke 2008; Lange 2006).

Weitere Autoren

Neben Florida gibt es weitere Forscher, die die besondere Bedeutung weicher Standortfaktoren für die Anziehung von Hochqualifizierten hervorheben.

Lloyd/Clark (2001) sowie Lloyd (2001) vertreten die These, dass gebaute, städtische Annehmlichkeiten wie z.B. Museen, Opern oder Cafés („urban amenities") einen Anziehungsfaktor für Menschen darstellen und so die Regionalentwicklung ankurbeln. Auch Kotkin (2001) und Glaeser/Kolko/Saiz (2001) unterstreichen die Bedeutung von Standortfaktoren, die man unter dem Oberbegriff Lebensqualität zusammenfassen kann.

Helbrecht (1999) führt eine empirische Studie über die Wohnstandortwahl von kreativen Dienstleistern durch. Sie stellt fest, dass für diese Berufsgruppe die atmosphärischen Qualitäten eines Standortes einen wichtigen Faktor der Wohnstandortwahl darstellen. Diesen Faktor bezeichnet sie als „Look and Feel".

Ähnlich wie Richard Florida unterstellt Landry (2007), dass nachgefragte hochqualifizierte Arbeitskräfte ihren Wohnstandort relativ frei aussuchen können und so theoretisch in jede denkbare Stadt ziehen könnten (siehe S. 1). Unter dieser Prämisse würden sie ihren Wohnort vor allem nach der Attraktivität einer Stadt auswählen. Damit meint Landry in erster Linie die weichen Faktoren. Dabei hebt er die Bedeutung des Faktors **Image** hervor. So müsse eine Stadt stets Aufmerksamkeit erregen und als attraktiver Standort international auffallen, um das Interesse der Hochqualifizierten zu erwecken (vgl. Landry 2007: 102). Inwiefern bestimmte akademische Arbeitskräfte ihren Wohnstandort tatsächlich frei und unabhängig von der Region auswählen können, ist in der Literatur bislang nicht empirisch untersucht worden. Um die Wohnstandortwahl der zu untersuchende Absolventen erklären zu können, ist es wichtig, diese von Landry und Florida vertretene These zu überprüfen (vgl. Kapitel 2.5).

Zum Abschluss muss betont werden, dass abgesehen von Florida, in der Literatur Einigkeit darüber besteht, dass nicht alle hochqualifizierten Arbeitskräfte die gleichen Standortanforderungen haben und den einzelnen Faktoren die gleiche Bedeutung beimessen. Daher wird in der jüngeren Literatur darauf hingewiesen, Untersuchungen über die Faktoren Wohnstandortwahl nach einzelnen Berufsgruppen differenziert durchzuführen (vgl. Helbrecht/Meister 2007: 21). Bislang wurden solche Studien bis auf Helbrecht (1999) und Markusen (2004) kaum vorgenommen. Die Forschung der Standortwahl von hochqualifizierten Arbeitskräften befindet sich somit noch erst am Angang[8]. Es folgt nun ein Zwischenfazit für das gesamte Kapitel 2.1. Es fasst die wichtigsten Ergebnisse der dargestellten Standorttheorien bezogen auf die Fragestellung der Arbeit kurz zusammen.

2.1.4. Zwischenfazit

Aus den Standorttheorien konnten viele Faktoren der Wohnstandortwahl der Hochqualifizierten abgeleitet werden. In den älteren Theorien von Thünen, Weber, Christaller und Lösch finden Standortfaktoren von Arbeitskräften keine Beachtung. In den Ansätzen der neuen ökonomischen Geographie wird das Humankapital zwar als wichtiger Produktionsfaktor erkannt, über ihre

---

[8] Nicht zuletzt deshalb bat sich dieses Thema als Gegenstand einer Diplomarbeit an

Standortansprüche wird aber nur soviel gesagt, dass Arbeitskräfte in die Regionen wandern, in denen ein höheres Lohn- und Gehaltsniveau herrscht. Erst in den 1990er Jahren rücken Standortanforderungen von Arbeitskräften in den Mittelpunkt der Diskussion. Mit einer empirischen Studie des Difu 1995 werden die Standortfaktoren von Beschäftigten erstmals ausführlich untersucht. Zentrales Ergebnis der Studie ist die nachgewiesene wachsende Bedeutung von weichen Standortfaktoren für die Standortwahl und die Erkenntnisse über die Wichtigkeit einzelner weicher Faktoren. Die sehr differenzierte Darstellung der einzelnen personenbezogenen Standortfaktoren bietet praktische Hinweise für die inhaltliche Gestaltung des Fragebogens dieser Arbeit. Spätere Ansätze von Florida, Helbrecht und anderen bestätigen die Relevanz weicher Standortfaktoren und ergänzen die Befunde des Difu um weitere differenzierte Aussagen über die Standortfaktoren von Arbeitskräften. Diese Ansätze ist befassen sich erstmals explizit mit den Standortansprüchen von hochqualifizierten Arbeitskräften.

Folgende Standortfaktoren können aus den Standorttheorien abgeleitet werden:

- **Lohn- und Gehaltsniveau**
- **Arbeitsmarkt**
- **Räumliche Lage (u.a. Wassernähe)**
- **Kontakte vor Ort**
- **Mentalität der Bewohner**
- **Images, Bilder**
- **Kultur/ Freizeit**
- **Stadt- und Landschaftsqualität**
- **Umweltqualität**
- **Wohn- und Wohnumfeldqualität**
- **Atmosphärische Qualitäten**
- **Unverwechselbarkeit**
- **Toleranz und Offenheit**

Im nächsten Kapitel wird eine weitere Forschungsdisziplin, die Standortfaktoren von Arbeitskräften behandelt, vorgestellt - die Migrationsforschung. Dabei wird vor allem auf ihre Teildisziplin **räumliche Mobilität** eingegangen.

2.2. Theorien der räumlichen Mobilität

Das Forschungsfeld der Migrationsforschung ist so interdisziplinar und vielfältig, dass im Rahmen dieser Arbeit nur ein kleiner Teilbereich davon vorgestellt werden kann. Im Mittelpunkt des Interesses dieser Arbeit stehen nur die Theorien der räumlichen Mobilität. Diese stellen einen wichtigen Bestandteil innerhalb der Migrationsforschung dar. Zunächst erfolgt eine Definition und Abgrenzung der zentralen Begriffe „Mobilität" und „räumliche Mobilität".

Der Mobilitätbegriff wird je nach Wissenschaftsdisziplin unterschiedlich verwendet. Die Sozialwissenschaften begreifen Mobilität als „die Bewegung von Individuen bzw. Gruppen oder Kategorien von Individuen zwischen definierten Einheiten eines Systems" (Killisch 1979: 2). Diese Bewegungen können zwischen sozialen Postionen, Kategorien oder (räumlichen) Lagen stattfinden. (vgl. Berger 1998: 514).

In der Literatur wird die Mobilität allgemein in soziale und räumliche Mobilität unterteilt (vgl. Killisch 1979: 2; Berger 1998: 514). Die Soziale Mobilität umfasst alle Bewegungen oder Wechsel zwischen beruflichen oder sozialen Positionen bzw. Lagen und Klassen wie z.b. ein beruflicher Aufstieg im Betrieb. Räumliche Mobilität bezeichnet allgemein „alle Bewegungsvorgänge eines oder mehrerer Individuen im Raum [...]"(Zimmermann 1998: 514). Diese Definition ist sehr ungenau, weil ein räumlicher Bezugsrahmen fehlt, in dem die Mobilitätsbewegung erfolgt.

Makensen et al. (1975) definieren räumliche Mobilität als „Positionswechsel innerhalb eines räumlich definierten Systems" (Mackensen et al. 1975: 7ff., zitiert nach Killisch 1979: 3). Je nachdem, wie groß oder klein dieser geographisch definierte Raum abgegrenzt wird, sind unterschiedliche Mobilitätsbewegungen zu beobachten. Räumliche Mobilität wird auch als „geographische" oder als „regionale" Mobilität bezeichnet (vgl. Zimmermann 1998; Rolfes 1996). Zur besseren Verständlichkeit wird in dieser Arbeit der Begriff **„räumliche Mobilität"** verwendet, wenn von einer geographischen Lageveränderung oder Wanderung die Rede ist.

Killisch (1979) definiert in seiner Theorie die Mobilität als „[...]die Bereitschaft und/oder Fähigkeit und/oder Veranlagung zu einem menschlichen Verhalten, das eine Ortsveränderung bedeutet" (Killisch 1979: 54). Somit ist die Mobilität die Bereitschaft oder auch die Fähigkeit von Menschen für eine Ortsveränderung. Dabei wird jede mögliche Ortsveränderung mit eingeschlossen. Auf diese Weise umfasst der Mobilitätsbegriff sowohl einen Wohnsitzwechsel als auch z.B. eine einkaufs- oder freizeitbedingte Ortsveränderung (vgl. Killisch 1979: 54).

Daraus ergeben sich zwei grundlegende Arten der räumlichen Mobilität. In der Mobilitätsforschung spricht man allgemein von *residentieller Moblität* und von *zirkulärer Mobilität* (vgl. Berger 1998: 515). *Residentielle Mobilität* bezeichnet jede Ortsveränderung, bei der der Wohnsitz gewechselt wird. *Zirkuläre Mobilität* meint alle Ortsveränderungen, bei denen kein Wohnsitzwechsel erfolgt z.B. eine Urlaubsreise, eine Einkaufsfahrt oder das tägliche Pendeln zwischen Wohnung und Arbeitsstätte (vgl. Zimmermann 1998: 515ff.). Das Verlegen eines Wohnstandortes, also das Umziehen in eine andere Stadt oder Region von Hochschulabsolventen in Sinne dieser Diplomarbeit gehört somit in die Kategorie der *residentiellen Mobilität*. Deshalb wird im Folgenden näher auf diese Mobilitätsform eingegangen.

In der Bevölkerungsstatistik und im Bereich der Demographie wird synonym für den Begriff der räumlichen Mobilität der Ausdruck „Wanderung" verwendet (vgl. Zimmermann 1998: 515). Die statistischen Jahrbücher der Bundesrepublik verstehen unter Wanderung jede Wohnsitzverlagerung über die politischen Gemeindegrenzen hinweg. Demnach wäre ein Umzug von Dortmund in eine benachbarte Umlandsgemeinde bereits eine Wanderung im Sinne der Bevölkerungsstatistik, auch wenn es sich nur um Suburbanisierer handelt, die ihren Arbeitsplatz in der Kernstadt Dortmund behalten haben. Hingegen sind Wohnungswechsel innerhalb der Gemeindegrenzen keine Wanderungen nach dieser amtlichen Definition. Neben der räumlichen Definition muss eine räumliche Mobilität auch zeitlich klar abgegrenzt werden. In der Literatur besteht keine Einigkeit darüber, ab wann von Wanderung oder räumlicher Mobilität gesprochen werden sollte. Die einen verstehen jede Wohnsitzverlagerung unabhängig von der Wohndauer als Wanderung, die anderen zählen zeitlich befristete Umzüge (z.b. Praktikanten oder Saisonarbeiter) nicht mehr zur räumlichen Mobilität. Die amtlichen Statistiken der Meldebehörden legen sich nicht auf eine Mindestwohndauer fest. Für sie liegt immer dann eine räumliche Mobilität vor, wenn der Hauptwohnsitz über die Gemeindegrenzen hinweg verlegt wird. Diese Definition ist für diese Arbeit insofern problematisch, als ein Umzug eines Absolventen in eine andere Kommune nicht zwangsläufig eine Verlegung des Hauptwohnsitzes bedeuten muss. Dieser Umstand ist bei der Gestaltung des Fragebogens für die Absolventenbefragung zu berücksichtigen (vgl. Kapitel 4.1.1).

Es können unterschiedliche räumliche Dimensionen der räumlichen Mobilität definiert werden. Die Literatur differenziert allgemein zwischen Binnenwanderungen (innerstaatliche Wanderung) und Außenwanderungen über staatliche Grenzen hinweg (internationale Wanderung) (vgl. Berger: 1998). Da anzunehmen ist, dass die meisten Absolventen der TU Dortmund ihren Berufseinstieg in Deutschland machen, ist für diese Arbeit insbesondere die Binnenwanderung von Interesse.

Darüber hinaus wird in der Migrationsforschung auf der Grundlage administrativer Regionsabgrenzungen zwischen Nah-und Fernwanderung unterschieden (vgl. Rolfes 1996: 27ff.). Nahwanderungen meinen dann Wanderungen innerhalb einer definierten Region und Fernwanderung Bewegungen, die zwischen den Regionen stattfinden.

Franz (1984) spricht in diesem Zusammenhang von *regionaler Mobilität* (Wanderung zwischen definierten Einheiten) und von *intraregionaler Mobilität* (Wanderung innerhalb definierter Einheiten) (vgl. Franz 1984: 24ff.). Die Abgrenzung zwischen Nah- und Fernmobilität kann auch durch räumliche Distanz der Wanderungsbewegung vorgenommen werden (vgl. Kapitel 2.2.2).

Nachdem die für diese Arbeit zentralen Begriffe der Migrationsforschung erläutert wurden, werden nun einige theoretische Modelle dieser Wissenschaftsdisziplin vorgestellt.

Ähnliche wie bei dem Standorttheorienkapitel werden dabei nur diejenigen Theorien präsentiert, welche die Standortfaktoren von Arbeitskräften behandeln und so einen Beitrag zum Ziel dieser Arbeit leisten können. Eine vollständige Aufzählung der Ansätze ist aufgrund des Umfangs nicht möglich.

2.2.1 Theorien der räumlichen Mobilität von Arbeitskräften

Wichtige theoretische Ansätze innerhalb der Migrationsforschung, die sich mit Wanderungsmotiven von Arbeitskräften beschäftigen, werden unter dem Begriff *Arbeitsmarkttheorien* zusammengefasst. Arbeitsmarkttheorien erforschen das Verhalten und Handeln von Individuen auf den Arbeitsmärkten oder Funktionsweisen von Arbeitsmärkten auf aggregierter Ebene (vgl. Janssen

2000: 23). Dabei behandeln sie auch die Frage nach den Determinanten der räumlichen Mobilität von Arbeitskräften und liefern dadurch auch Hinweise auf die Faktoren ihrer Wohnstandortwahl.

Abbildung 2: Arbeitsmarkttheorien im Überblick

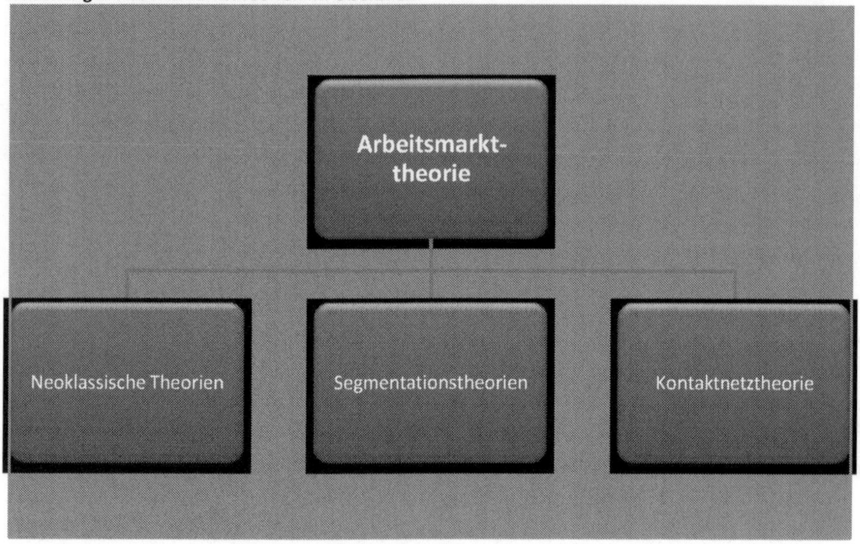

Quelle: Eigene Darstellung nach Janssen 2000: 75

Gemäß den *Neoklassichen Arbeitsmarktmodellen* wird die Arbeitskraft als Gut auf dem Arbeitsmarkt gehandelt. Auf diesem Markt treten Arbeitskräfte als rationale Nutzenmaximierer auf. Demnach treffen Arbeitskräfte alle Entscheidungen nach dem Prinzip der individuellen Nutzenmaximierung. Unter der Prämisse einer vollkommenen Mobilität, vollkommenen Markttransparenz sowie einer Homogenität aller Arbeitskräfte wählen sie einen Arbeitsplatz, der ihnen die größten Nettovorteile[9] bietet, also die höchsten Löhne oder den höchsten beruflichen Status (vgl. Janssen 2000: 84ff.). Somit sind das Lohnniveau und die Berufsaussichten (Angebot an adäquaten Stellen) die einzigen Standortfaktoren, die die Wohnstandortwahl von Arbeitskräften bestimmen. Eine spezielle Aussage über hochqualifizierte Arbeitskräfte treffen die neoklassischen Arbeitsmarkttheorien nicht, da Arbeitskräfte nicht weiter untergliedert werden (vgl. Janssen 2000: 84ff.). Die *Humankapitaltheorie* stellt eine Erweiterung der traditionellen neoklassischen Arbeitsmarkttheorie dar. Im Unterschied zur traditionellen Theorie hebt die Humankapitaltheorie die Prämisse der Homogenität aller Arbeitskräfte auf und nimmt an, dass Arbeitskräfte unterschiedlich qualifiziert sind. Die unterschiedliche Qualifikation ist das Ergebnis einer unterschiedlich starken Investition in den Humankapitalstock. Der Wert des Humankapitalstocks bestimmt dann die Produktivität und somit auch die Lohnhöhe der Arbeitskräfte. Auch Arbeitsplätze werden nun differenziert nach dem erforderten Qualifikationsniveau. Doch auch in diesem Modell werden für die Wohn-

---

[9] Eine ausführlichere Definition von Nettovorteilen erfolgt bei Schumann (1992)

standortwahl von Arbeitskräften die gleichen Standortfaktoren angenommen- das Lohnniveau wird als entscheidender Faktor für die Mobilität von Arbeitskräften betrachtet.

Die Job Search Theorie (Suchtheorie) nimmt im Gegensatz zu den zuvor genannten Modellen an, dass es auf dem Arbeitsmarkt keine vollständige Markttransparenz und Information gibt. Jeder arbeitsuchende Arbeitsnehmer muss sich zunächst Informationen über Erwerbsmöglichkeiten und den Arbeitsmarkt beschaffen. Diese Theorie stellt die Arbeitsplatzsuche und die damit verbundene Informationsbeschaffung in den Vordergrund. Information wird als knappes Gut angesehen, dessen Beschaffung mit Kosten verbunden ist. Beschäftigte sind auch in diesem Modell Nutzenmaximierer. Sie suchen Arbeitsplätze nach dem Kriterium des höchsten Lohniveaus aus. Erneut tritt Lohnniveau als Standortfaktor auf (vgl. Janssen 2000: 113ff.).

Die *Segmentationstheorien* bilden nach Janssen (2000) die zweite Säule der Arbeitsmarkttheorien (siehe Abbildung 2). Sie teilen den Arbeitsmarkt in zwei Segmente: ein primäres Segment mit wenig Wettbewerb, guter Entlohnung, sicheren Arbeitsplätzen und ein sekundäres Segment, in dem viel Wettbewerb und schlechte Arbeitsbedingungen herrschen. Zwischen den beiden Segmenten bestehen praktisch unüberwindbare Mobilitätsbarrieren, innerhalb der Segmente ist das Gegenteil der Fall. Der Einstieg in das attraktivere primäre Segment ist gemäß diesen Modellen nicht so sehr vom Humankapital der Arbeitskräfte abhängig sondern von den durch den Arbeitgeber festgelegte Normen wie Geschlecht, Alter, formale Qualifikationen und der Nationalität. Dadurch werden alle Bewerber, die diesen Normen nicht entsprechen auf dem Arbeitsmarkt benachteiligt. Als Folge ist Ihre berufliche wie auch räumliche Mobilität mehr oder weniger deutlich eingeschränkt. Die mobilitäts- bestimmenden Standortfaktoren dieser Theorien liegen ausschließlich bei den Arbeitsplatzbedingungen wie Lohnhöhe, Arbeitsplatzsicherheit und Aufstiegschancen (vgl. Janssen 2000: 125ff.)

Die Kontaktnetztheorie stellt die Bedeutung von sozialen Kontakten als Erklärung die Arbeitskräftemobilität in den Vordergrund. Sie geht davon aus, dass die für den Arbeitnehmer relevanten Informationen über attraktive Stellenangebote primär über informelle und persönliche Kontakte und weniger über formelle Suchstrategien gewonnen werden. In der Literatur wird die Verfügbarkeit solcher Kontakte bei den Arbeitnehmern auch als „soziales Kapital" bezeichnet (vgl. Rolfes 1996: 48ff.). Diese theoretischen Annahmen sind empirisch bestätigt worden. So stellte man fest, „dass die Mehrzahl beruflicher und sozialer Mobilitätvorgänge [...]ohne eigene Suchaktivität des potentiellen Stelleninhabers besetzt wurden" (Rolfes 1996: 49). Auch die aktuelle Absolventenbefragung der Hochschul-Informations-System-GmbH (HIS) belegt, dass persönliche Beziehungen für den erfolgreichen Berufseinstieg eine wachsende Rolle spielen (vgl. Briedis 2007: 160).

Bezogen auf die Faktoren der Wohnstandortwahl kann man aus der Kontaktnetztheorie indirekt ableiten, dass informelle Kontakte vor Ort die Standortwahl der Arbeitskräfte entscheidend beeinflussen können. Man nehme einmal an, ein Bewerber hat in 2 Städten zwei gleichwertige Stellenangebote, auf die er sich bewerben kann. Das Angebot 1 in Stadt A ist eine Stelle bei einer Firma, zu der keinerlei persönliche Kontakte bestehen. Angebot 2 in Stadt B ist eine Stelle bei einer Firma, zu der aufgrund eines Praktikums persönliche Kontakte aufgebaut wurden. In dieser Situation ist die Wahrscheinlichkeit, dass der Bewerber das Angebot 2 bei der Stadt B annimmt, deutlich höher, weil bei der Stadt B der persönliche Kontakt zu der Firma die Aussicht auf eine Einstellung erhöhen wird. An diesem Beispiel wird deutlich, dass persönliche Kontakte durchaus als ein relevanter Standortfaktor angesehen werden können. Das Entstehen solcher Kontakte kann wiederum durch die **regionale Herkunft** des Bewerbers begünstigt werden: Ein Bewerber hat in seiner Heimatregion bedingt durch seine Ortskenntnisse und bereits vorhandene familiäre und sonstige Kontakte in aller Regel bessere Chancen, personelle Kontakte zur Arbeitsgebern aufzubauen. Dadurch kann die regionale Herkunft seine Standortentscheidung beeinflussen.

Die oben genannten Modelle verweisen ausschließlich auf ökonomische Standortfaktoren wie Lohnniveau oder Karriereaussichten, also auf die harten Standortfaktoren.

Soziologische Migrationstheorien hingegen betrachten Standortentscheidungen als das Ergebnis zahlreicher ökonomischer wie auch außerökonomischer Determinanten. Als Beispiel soll das sogenannte *Push and Pull Modell* kurz vorgestellt werden, welches in Anlehnung an das Gravitationsmodell von Ravenstein (1885) entwickelt wurde.

Das *Push and Pull Modell* erklärt menschliche Wanderungsentscheidungen durch die Einflüße von Push-und-Pullfaktroren von Herkunfts- und Zielregionen (vgl. Rohr-Zänker 1998: 40). Unter *Push-Faktoren* (Druckfaktoren) werden alle Faktoren einer Herkunftsregion zusammengefasst, die deren Bewohner zur Auswanderung bewegen. Unter *Pull-Faktoren* (Sogfaktoren) werden alle Faktoren der Zielregion verstanden, die diese Bewohner zur Einwanderung anreizen (vgl. Han 2000: 13-14). Push- und Pullfaktoren können äußerst vielfältig sein. In der Literatur werden unter anderem **politische Gegebenheiten, die Versorgungslage, Verdienstmöglichkeiten, Umweltbelastungen, Ausbildungschancen, die Infrastrukturausstattung aber auch viele weiche Faktoren wie kulturelle Einrichtungen oder die Freizeitmöglichkeiten sowie persönliche Kontakte vor Ort** als mögliche Push- bzw. Pullfaktoren genannt (vgl. Han 2000: 13ff.; Niebuhr/Stiller 2004: 240ff.) Die Push- und Pull- Theorie hebt hervor, dass Wanderungsentscheidungen nur durch das Zusammenspiel zahlreicher Einflussfaktoren getroffen werden. Sie sehen die Ursachen für Wanderungsbewegungen sowohl als das Ergebnis von objektiv begründbaren als auch von subjektiv unterschiedlich begründeten Entscheidungen (vgl. Han 2000: 13). Daher können persönlichen Präferenzen für eine bestimmte Region objektive Standortentscheidungen mitbestimmen. Insgesamt muss also hervorgehoben werden, dass subjektive, weiche Faktoren in dieser Theorie für die Standortwahl von Arbeitskräften eine ebenso große Rolle spielen wie harte, ökonomische Faktoren.

In diesem Kapitel wurde eine Reihe von Migrationstheorien vorgestellt, welche die Standortwahl von Arbeitskräften ausführlich behandelte. Es ließen sich eine Reihe von Standortfaktoren ableiten. Jedoch ging keiner der theoretischen Ansätze explizit auf die Standortwahl von Hochqualifizierten ein. Da das Hauptinteresse dieser Arbeit bei den Hochschulabsolventen liegt, widmet sich das folgende Kapitel speziell dieser Gruppe.

2.2.2 Räumliche Mobilität von Hochschulabsolventen

Da Hochschulabsolventen den zentralen Gegenstand dieser Untersuchung bilden, wird dieser Begriff zunächst eindeutig definiert, um Unklarheiten zu vermeiden. Als Hochschulabsolventen werden im Sinne dieser Arbeit alle Personen verstanden, die einen Hochschulabschluss erworben haben. Dabei sind die Absolventen aller Hochschulen gemeint, daher Absolventen sowohl von Universitäten als auch von Fachhochschulen und sonstigen Bildungseinrichtungen, die einen akademischen Abschluss ermöglichen, wie z.b. Kunsthochschulen oder Hochschuleinrichtungen. Im Gegensatz zu dem im Kontext der Wissensgesellschaft häufig verwendeten Begriffe der „Kreativen" oder Richard Floridas „Kreative Klasse" kann man Hochschulabsolventen statistisch klar erfassen: Jede Hochschule führt eine Absolventenstatistik. Ein weiterer Vorteil für die Wahl von Hochschulabsolventen als Untersuchungsgegenstand dieser Arbeit besteht in der relativen Homogenität ihres Lebenslaufs. Die akademische Ausbildung von Studenten beginnt in Deutschland zumeist im Alter zwischen 19 und 21 Jahren. Der Erwerb des ersten Hochschulabschlusses erfolgt bei Diplomabschlüssen (Universität) in den meisten Fällen zwischen 25 und 30 Jahren (vgl. Feuerstein 2008: 607-608). Berufseinstieg folgt im Regelfall, zumindest bei Absolventen der Ingenieurwissenschaften und Informatikern 3 bis 12 Monate nach dem Abschluss (vgl. Briedis 2007: 105ff.).

Es existieren in der Migrationstheorie keine Modelle, die sich speziell mit der räumlichen Mobilität von Hochschulabsolventen beschäftigen. Jedoch kann gesagt werden kann, dass junge und höher qualifizierte Personen verglichen mit anderen Bevölkerungsgruppen überdurchschnittlich häufig wandern. Zu dieser Feststellung kommen die *Modelle des Lebenszyklus*. Diese Modelle beschreiben insbesondere Wanderungshäufigkeiten für bestimmte Merkmalstypen im Lebenszyklus. Sie untersuchen, welche Zusammenhänge zwischen bestimmten Lebensphasen einer nach bestimmten sozio-demographischen Merkmalen definierten Gruppe und ihrer Wanderungshäufigkeit bestehen (vgl. Janssen 2000: 76). So stellt Birg (1993) empirisch fest, dass die Wanderungshäufigkeit in der Altersgruppe 18 bis 24 Jahre am höchsten ist. Die Ursache hierführt sieht er in der häufigen Aufnahme einer Ausbildung in diesem Lebensabschnitt (vgl. Birg 1993: 241ff.). Wagner (1987) weist nach, dass hochqualifizierte Personen insgesamt häufiger wandern als der Durchschnitt (vgl. Wagner 1987: 97ff.). Man kann also festhalten, dass 18- bis 24jährige mit einem höheren Bildungsabschluss die mobilste Personengruppe in Deutschland ist. Janssen (2000) schließt daraus, dass es sich hierbei um Abiturienten handelt, die zur Aufnahme einer Ausbildung oder eines Studiums häufig ihren Wohnsitz wechseln müssen. Er verweist auch auf eine überdurchschnittlich hohe räumliche Mobilität bei 25- bis 30-jährigen Hochqualifizierten im Zusammenhang mit der Aufnahme der ersten beruflichen Tätigkeit. Im höheren Alter nehme die Wanderungsaktivität bedingt durch die berufliche Konsolidierung und Familiengründung immer weiter ab (vgl. Janssen 2000: 77-78).

Killisch (1979)und andere Migrationsforscher bestätigen diese Aussage (vgl. Janssen 2000: 76ff.). Mincer (1978) stellt fest, dass neben dem Alter und der Qualifikation auch familiäre Bindungen die Wanderungshäufigkeit beeinflussen. Personen mit einem (Ehe)Partner und Personen mit Kindern sind deutlich weniger mobil als Personen, die nicht über solche Bindungen verfügen.

Für die Abgrenzung der zu untersuchenden Zielgruppe kann also Folgendes festgehalten werden: Die häufigsten räumlichen Mobilitätsbewegungen finden bei 25- bis 30 jährigen Absolventen im Zuge des beruflichen Ersteintritts statt. Dabei sind kinderlose und partnerlose Absolventen besonders mobil. Daraus lässt sich schließen, dass die Wahrscheinlichkeit eines Ortswechsels **nach** dem beruflichen Ersteinstieg im Lebensverlauf stetig abnimmt. Diese Annahme wird verstärkt durch die Tatsache, dass das durchschnittliche Heiratsalter in Deutschland derzeit bei rund 30 Jahren liegt. (vgl. Website Statistisches Bundesamt). Somit erfolgt eine familiäre Bindung an einen Ehepartner und an Kinder in den meisten Fällen erst nach dem Berufseintritt der Absolventen. Anders ausgedrückt wird ein Absolvent in der Region des beruflichen Ersteinstiegs mit hoher Wahrscheinlichkeit auch seine Familie gründen und wechselt dann für längere Zeit tendenziell nicht mehr seinen Wohnsitz. Für die Fragestellung dieser Arbeit kann man Folgendes hervorheben: Die Wohnstandortwahl von Absolventen ist häufig an den beruflichen Ersteinstieg geknüpft. Für die Absolventenbefragung ergeben sich daraus folgende Hinweise: sie sollte untersuchen, in welcher Region der berufliche Ersteintritt erfolgte und aus welchen Gründen er gerade dort erfolgte.

Absolventenbefragung der HIS GmbH

Den Lebenszyklusmodellen liegt eine Reihe von empirischen Studien über unterschiedliche Personengruppen zu Grunde. Über die Mobilität von Hochschulabsolventen im deutschsprachigen Raum gibt es, abgesehen von einigen wenigen, nicht repräsentativen Alumni-Befragungen einzelner Hochschulen bislang kaum empirische Untersuchungen. Die einzige bekannte bundesweite Untersuchung ist die Absolventenbefragung der Hochschul-Informations-System GmbH (HIS). Die HIS führt im Auftrag des Bundesministeriums für Bildung und Forschung (BMBF) seit 1989 regelmäßig Befragung von Hochschulabsolventen aller Fachbereiche durch. Dabei werden die Absolventen in repräsentativen Längsschnittuntersuchungen zu zwei Zeitpunkten befragt: Das erste Mal 1,5 Jahre und das zweite Mal 5 Jahre nach dem Studienabschluss. Ziel der Befragungen sind differenzierte Analysen der Studienbedingungen sowie des Überganges von Absolventen ins Berufsleben und ihres beruflichen Verbleibes. Die jüngste veröffentlichte Absolventenbefragung bezieht sich auf den Absolventenjahrgang 2005. Zuvor wurden die Jahrgänge 1989, 1993, 1997 und 2001 befragt (vgl. Website HIS).

Tabelle 3 liefert einen Überblick über alle durchgeführten Befragungen durch das HIS. Es handelt sich jeweils um die erste Befragungswelle 1,5 Jahre nach Studienabschluss.

Die räumlichen Aspekte des Berufseintritts- und Verbleibes von Absolventen wurden bei diesen HIS-Befragungen jedoch nicht analysiert. Henricke Mohr (2002) hat auf der Grundlage der Studien zu den Jahrgängen 1989, 1993 und 1997 erstmals auch die räumliche Mobilität von Absolventen untersucht. Ihre Ergebnisse sind im Sinne dieser Arbeit sehr aufschlussreich und sollen aus diesem Grunde im Folgenden kurz dargelegt werden.

Ziel der Untersuchung von Mohr war es herauszufinden „inwieweit Absolventen in Deutschland nach Abschluss des Studiums durch räumliche Mobilität auf die Arbeitsmarktanforderungen bzw. auf die Arbeitsmarktungleichgewichte reagieren" (Mohr 2002: 249).

Die im Sinne dieser Arbeit relevanten Ergebnissen gliedern sich in 3 Themenfelder: erstens wurden die Mobilitätsgrade untersucht, zweitens die Mobilitätsrichtungen und drittens die Mobilitätsmotive und -Hemmnisse. Die Erkenntnisse sind insofern interessant, als dass die Absolventen sowohl in Ihrer Gesamtheit als auch nach einzelnen Fachrichtungen differenziert betrachtet werden und so Unterschiede im Wanderungsverhalten herausgestellt werden können.

1.Mobilitätsgrade

Hierbei sollte das Ausmaß der räumlichen Mobilität der Absolventen ermittelt werden. Als Maßstab wurde die räumliche Distanz zwischen Studien- und Arbeitsort der bereits regulär berufstätigen Absolventen herangezogen. Mohr bildete vier Kategorien der Mobilität: Entfernungen bis 50 km wurden als Nichtmobilität, Entfernungen zwischen 50 und 200 km als Nahmobilität und Entfernungen über 200 km als Fernmobilität eingestuft. Das Ausland als Arbeitsort bildete schließlich die vierte und damit die höchste Mobilitätsstufe (vgl. Mohr 2002: 251-252).

Der Vergleich der untersuchten Jahrgänge ergab, dass das Ausmaß der räumlichen Mobilität zwischen 1989 und 1997 stetig gestiegen ist, bedingt durch den wachsenden Anteil der Fernmobilität. So betrug 1989 der Anteil der „fernmobilen" Absolventen 12,7 %, acht Jahre später waren es fast 20 %. Auch der Anteil der Absolventen, die eine Stelle im Ausland annahmen, hat in diesem Zeitraum deutlich zugenommen (vgl. Mohr 2002: 252). Es ist zu vermuten, dass dieser Trend zur zunehmenden Fernmobilität von Absolventen vor dem Hintergrund der fortschreitenden Globalisierung und Internationalisierung weiter anhält.

Ein Vergleich der Mobilitätsgrade von Universitäts-, Fachhochschul und – Staatsexamensabsolventen zeigte, dass die Universitätsabsolventen die räumlich mobilste Gruppe unter allen Absolventen darstellen. Ferner wurde ein Vergleich der Mobilitätsgrade von unterschiedlichen Fachrichtungen durchgeführt. Die in dieser Arbeit zu untersuchenden Universitätsabsolventen der Fachrichtungen Mathematik/ Informatik sowie der Fachrichtungen Maschinenbau/ Elektrotechnik sind bei der Fernmobilität verglichen mit anderen Fachrichtungen besonders mobil, was sich in dem überdurchschnittlichen Anteil der Fernmobilität widerspiegelt (vgl. Mohr 2002: 253ff.).

2.Mobilitätsrichtungen

Hier sollte untersucht werden, in welche Richtungen die Mobilitätsbewegungen stattfinden. Dazu wurde die Studien- und Arbeitsorte der Absolventen zu drei großen Regionen zusammengefasst: Eine „Region Nord", (Nordrhein-Westfalen, Niedersachsen, Schleswig-Holstein, Hamburg und Bremen); Eine „Region Süd" Baden Württemberg, Bayern, Rheinland-Pfalz, Saarland und Hessen); Eine Region Ost (neue Bundesländer einschließlich Berlin).

Die Räumliche Mobilität wurde zum einen nach Studienorten und zum anderen nach Arbeitsorten der Absolventen gemessen. Die Entfernungen zwischen Studien- und Arbeitsort bildeten genau wie bei den **Mobilitätsgraden** (s.o.)die Bemessungsgrundlage vgl. Mohr 2002: 258ff.).

Bei beiden Messungen ergaben sich deutliche Unterschiede zwischen den Regionen. Bei der Erfassung ausgehend von Studienort stellte man bei den Absolventen aus den neuen Bundesländern eine höhere Fernmobilität fest als in den beiden Regionen des alten Bundesgebiets. Dies kann vor allem auf die starke Abwanderung von Hochqualifizieren aus Ostdeutschland in die wirtschaftlich besser entwickelten Teile der alten Bundesländer zurückgeführt werden. So haben sich unter den Ingenieuren und Informatikern aus der Region Ost fast 40 % über 200 km von ihrem Studienort entfernt. Eine starke Zunahme der Fernmobilität konnte in allen 3 Regionen verzeichnet werden. Ingenieure und Informatiker weisen in allen drei Regionen die höchsten Anteile an Fernmobilität auf (vgl. Mohr 2002: 259).

Bei der Messung der Mobilität ausgehend vom Arbeitsort der Absolventen ergibt sich ein umgekehrtes Bild: Absolventen mit einer Anstellung in Süddeutschland haben eine deutlich stärker ausgeprägte Fernmobilität. Dies kann mit den überdurchschnittlich guten Karrieremöglichkeiten und dem hohen Lohnniveau in den südlichen Bundesländern erklärt werden, was dazu führt, dass der Anteil von Absolventen aus weit entfernten Regionen in Süddeutschland höher ist als im übrigen Bundesgebiet. So hatte 1997 fast jeder dritte in der Region Süd beschäftigte Absolvent einen Arbeitsplatz, der über 200 km von seinem Studienort entfernt war (vgl. Mohr 2002: 260).

Mohr hat darüber hinaus die Zusammenhänge zwischen verschiedenen Raumkategorien und der räumlichem Mobilität untersucht. Hierfür wurden alle Studienorte der untersuchten Absolventen entsprechend den siedlungsstrukturellen Gebietstypen des BBR in 3 Regionstypen zusammengefasst: Agglomerationsräume, verstädterte Räume und ländliche Räume. Es zeigte sich, dass die Fernmobilität in den Agglomerationsräumen am geringsten und in ländlichen Räumen am höchsten war. Eine kontinuierliche Zunahme der Fernmobilität von 1989 bis 1997 war in allen Raumkategorien zu beobachten (vgl. Mohr 2002: 261ff.).

3.Mobilitätsmotive und –hemmnisse

In diesem Abschnitt wurden die möglichen Motive und Hemmnisse der räumlichen Mobilität anhand von beruflichen und persönlichen Merkmalen der Absolventen erfasst.

Diesmal wurde nicht nach Fachrichtungen differenziert, die Ergebnisse wurden nur für den Absolventenjahrgang 1997 abgebildet. Es konnten drei zentrale Motive ermittelt werden, die Absolventen zur räumlichen Mobilität anreizen.

Als erstes Motiv wurde die *Einkommenssteigerung* herausgestellt. Mohr fand heraus, dass Absolventen mit höheren Monatseinkommen räumlich mobiler sind als Absolventen mit geringeren Einkommen. Auch andere Studien haben einen klaren Zusammenhang zwischen räumlicher Mobilität und Einkommensniveau belegt (vgl. Rolfes 1996: 201ff.). Somit wurden die Aussagen der vorgestellten Migrationstheorien empirisch nachgewiesen: Unter der Prämisse, dass es regionale Unterschiede gibt, wandern Arbeitskräfte in Regionen mit einem höheren Lohnniveau. Um sein Einkommen deutlich zu steigern, ist also räumliche Mobilität erforderlich. Diese Prämisse ist in Deutschland, einem Land mit zum Teil erheblichen regionalen Lohn- und Gehaltsunterschieden gegeben (vgl. Deutsches Institut für Wirtschaftsforschung (DIW) 2006: 143ff.).

Das zweite Motiv ist *die Beschäftigungsadäquanz*. Damit wird die Angemessenheit der beruflichen Position sowie des Niveaus der beruflichen Aufgaben und der fachlichen Qualifikation bezeichnet. Die Beschäftigungsadäquanz wurde durch die Selbsteinschätzung der Absolventen ermittelt. Besonders die Adäquanz der beruflichen Stellung und die die Adäquanz des Aufgabenniveaus sind

Determinanten für eine höhere räumliche Mobilität: Die Befragung ergab, dass die Fernmobilität bei denjenigen Absolventen am höchsten war, die ihre berufliche Position und das Niveau der beruflichen Aufgaben als angemessen einschätzten. Dies lässt den Schluss zu, dass Absolventen nicht in allen Räumen adäquate Arbeitsplätze finden können, was sie folglich zum Wohnsitzwechsel veranlasst. Wahrscheinlich ist bei diesem Wanderungsmotiv das Angebot und vor allem die räumliche Ballung bzw. Auswahl von entsprechenden Arbeitsplätzen für Hochqualifizierte in einer Region entscheidend, ob und wohin gewandert wird. In Ballungsräumen steigt mit der höheren Auswahl an Arbeitsplätzen die Chance, darunter eine adäquate Anstellung zu finden. Das erklärt die in der Literatur häufig angedeutete Attraktivität von großen Metropolen für Akademiker (vgl. Fritsch 2006; Noller/Georg 1994; et al.). In der Migrationstheorie wurde in diesem Zusammenhang vom Standortfaktor „Arbeitsplatzangebot" gesprochen (siehe Kapitel 2.2.1.).

Als drittes Motiv wurden die *beruflichen Zukunftsperspektiven* ermittelt. Damit sind die von Absolventen selbst eingeschätzte Beschäftigungssicherheit sowie die beruflichen Entwicklungsmöglichkeiten (Karrierechancen) gemeint. Bei Absolventen, die ihre beruflichen Entwicklungsmöglichkeiten positiv einschätzen, ist die Fernmobilität besonders stark ausgeprägt. Auch dieser Faktor ist im weiteren Sinne Bestandteil des in der Migrationstheorie definierten Standortfaktors „Arbeitsplatzbedingungen" bzw. „Berufsaussichten".

Neben Wanderungsmotiven wurden bei Mohr (2002) auch *Wanderungshemmnisse* erfasst. Wanderungshemmnisse sind insbesondere die familiären Bindungen der Absolventen. Mohr stellte heraus, dass partnerlose und kinderlose Absolventen den höchsten Mobilitätsgrad aufwiesen. An einen Partner (Ehegatte, Lebensgefährte etc.) gebundene Absolventen sind räumlich deutlich weniger mobil. Am immobilsten sind Absolventen mit Kind bzw. Kindern, wobei partnerlose Absolventen mit Kindern noch immobiler sind als Absolventen mit Partner und mit Kindern. Daran wird klar, dass eine Familiengründung ein deutliches *Mobilitätshemmnis* darstellt. Diese Ergebnisse wurden bereits durch Janssen (2000) empirisch bestätigt. An dieser Stelle sei noch erwähnt, dass weibliche Absolventen weniger mobil sind als männliche. Das ist damit zu erklären, dass die Familiengründung die räumliche Mobilität von Frauen stärker hemmt als die von Männern (vgl. Mohr 2002: 267).

Zum Abschluss werden die wichtigsten Resultate in einem Zwischenfazit kurz zusammengefasst.

2.2.3 Zwischenfazit

Viele migrationstheoretische Ansätze beschäftigen sich mit der Wohnstandortwahl von Arbeitskräften. Insbesondere bei den Arbeitsmarkttheorien stehen die Wanderungsmotive im Vordergrund. Die Erklärung der räumlichen Mobilität beschränkt sich in den Arbeitsmarkttheorien überwiegend auf die ökonomischen „harten" Standortfaktoren wie z.B. das Lohnniveau und das Arbeitsplatzangebot. Die Kontaktnetztheorie führt einen neuen Standortfaktor ein – **die informellen Kontakte vor Ort**.

In den soziologischen Migrationstheorien werden Wanderungen von Arbeitskräften durch einen **breit gefächerten Mix aus harten und weichen Standortfaktoren** erklärt.

Die Modelle des Lebenszyklus zeigten, dass Absolventen überdurchschnittlich häufig wandern. Im Lebensverlauf ist die Wanderungshäufigkeit von Abiturienten sowie die berufsbedingte Wanderung von Absolventen die höchste aller Lebensphasen. Nach dem Berufseintritt und der Familiengründung treten Wohnsitzwechsel immer seltener auf.

Letztlich muss gesagt werden, dass aus allen Theorien nur die möglichen Faktoren, nicht aber ihr tatsächliches Gewicht bei der Wohnstandortwahl ersichtlich werden. Ebenso kann die Frage, ob wirklich alle genannten Faktoren im Standortentscheidungsprozess eine Rolle spielen, nicht beantwortet werden.

Mit einer Untersuchung über die räumliche Mobilität von Absolventen in Deutschland durch Mohr (2002) auf der Grundlage der Absolventenbefragung der HIS konnten einige Standortfaktoren erstmals auch empirisch nachgewiesen werden. Zum einen wurde herausgestellt, dass die räumliche Mobilität bei Absolventen eine beträchtliche Rolle spielt. Absolventen sind deutlich mobiler als der (deutsche) Bevölkerungsdurchschnitt, wobei ihre räumliche Mobilität im Betrachtungszeitraum 1989 bis 1997 kontinuierlich gestiegen ist.

Das Ausmaß der räumlichen Mobilität ist bei Universitätsabsolventen höher als bei Absolventen von Fachhochschulen. Dabei sind Ingenieure und Informatiker im besonders hohen Maße mobil. Die süddeutschen Bundesländer bilden bei der berufsbedingten Wanderung von Absolventen eine dominante Zielrichtung insbesondere von Ingenieuren. Absolventen, die in Ballungsräumen studiert haben, sind räumlich immobiler als Absolventen die ihren Studienort in ländlichen Räumen hatten.

Mohr stellte ferner heraus, dass die Bindung an Kinder und / oder einen Partner die räumliche Mobilität von Absolventen hemmt. Das erklärt, warum die Absolventen mit zunehmendem Alter immer seltener den Wohnsitz wechseln.

Zusammenfassend wurden bei Mohr die folgenden Wanderungsmotive von Absolventen nachgewiesen: Einkommenssteigerung, Beschäftigungsadäquanz sowie berufliche Zukunftsperspektiven. Daraus lassen sich im Sinne dieser Arbeit entsprechend drei Faktoren der Wohnstandortwahl ableiten:

- **das Einkommensniveau,**
- **die Verfügbarkeit von den eigenen Vorstellungen entsprechenden bzw. geeigneten Arbeitsplätzen**
- **die Arbeitsplatzsicherheit und berufliche Entwicklungsmöglichkeiten**

Hinzu kommt ein vierter, aus der Kontaktnetztheorie abgeleiteter Faktor (s.o.):

- **informelle Kontakte vor Ort**

Nun kann der dritte und letzte Theorieabschnitt vorgestellt werden – die Lebensstilforschung.

2.3 Lebensstilforschung

Die Lebensstilforschung ist Bestandteil der Sozialstrukturforschung[10]. Zusammen mit weiteren soziologischen Theorien versucht die Lebensstilforschung, die soziale Struktur der Gesellschaft zu gliedern und zu untersuchen. In der Sozialstrukturforschung werden im Wesentlichen zwei theoretische Ansätze unterschieden: die traditionellen Klassen- und Schichtentheorien und die neueren Modelle der sozialen Lagen sowie die Konzepte der Lebensstile und der sozialen Milieus (vgl. Geißler 2006: 93). Lebensstilkonzepte stellen nur einen der vielen Ansätze der Sozialstrukturanalyse dar. Lebensstile werden zudem auch in älteren Konzepten der Sozialstrukturanalyse behandelt. Für eine bessere Orientierung soll daher zunächst ein kurzer Überblick über die wichtigsten Theorien dieser Wissenschaftsdisziplin erfolgen, um in weiterer Schritt ausführlicher auf die Konzepte der Lebensstile und der sozialen Milieus einzugehen. Abbildung 3 veranschaulicht die unterschiedlichen theoretischen Ansätze der Sozialstrukturanalyse.

Abbildung 3: Modelle der Sozialstrukturanalyse

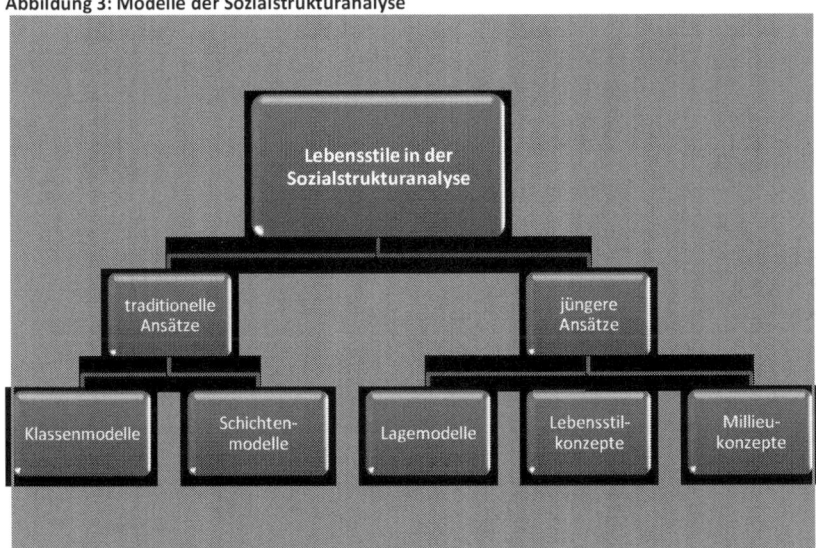

Quelle: Eigene Darstellung nach Geißler 2006: 93ff.

---

[10] In der Soziologie wird Sozialstrukturforschung häufig als Sozialstrukturanalyse oder Analyse sozialer Ungleichheit bezeichnet (vgl. Hradil 1987;Hradil 2001; Otte 2004 etc.)

2.3.1 Traditionellen Ansätze der Lebensstilforschung

Traditionelle Ansätze sind in erster Linie als Modelle der Sozialstrukturanalyse zu verstehen. Lebensstile spielen darin keine zentrale Rolle, da die Gesellschaft hierbei nach anderen Kriterien gruppiert wird. Zur besseren Verständlichkeit des Gesamtkontexts werden sie dennoch kurz skizziert.

Das Konzept der sozialen Klassen wurde vor allem durch Karl Marx (1818-1883) geprägt. In der Klassentheorie wird eine Gesellschaft allein anhand ökonomischer Merkmale unterteilt (Stellung im Wirtschafts- und Produktionsprozess z.B. Arbeitnehmer vs. Arbeitgeber (vgl. Geißler2006: 94).

Schichtenmodelle teilen das Gefüge einer Gesellschaft vor allem nach dem Merkmal der beruflichen Stellung ein. Unter der Vielzahl von Schichtenmodellen gilt das so genannte *Zwiebel-Modell* von Karl Martin Bolte als eines der bekannteren Schichtenkonzepte. Darin wird die westdeutsche Bevölkerung grob in eine Oberschicht, eine Mittelschicht, eine Unterschicht sowie in sozial Verachtete untergliedert (vgl. Geißler 2006: 97ff.).

Die Gemeinsamkeit von Klassen- und Schichtkonzepten besteht darin, dass sie Menschen in ähnlichen sozioökonomischen Lagen zusammenfassen. Beide Ansätze nehmen an, dass die sozioökomische Lage die Lebenserfahrung der Menschen und dadurch die Persönlichkeitsmerkmale der Menschen bestimmt. Demnach sind der berufliche Status, das Einkommen, der Besitz usw. ausschlaggebend für die Zuordnung zu bestimmten Verhaltensmustern, Einstellungen, Wertorientierungen und auch Lebensstilen. Diese traditionellen Ansätze betrachten nur die vertikale Dimension der sozialen Ungleichheit. Eine horizontale Differenzierung der Gesellschaft wie z.B. Ungleichheiten nach Geschlecht, Alter, Generation, privater Lebensform usw. wird nicht vorgenommen.

Bezogen auf Lebensstile wird lediglich soviel gesagt, dass die Zugehörigkeit zu einem bestimmten Lebensstil in den traditionellen Modellen vor allem durch den Beruf und die berufliche Position determiniert wird. Über die Standortpräferenzen der einzelnen Klassen bzw. Schichten treffen diese Konzepte jedoch keine Aussage. Die sozialräumliche Komponente der eingeteilten Gruppen wird in der Literatur kaum behandelt.

Erst in den neueren Ansätzen der Sozialstrukturforschung kommt ein Interesse nach der **Verräumlichung der unterschiedlichen soziostrukturellen Kategorien** auf. Impulsgeber hierfür sind unter anderem Wohnungsanbieter, die eine zunehmende Diskrepanz zwischen vorhandenen Wohnungsangeboten und den Wohnbedürfnissen der Nachfrager feststellen. Sie konstatieren, dass man die unterschiedlichen Wohnbedürfnisse heutzutage nicht mehr durch die herkömmlichen Klasse- und Schichtenmodelle abschätzen kann (ausführlicher hierzu vgl. Schneider/Spellenberg 1999).

Durch die zunehmende Pluralisierung und Individualisierung der modernen Gesellschaft wurden in der Sozialstrukturforschung insbesondere seit den 1980er Jahren neue Ansätze zur Strukturierung der Gesellschaft entwickelt: Die *Modelle der sozialen Lage*, und die einander ähnelnden *Konzepte der Lebensstile und der sozialen Milieus*. Diese werden im folgenden Kapitel präsentiert.

2.3.2 Jüngere Ansätze der Lebensstilforschung

Lagemodelle

Lagemodelle erweitern die Klassen- und Schichtkonzepte um die horizontale Dimension. Sie teilen die Gesellschaft sowohl vertikal nach den traditionellen Merkmalen wie Beruf/Qualifikation als auch horizontal nach Geschlecht, Alter, Region, ethnischer Herkunft usw. ein (vgl. Geißler 2006: 104). Ausgangspunkt für das Lagemodell ist die Auffassung, dass die soziale Ungleichheit nicht als die ökonomisch erzeugte Ungleichheit der Bevölkerung definiert wird, sondern als „gesellschaftlich hervorgebrachte, relativ dauerhafte Lebensbedingungen, die es bestimmten Menschen besser und anderen schlechter erlauben, so zu handeln, dass allgemein anerkannte Lebensziele für sie in Erfüllung gehen" (Hradil 1987: 9). Dadurch treten neben der vertikalen ökonomischen Ungleichsdimension weitere Dimensionen auf, die die Lebensbedingungen und somit ihre Chancen zur Erreichung der Lebensziele bestimmen: Die soziale Sicherheit, die Arbeits, Freizeit- und Wohnbedingungen, die Partizipationschancen, die integrierenden oder isolierenden sozialen Rollen sowie die Diskriminierung und Privilegien im Alltag (vgl. Hradil 1987: 9ff.). Durch diese Differenzierung kann die Bevölkerung in zahlreiche soziale Lagen eingeteilt werden, wobei vor allem nach bevorzugten und benachteiligten sozialen Lagen unterschieden wird. Einige Lagemodelle verorten die einzelnen Soziallagen. Da aber die formale Bildung hierbei nur ein Merkmal unter vielen ist, kann aus diesen Modellen nur wenig über die Wohnortpräferenzen von Hochqualifizierten abgeleitet werden (vgl. Geißler 2006: 104ff.).

Lebensstilkonzept

Ein *Lebensstil* wird definiert als „ein relativ stabiles, regelmäßig wiederkehrendes Muster der alltäglichen Lebensführung" (Geißler 2006: 106). Er wird auch als sozialstrukturelle Kategorie zur Einteilung der erwachsenen Bevölkerung in homogene Gruppen bezeichnet (vgl. Schneider/ Spellenberg 1999:78). Somit beinhalten Lebensstile den Anspruch, ein soziostrukturelles Gliederungsinstrument zu sein. Geißler weist Lebensstilen vier wesentliche Merkmale zu. Erstens sind sie lebensbereichsübergreifend, wobei ihr Schwerpunkt im Freizeit- und Konsumbereich liegt. Zweitens beziehen sich Lebensstile auf die bewusste Selbstdarstellung der Individuen in Fragen des Geschmacks und der kulturellen Interessen. Drittens haben Lebensstile einen ganzheitlichen und sinnhaften Charakter. Viertens stiften Lebensstile individuelle oder kollektive Identität und wirken dadurch abgrenzend (vgl. Geißler 2006: 106-107).

Nach Müller (1997) kommen Lebensstile auf drei Ebenen zum Ausdruck: „expressives Verhalten(Freizeitaktivitäten, Konsummuster), interaktives Verhalten (Freundeskreis, Mediennutzung, Heiratsverhalten) und evaluative Aspekte der Lebensführung (Werte, Motive)" (Müller 1997: 368, zitiert nach Schneider/Spellerberg 1999: 99).

In Anbetracht dieser Beschreibungen kann man davon ausgehen, dass Vertreter bestimmter Lebensstile bestimmte Stadtviertel bzw. Wohnlagen präferieren, die am besten zu ihren persönlichen Verhaltensmustern und Einstellungen passen. Insofern können *Lebensstilmodelle* Aufschluss darüber geben, welche Standortpräferenzen die unterschiedlichen Gruppen haben. Schneider/Spellerberg sehen gar einen engen Zusammenhang zwischen dem Wohnstandort und der Herausbildung sowie Manifestierung von Lebensstilen (vgl. Schneider/Spellerberg 1999: 78). Eini-

ge Lebensstilmodelle erlauben auch Rückschlüsse auf die Lebensstile von Hochqualifizierten. Somit können allgemeine Aussagen über ihre Wohnstandortvorzüge getroffen werden.
Exemplarisch soll nun das Lebensstilmodell von Georg (1998) in knapper Form präsentiert werden. Georg hat auf der Basis einer repräsentativen Stichprobe von ca. 2000 Westdeutschen aus einer Vielzahl von Lebensstilen anhand von Merkmalen aus dem Freizeit- und Konsumbereich sieben Lebensstilgruppen definiert:

Gruppe 1: Kulturbezogen-asketischer Lebensstil
Gruppe 2: Lebensstil „Selbstdarstellung, Genuss und Avantgardismus"
Gruppe 3: Lebensstil „prestigebezogene Selbstdarstellung"
Gruppe 4: Hedonistisch-expressiver Lebensstil
Gruppe 5: Familienzentrierter Lebensstil
Gruppe 6: Zurückhaltend-passiver Lebensstil
Gruppe 7: Zurückhaltend-konventioneller Lebensstil

Georg ordnet jeder Gruppe typische Merkmale wie Bildungsniveau oder Alter zu. Demnach finden sich hochgebildete Menschen vorwiegend in den ersten beiden Lebensstilgruppen wieder (ausführlicher hierzu vgl. Geißler 2006: 107-108).
Eine ähnliche Lebensstiltypologie, ebenfalls aus dem Lebensstilkonzept entwickelt, wurde am Zentrum für Umfragen, Methoden und Analysen des Leibnitz Instituts für Sozialwissenschaften (ZUMA) erstellt. Das ZUMA hat, nach West- und Ostdeutschland getrennt, durch Bevölkerungsumfragen jeweils 9 Lebensstilgruppen definiert. Sie wurden hierbei methodisch nach dem Lebensstilkonzept von Müller (1992) (s. o.) gebildet (vgl. Schneider/Spellerberg 1999: 100ff.).
Es sei hervorgehoben, dass es zwischen West- und Ostdeutschland bei dieser Typisierung Abweichungen bei den Lebensstilen gibt. Es sollen im Folgenden nur die 9 Gruppen für Westdeutschland vorgestellt werden, da der Untersuchungsraum dieser Arbeit in Westdeutschland liegt.

Gruppe 1: Hochkulturell Interessierte, sozial Engagierterte
Gruppe 2: Arbeits- und Erlebnisorientierte, vielseitig Aktive
Gruppe 3: Expressiv Vielseitige
Gruppe 4: Sachlich-pragmatische Qualitätsbewusste
Gruppe 5: Hedonistische Freizeitorientierte
Gruppe 6: Häusliche mit Interesse für leichte Unterhaltung und Mode
Gruppe 7: Einfach Lebende, arbeitsorientierte Häusliche
Gruppe 8: Sicherheitsorientierte, sozial Eingebundene mit Vorlieben für volkstümliche Kultur und Mode
Gruppe 9: Traditionelle, zurückgezogen Lebende

Bei dieser Lebensstilklassifizierung treten Menschen mit höheren Bildungsabschlüssen in drei der neun Lebensstilgruppen besonders häufig auf: Erstens bei den „Hochkulturell Interessierten, sozial Engagierten"; Zweitens bei den „Arbeits- und Erlebnisorientierten, vielseitig Aktiven"; Drittens bei den „Sachlich-pragmatischen Qualitätsbewußten" (vgl. Schneider/Spellerberg 1999: 104ff.). Man erkennt, dass in beiden hier vorgestellten Lebensstiltypisierungen keine eindeutige Zuordnung von Hochqualifizierten zu einem bestimmten Lebensstil möglich ist, da Menschen mit höherer Bildung sehr unterschiedliche Lebensstile pflegen können.

Bezogen auf die Wohnstandortpräferenzen der einzelnen Lebensstilgruppen unterscheidet die Literatur grob zwischen einem „großstädtischen" und einem „ländlichen" Typ. Auf Stadtebene kann man entsprechend unterscheiden zwischen Gruppen, die zentrale Innenstadtlagen präferieren und solche, die am liebsten in Stadtrandlagen oder im suburbanen Raum wohnen. Die Hochqualifizierten gehören zu den beiden hier genannten Typen (vgl. Helbrecht/Meister 2007; Schneider/Spellerberg 1999).

Lebensstile hängen eng zusammen mit dem Konzept der *sozialen Milieus*. Milieus werden in der neueren Literatur als „[...] eine Gruppe von Menschen verstanden, die solche äußeren Lebensbedingungen und / oder innere Haltungen aufweisen, aus denen sich gemeinsame Lebensstile herausbilden"(Hradil 1987: 165). Somit sind (soziale) Milieus der Entstehung von Lebensstilen vorgelagert. Sie können daher auch als „Brutstätte" von Lebensstilen angesehen werden. In sozialen Milieus wird die Bevölkerung nach „subkulturellen Einheiten" unterteilt. Diese Einheiten werden nach folgenden Merkmalen gebildet: Wertorientierungen, Lebensziele, Einstellungen, Zukunftsperspektiven, politische Grundüberzeugungen und Lebensstile (vgl. Geißler 2006: 110). Milieus haben eine räumliche Komponente, da sie als Bindeglied zwischen spezifischen räumlichen Gebieten und soziostrukturell umrissenen Bevölkerungsgruppen mit zugehörigen Werthaltungen und Interaktionsformen angesehen werden (vgl. Hradil 1992; Lepsius 1979). In der Stadtsoziologie und Raumplanung spielen Milieus eine wichtige Rolle bei der Erklärung von Stadtentwicklungsprozessen, z.B. im Kontext der *Gentrification*[11]. (vgl. Scheider/Spellerberg 1999).

Das bislang bekannteste Modell zur Typisierung von sozialen Milieus sind die sogenannten *Sinus-Milieus*, die vom Sinus-Institut[12] entwickelt wurden. Sinus-Milieus wurden als Instrument für strategisches Marketing und Zielgruppenoptimierung für Unternehmen und Institutionen konzipiert (vgl. Website Sinus Institut). Sinus-Milieus werden von ihrem Erfinder wie folgt definiert: „Sinus-Milieus gruppieren Menschen, die sich in ihrer Lebensauffassung und Lebensweise ähneln. In die Analyse gehen zunächst die grundlegenden *Wertorientierungen* ein, dann die *Alltagseinstellungen* zur Arbeit, zur Familie, zur Freizeit, zu Geld und Konsum und so weiter." (Website Sinus-Institut 2009)

Sinus-Milieus werden für Deutschland anhand von repräsentativen Interviews jährlich erstellt. Für das Jahr 2007 hat das Sinus-Institut die deutsche Bevölkerung in 10 Milieus eingeteilt. Sie werden in dem Schaubild in einem zweidimensionalen Koordinatensystem dargestellt (vgl. Abbildung 4). Die waagerechte Achse ordnet den Milieus Grundorientierungen zu, die senkrechte Achse die

---

[11] *Gentrification* wird definiert als sozialer und baulicher Wandel in einem Stadtquartier. Dieser Prozess wird durch die Verdrängung von geringverdienenden Haushalten und/ oder durch den sozialen Aufstieg der Bewohner eines Quartiers ausgelöst (vgl. Häußermann/Siebel 2004: 229).
[12] Das Sinus-Institut heißt derzeit offiziell „Sinus Sociovision" (vgl. Website Sinus-Institut). Zur besseren Übersichtlichkeit wird in dieser Arbeit der Begriff „Sinus-Institut" verwendet.

soziale Lage nach dem Schichtenkonzept. Dies erlaubt, zum einen den Zusammenhang zwischen Milieus und Werten/Einstellungen und zum anderen den Zusammengang zwischen Milieus und sozialen Schichten abzulesen.

Abbildung 4: Die Sinus-Milieus in Deutschland 2007

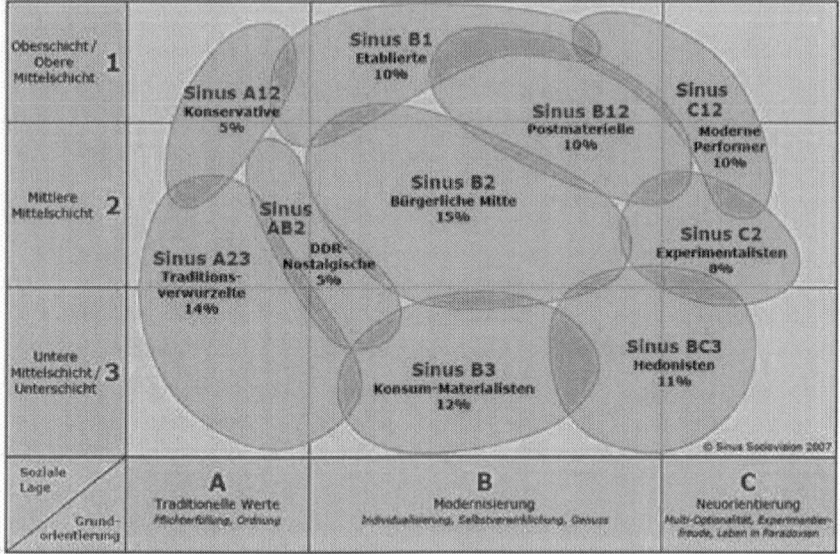

Quelle: Website Sinus-Institut 2009

Junge Hochqualifizierte (bis ca. 35 Jahren) sind in vier der zehn Sinus-Milieus besonders häufig anzutreffen. In Tabelle 4 sollen diese vier Milieus anhand der Beschreibung des Sinus-Instituts näher vorgestellt werden (vgl. Website Sinus-Institut 2009).

Tabelle 4: die Sinus-Milieus der Hochqualifizierten

Milieu	Merkmale
Etablierte	Die gebildete, gut situierte und selbstbewusste Elite; Erfolgsethik; mittlere Altersgruppen ab 30 Jahren; meist verheiratet; hohes Interesse an Kunst, Kultur und individuellen Reisen; konsum- und genussorientiert; sozial engagiert; überdurchschnittlich hohes Bildungsniveau; arbeiten häufig in Führungspositionen, viele Unternehmer und Selbstständige; hohe bis höchste Einkommensklassen.
Post-materielle	Liberale Grundhaltung, postmaterielle Werte und intellektuelle Interessen; überwiegend hochgebildet, kosmopolitisch und tolerant; starkes Interesse an Literatur, Kunst, Kultur und Weiterbildung; Intellekt und Kreativität wichtiger als Besitz und Konsum. Umwelt- und gesundheitsbewusster Lebensstil; alle Altersgruppen von Anfang 20 bis zur Generation der „jungen Alten"; hohe bis höchste Formalbildung (Abitur, Studium); qualifizierte und leitende Angestellte und Beamte, Freiberufler, Studenten; hohes Einkommensniveau.

Moderne Performer	Die junge, unkonventionelle Leistungselite; intensives Leben - beruflich und privat, Multi-Optionalität, Flexibilität und Multimedia-Begeisterung; experimentierfreudiger Lebensstil; häufige „Unternehmens-Start-Ups"; intensive Nutzung moderner Technologien; großes Interesse an sportlicher Betätigung und Outdoor-Aktivitäten (z.B. Kino, Kneipe, Kunst). Sehr offen für andere Kulturen und Szenen; recht jung: Altersschwerpunkt unter 30; hohes Bildungsniveau; unter den Berufstätigen viele Selbstständige oder leitenden Angestellte; hohes Einkommen.
Experimenta listen	Die individualistische neue Bohème: Ungehinderte Spontaneität, Leben in Widersprüchen, Selbstverständnis als Lifestyle-Avantgarde; Experimentierfreunde, Offenheit, Toleranz; Intensive Nutzung von Multimedia; kreative Tätigkeiten; Hauptinteresse bei Musik, Kunst, Kultur, Filmen und Büchern; großes Bedürfnis nach Kommunikation und Unterhaltung; Konsum abseits des Mainstreams; starkes Interesse an vielfältigen Outdooraktivitäten (Musikfestivals, Discos, Szenelokale, Extremsportarten); jung: Altersschwerpunkt unter 30; unterschiedliche berufliche Positionen; durchschnittliche Einkommen.

Quelle: Eigene Darstellung nach Website Sinus-Institut 2009

So unterschiedlich diese vier Milieus sind, besitzen sie auch eine Gemeinsamkeit verbunden: Vertreter aller vier Milieus haben ein starkes Interesse an Kunst, Kultur und diversen Freizeitaktivitäten. Da eine räumliche Ballung von vielfältigen Freizeit- und Kulturangeboten vor allem in Großstädten vorliegt, kann man annehmen, dass diese vier Milieugruppen bei ihrer regionalen Standortwahl Großstädte bevorzugen. Somit kann Stadtgröße als Standortfaktor der jungen Hochqualifizierten angesehen werden, vorausgesetzt sie gehören in eines der vorgestellten Sinus-Milieus.

In der neueren Literatur gibt es zahlreiche Hinweise darauf, dass hochqualifizierte Arbeitskräfte eine Affinität für Großstädte und Metropolregionen haben.

Eine empirische Untersuchung der räumlichen Verteilung von Floridas *Kreative Klasse* durch Fritsch (2006) bestätigt, dass die Konzentration der Kreativen in Großstädten tatsächlich höher ist als in ländlichen Räumen der Bundesrepublik. Besonders der Anteil an *Hochkreativen*, die berufsbedingt einen Hochschulabschluss besitzen, ist in den Großstädten deutlich höher als in Mittel- und Kleinstädten (Fritsch 2006: 8ff.).

Nach Noller/Georg (1994) sowie Helbrecht/Meister (2007) pflegen die hochqualifizierten Arbeitskräfte aufgrund ihrer speziellen Anforderungen im Berufsleben (Selbstständigkeit, Flexibilität, Verantwortung) Lebensstile, welche einen erhöhten Koordinationsbedarf erfordern. Sie müssen viele Aktivitäten (Einkaufen, Arbeiten, Erholung, soziale Kontakte) räumlich bündeln, um ihre knappe Zeit möglichst effizient zu nutzen. Dadurch eignen sich hochverdichtete Großstädte, in denen diese Aktivitäten räumlich geballt innerhalb kurzer Zeit ausgeübt werden können, besonders gut als Wohnstandorte dieser Gruppe. Somit ist der Beruf das Entscheidende für die Zuordnung zu einem bestimmten Lebensstil. Florida (2002) hebt hervor, dass die *Kreative Klasse* im Beruf häufig flexible und unberechenbare Arbeitszeiten jenseits der konventionellen „nine-to-five-jobs" besitzen und dadurch das Bedürfnis haben, ihre Freizeitaktivitäten spontan und jederzeit ausleben zu können (vgl. Florida 2002: 224-225). Großstädte haben bei Einrichtungen im Kultur- und Freizeitbereich zumeist längere Betriebs-und Öffnungszeiten und werden diesenAnsprüchen eher gerecht als kleinere Orte. Landry (2007) konstatiert allerdings, dass große Städte nur bis zu einer gewissen Grenze für hochgebildete Menschen attraktiv sind. Megastädte wie Sao Paolo seien demnach unattraktiv, weil sie aufgrund ihrer Größe chaotisch, unüberschaubar und überteuert sind, wodurch ihre Attraktivität für die Bewohner sinkt. Um Hochqualifizierte anzuziehen, müsse eine Stadt eine ausgewogene Mischung aus Chaos und Ordnung aufweisen. Es kommt somit nicht allein auf die Stadtgröße, sondern auf Ihre Überschaubarkeit an. Darum seien in den Industrieländern die sogenannten „Second Cities[13]" eines Landes für sie häufig interessanter (vgl. Zuber 2007:100-101; Landry 2007:102).

Über die Lebensstile einzelner Berufsgruppen gibt es bislang kaum empirische Analysen (vgl. Helbrecht/Meister 2007). Im Zuge der aktuellen Diskussion über die Bedeutung von Kultur und Kreativität für die Regionalentwicklung besteht seitens der Kommunen seit einigen Jahren ein großes Interesse daran, Standortanforderungen der Kreativwirtschaft und der kreativen Berufstätigen zu untersuchen. Das Hauptaugenmerk liegt dabei bei den kreativen Berufen im engeren Sinne, z.B. Musiker, Designer oder Werber. Ingenieure oder Informatiker stehen nicht im Mittelpunkt des Interesses. Aus diesem Grund gibt es bislang im deutschsprachigen Raum keine empirische Evidenz darüber, ob Absolventen dieser Disziplinen bestimmten Lebensstilen oder sozialen Milieus angehören. Hier besteht noch Forschungsbedarf, der zum Entstehen dieser Diplomarbeit beigetragen hat.

Schließlich sollte im Zusammenhang mit Raum und Milieus ein weiterer wichtiger Punkt erwähnt werden. Viele Soziologen und Stadtforscher, insbesondere Segregationsforscher deuten darauf hin, dass die Vertreter unterschiedlicher sozialen Milieus dazu neigen, sich innerhalb der Stadt in Quartieren anzusiedeln, wo sie „Ihresgleichen" vorfinden. Unterschiedliche soziale Milieus, die aufgrund unterschiedlicher Lebensstile und Auffassungen miteinander unvereinbar sind, stoßen sich hingegen ab (vgl. Park 1974; Wirth 1974; Häußermann/Kapphan 2000; Häußermann/Siebel 2004 et al. nach Manderscheid 2004: 100). Manderscheid (2004) fasst es so zusammen: „ Soziale Distanz […] führe also zu räumlicher Distanz und soziale Nähe zu räumlicher Nähe" (Manderscheid 2004: 100). Damit wird versucht, das Entstehen der sozialräumlichen Segregation in der Stadt zu erklären. Das bedeutet, dass die jungen Hochqualifizierten, welche vorwiegend den vier Sinus-Milieus angehören (s.o.), bei ihrer Wohnstandortwahl auf urbaner Ebene vorzugsweise in Quartiere mit einer Konzentration ähnlicher Milieus- und Lebensstilgruppen ziehen (möchten). Doch auch auf der Ebene der **überörtlichen Wohnstandortwahl**- dem eigentlichen Gegenstand dieser Arbeit, kann das Vorhandensein bestimmter räumlich lokalisierter Milieus die Standortentscheidung beeinflussen: Es ist zu vermuten, dass solche Städte bevorzugt werden, in denen Vertreter des gleichen Milieus höhere Anteile an der Stadtbevölkerung haben. So zieht Berlin beispielsweise aufgrund überdurchschnittlicher Anteile von „Experimentalisten" (Bohemiens) und entsprechenden Subkulturen weitere Experimentalisten aus allen Erdteilen an. München verfügt durch den her-

---

[13] Als „Second City" wird in der Literatur die zweitgrößte Stadt eines Landes bezeichnet wie z.B. Hamburg für Deutschland oder Barcelona für Spanien. Eine Second City kann auch die zweitgrößte Stadt einer Region sein, bspw. die Stadt San Francisco für die Region Kalifornien (vgl. Zuber 2007:100-101)

ausragenden wirtschaftlichen Erfolg über eine relativ hohen Anteil an gutsituierten „Etablierten", die weitere Etablierte in die Stadt ziehen. Auch Florida (2002) geht auf die Bedeutung von Milieus für Hochqualifizierte ein. Demnach bevorzugt seine *Kreative Klasse* Städte, deren Bewohner die ihnen entsprechende Werte und Einstellungen vertreten. Letztlich geht es also auch hier um ein bestimmtes Milieu. Dieses Milieu wird als offen, tolerant, innovativ und kreativ beschrieben (vgl. Florida 2002: 249ff.). Diese Beschreibung passt in Ansätzen auf das Sinus-Milieu der „Experimentalisten" und „Moderne Performer". Landry (2006) hebt die große Bedeutung bestimmter Milieus einer Stadt für ihre Standortattraktivität und Wettbewerbsfähigkeit hervor, die er ebenfalls als kreativ und innovativ beschreibt (vgl. Landry 2006: 132ff.).

2.3.3 Zwischenfazit

Bezogen auf die Faktoren der Wohnstandortwahl hochqualifizierter Arbeitskräfte kann die Lebensstilforschung verglichen mit der Standorttheorie und der Migrationstheorie nur bedingt Aussagen treffen. Für diese Arbeit lassen sich folgende Ergebnisse festhalten:

1. Lebensstile der Hochqualifizierten können sehr unterschiedlich sein. Die Zuordnung zu einem bestimmten Muster der alltäglichen Lebensführung hängt von einer Vielzahl soziodemografischer Merkmale ab wie z.b. dem Alter, dem Familienstand, dem Einkommen, dem Beruf und nicht zuletzt von persönlichen Grundüberzeugungen und dem Freundeskreis. Dementsprechend können Hochqualifizierte theoretisch überall im städtischen Raum wohnen, von der innerstädtischen Gründerzeitwohnung über die Reihenhaussiedlung am Standrand bis zum freistehenden Einfamilienhaus im suburbanen oder ländlichen Raum.

2. Aus Sicht der Milieukonzepte gehören Hochqualifizierte zwar in unterschiedliche Milieus, dennoch haben sie alle tendenziell ein großes Interesse an Kunst, Kultur und abwechslungsreichen Freizeitaktivitäten. Ein vielfältiges Angebot spielt dabei für die meisten eine große Rolle. Sie wohnen folglich vorzugsweise in oder in der Nähe von Großstädten, weil sie insbesondere dort entsprechende Angebote vorfinden.

3. Hochqualifizierte Arbeitskräfte bevorzugen Großstädte, aber keine Megastädte. Sie möchten in großen aber gleichzeitig überschaubaren Städten wohnen. Nicht die reine Stadtgröße, sondern die Fähigkeit, ein metropolitanes Angebot mit Ordnung und Gelassenheit zu kombinieren, ist für sie relevant. Somit sollte in der Untersuchung „Überschaubarkeit" als eigener Standortfaktor neben dem Faktor „Stadtgröße" behandelt werden.

4. Die berufliche Tätigkeit wird nicht nur in den Schichten- und Klassenkonzepten, sondern auch in der jüngeren Literatur zunehmend als entscheidend für die Zuordnung zu be-

stimmten Lebensstilen angesehen. Es herrscht die Meinung vor, Lebensstile und damit verbunden auch die Wohnstandortwahl nach Berufsgruppen differenziert zu betrachten. Folglich sollte man auch die Wohnstandortwahl von hochqualifizierten Arbeitskräften nach Berufsgruppen getrennt untersuchen.

5. Gleiches zieht Gleiches an: Vertreter bestimmter Milieus wollen am liebsten dort wohnen, wo vergleichbare Milieus zu finden sind. Das beeinflusst nicht nur die Wohnstandortwahl auf lokaler, sondern auch auf regionaler Ebene. Ein hoher Anteil der gleichen sozialen Milieugruppe an der Stadtbevölkerung macht eine Stadt attraktiv. Auch junge hochqualifizierte Arbeitskräfte bevorzugen Orte mit hohen Anteilen „Ihresgleichen".

Als Standortfaktoren lassen sich demnach ableiten:

*   **Stadtgröße**

*   **Kunst,- Kultur- und Freizeitangebot**

*   **Anteil gleicher sozialer Milieus an der Stadtbevölkerung**

*   **Überschaubarkeit**

Mit dem Abschluss dieses Kapitels ist die Darlegung der theoretischen Grundlagen dieser Arbeit abgeschlossen. Der Stand der Forschung im Bereich der Wohnstandortwahl hochqualifizierter Arbeitskräfte wurde damit dargelegt. Zur besseren Übersichtlichkeit soll nun im nächsten Kapitel ein Gesamtfazit der theoretischen Grundlagen gezogen werden, in dem alle abgeleiteten Standortfaktoren zusammengefasst werden. Es soll gleichzeitig die Operationalisierung der Theorieergebnisse für die schriftliche Absolventenbefragung vornehmen, welche in Kapitel 4 beginnt.

2.4 Gesamtfazit theoretische Grundlagen

Aufgrund der großen Anzahl der ermittelten Faktoren sollen diese systematisch sortiert werden. Das erleichtert die Übersichtlichkeit und ist hilfreich für die spätere Operationalisierung im schriftlichen Fragebogen. In der Literatur wurde häufig zwischen „harten" oder ökonomischen" und „weichen" oder „außerökonomischen" Faktoren unterschieden. Diese beiden Kategorien erscheinen für die Sortierung der Faktoren, auch vor dem Hintergrund der Forschungsfragen sinnvoll (vgl. Kapitel 1.2.).

Aus diesen Überlegungen ergibt sich dann die folgende Tabelle. Darin sind alle aus der Theorie abgeleiteten Standortfaktoren sortiert nach den beiden Kategorien „hart" und „weich", abgebildet. Die Einteilung erfolgt gemäß der in der Theorie verwendeten Definition von harten und weichen Standortfaktoren nach Grabow et al. (1995) (siehe Kapitel 2.1.2).

Tabelle 5: Faktoren der Wohnstandortwahl hochqualifizierter Arbeitskräfte

Harte Faktoren	Weiche Faktoren
Einkommensniveau /Lohn- und Gehaltsniveau	Räumliche Lage (naturräumliche Gegebenheiten, z.B. Wassernähe)
Arbeitsmarkt (Verfügbarkeit adäquater Arbeitsplätze, Arbeitsplatzsicherheit, berufliche Entwicklungsmöglichkeiten	Images, Bilder
Politische Gegebenheiten (Regierungsparteien, Gesetze etc.)	Kultur- und Freizeitangebot
Infrastrukturausstattung/ Versorgungslage	Stadt- und Landschaftsqualität
Aus- und Weiterbildung	Umweltqualität
Persönliche Kontakte vor Ort[14]	Wohn – und Wohnumfeldqualität
Stadtgröße	Atmosphärische Qualitäten
Soziale Bildungen (Partner, Familie usw.)	Toleranz und Offenheit (der Bewohner)
	Anteil gleicher sozialer Milieus an der Stadtbevölkerung
	Mentalität der Bewohner
	Überschaubarkeit

Quelle: eigene Darstellung

Die Faktoren in der Tabelle wurde bereits zu übergeordneten Themenfelder zusammenfasst. Für eine Operationalisierung in der Empirie werden die einzelnen Faktoren feiner untergliedert. Eine genauere Beschreibung des Operationalisierungsprozesses erfolgt in Kapitel 4.1. Es folgt zunächst Kapitel 2.5, in dem die theoriebasierten Hypothesen dieser Arbeit hergeleitet werden.

2.5 Herleitung von Hypothesen

Die dargestellten theoretischen Grundlagen der Wohnstandortwahl hochqualifizierter Arbeitskräfte bilden die Basis für die Generierung einiger Hypothesen, welche im empirischen Teil der Arbeit überprüft werden sollen.

Ausgangspunkt dieser Arbeit ist die von Richard Florida und Charles Landry vertretene These, dass nachgefragte hochqualifizierte Arbeitskräfte in der heutigen Wissensgesellschaft ihren Wohnstandort (relativ) frei aussuchen können (vgl. Kapitel 2.1.3). Wenn sie diese Wahlfreiheit haben, suchen sich die Absolventen ihren Wohnstandort nicht (nur) nach den harten Faktoren wie das Jobangebot sondern nach persönlichen Präferenzen- also nach den **weichen Faktoren** aus. Sollten

---

[14] Der Faktor „persönliche Kontakte vor Ort" gilt bei der Zuordnung zu einer der beiden Kategorien als Grenzfall. Aufgrund seiner leichten Messbarkeit sowie der unmittelbaren Relevanz für den Entscheider wird er nach der verwendeten Definition in dieser Untersuchung als harter Faktor betrachtet. Gleiches gilt für den Faktor „soziale Bindungen".

sie diese Wahl nicht haben, dann spielen die weichen Faktoren für sie keine wichtige Rolle. Um zu ermitteln, welche Standortfaktoren für die Absolventen der TU Dortmund eine wichtige Rolle spielen und welches Gewicht die einzelnen Faktoren haben, ist es wichtig, zu überprüfen, inwieweit diese These auf die zu untersuchenden Absolventen zutrifft. Daher wurden die folgenden beiden Hypothesen aufgestellt:

1. Besonders nachgefragte hochqualifizierte Arbeitskräfte können sich ihren Job und damit auch ihren Wohnstandort relativ frei aussuchen.

2. Besonders nachgefragte hochqualifizierte Arbeitskräfte wählen den Wohnstandort nicht nach vorhandenen Jobangeboten sondern nach regionalen Präferenzen aus. Nicht da, wo man einen Job findet, sondern da wo man wohnen will, ziehen sie hin.

In den jüngeren Standorttheorien wird von der zunehmenden Bedeutung weicher Standortfaktoren, für die Standortwahl von Arbeitskräften gesprochen (vgl. Kapitel 2.1.2 und 2.1.3). Einige Wissenschaftler wie Florida unterstellen den weichen Standortfaktoren wie z.B. dem Freizeitwert einer Region gar eine ausschlaggebende Rolle für die Wohnstandortwahl hochqualifizierter Arbeitskräften. Florida behauptet, dass nicht das Jobangebot, sondern die Lebensqualität einer Region solche Arbeitskräfte anzieht (vgl. Kapitel 2.1.2). Diese Annahme wirft die Frage nach der Bedeutung weicher Standortfaktoren völlig neu auf. Um die zweite Forschungsfrage der vorliegenden Arbeit abschließend zu beantworten, muss klar werden, **welches Gewicht** die weichen Standortfaktoren bei der Wohnstandortwahl der Zielgruppe im Verhältnis zu den harten besitzen. Sind sie bei ihrer Wohnstandortwahl tatsächlich ausschlaggebend? Falls sie nicht auschlaggebend sind, inwieweit können sich ausschlaggebend sein, wenn die Ausstattung einer Region mit harten Faktoren an mehreren Standorten gleich ist?

Hieraus ergibt sie die folgenden zwei Hypothesen:

3. Weiche Standortfaktoren spielen bei der Wohnstandortwahl hochqualifizierter Arbeitskräfte eine mindestens genau so wichtige Rolle wie harte.

4. Wenn die Bewertung harter Standortfaktoren mehrerer Standorte gleich ist, dann geben weiche Standortfaktoren den Ausschlag für die Standortentscheidung der Hochqualifizierten.

Unterschiedliche Vertreter der *Lebenszyklustheorie* nehmen an, dass die räumliche Mobilität bei Hochschulabsolventen in der Berufseinstiegsphase besonders hoch ist und mit zunehmendem Alter bedingt durch Familiengründung und berufliche Konsolidierung kontinuierlich sinkt. Unter dieser Prämisse ist die Wahrscheinlichkeit, dass ein Absolvent seinen Wohnstandort wechselt, in der Berufseinstiegphase am höchsten. Hat er seinen Wohnstandort als Berufseinsteiger gewechselt, wird er ihn später mit zunehmender Wahrscheinlichkeit nicht mehr wechseln. Daraus lässt sich eine fünfte Hypothese ableiten:

> 5. Der Erstjob entscheidet häufig über den Ort, an dem man längere Zeit verbleibt, weil die räumliche Mobilität nach der Berufseinstiegsphase immer weiter abnimmt.

Die vorliegende Arbeit untersucht die Wohnstandortwahl von Absolventen in der Phase des beruflichen Ersteinstiegs nach Beendigung des Studiums. Die Überprüfung dieser Hypothese ist für die Untersuchung insofern wichtig, als dass sie Aufschluss darüber liefert, inwieweit Berufseinsteiger die am besten geeignete Zielgruppe für diese Untersuchung darstellen.

Mit diesem Kapitel ist der theoretische Teil abgeschlossen. Es folgt nun der empirische Teil dieser Arbeit, der mit der Vorstellung des Untersuchungsraumes und -Gegenstandes beginnt.

TEIL B: EMPIRIE

3. Der Raum Dortmund und die Absolventen der TU Dortmund

In diesem Kapitel sollen der Untersuchungsraum Dortmund sowie der Untersuchungsgegenstand – die Absolventen der TU Dortmund näher beschrieben werden. Zunächst wird in Kapitel 3.1 seine Auswahl und räumliche Eingrenzung erläutert. Danach wird er in Kapitel 3.2 ausführlicher vorgestellt. In Kapitel 3.3 werden einige wichtige Fakten über die TU Dortmund und ihrer Absolventen präsentiert sowie das universitäre Umfeld der Hochschule skizziert. Die Vorstellung beschränkt sich nur auf Aspekte, die für die spätere Interpretation der empirischen Ergebnisse relevant sind. Sie umfasst somit nur die Themenfelder, die auch im empirischen Teil der Arbeit untersucht werden.

Auf diese Weise leistet dieses Kapitel bereits eine analytische Vorarbeit für die darauffolgende Untersuchung der Standortfaktoren. Darüber hinaus soll hier ein grobes Bild der zu untersuchenden Absolventen im Hinblick auf ihre Berufsaussichten und Jobmöglichkeiten im Betrachtungsraum vermittelt werden, um die Rahmenbedingungen ihrer Wohnstandortwahl besser einschätzen zu können.

3.1 Auswahl und Eingrenzung des Untersuchungsraumes

In diese Arbeit wird die Wohnstandortwahl von Absolventen der TU Dortmund beim Übergang zwischen Studium und Beruf untersucht. Die Auswahl des Untersuchungsraumes ergibt sich folglich aus den Wohnsitzen der Zielgruppe, also den Wohnorten der Absolventen der TU Dortmund während ihrer Studienzeit. Die Entscheidung für die Absolventen der TU Dortmund als Untersuchungsgegenstand ergab sich wiederum aus einigen pragmatischen Gründen, die in Kapitel 4 näher erläutert werden.

Vor diesem Hintergrund lässt sich der Untersuchungsraum relativ scharf abgrenzen: Räumlich betrachtet konzentrieren sich die Wohnsitze der Zielgruppe vor Beendigung des Studiums auf Dortmund und seinen Umkreis. Laut einer Hochrechnung des Institut für Raumplanung (IRPUD) wohnte im Wintersemester 1996/97 der überwiegende Teil der Studierenden der TU Dortmund (rund 79 %) in der Stadt Dortmund oder im 20km-Umkreis der Universität Dortmund. (vgl. Thomsen/ Wilbrand 1999). Zu diesem Umkreis gehören folgende Kreise bzw. Kommunen: **Kreis Unna, Hagen, Witten, Herdecke, Wetter, Bochum, Castrop-Rauxel, Herne, Datteln und Waltrop.** Die TU Dortmund liegt im Südwesten der Stadt Dortmund und wird in der nachfolgenden Abbildung durch das aktuelle Logo der Hochschule gekennzeichnet (siehe Abbildung 5).

Abbildung 5: Räumliche Abgrenzung des Untersuchungsraumes

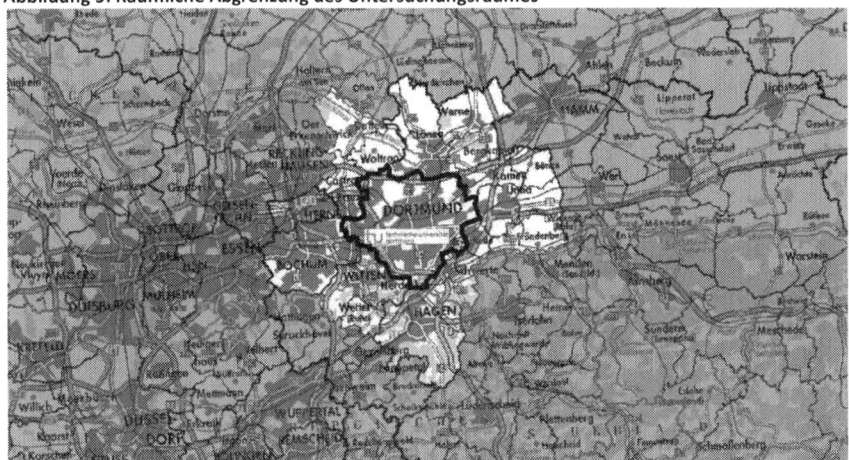

Quelle: Eigene Darstellung nach Website Geoserver LDS NRW, genordet   Maßstab: maßstabslos

Ein weiterer Grund für diese Abgrenzung ist der spezifische akademische Arbeitsmarkt dieser Region, der sich vom übrigen Ruhrgebiet unterscheidet: durch das *dortmund-project*[15], dessen Aktionsmittelpunkt die Stadt Dortmund ist, hat die Region rund um Dortmund eine klare strategische Ausrichtung auf drei Wachstumsbranchen und somit einen fachlich genau abgrenzten Akademikerbedarf. Dieser Umstand erleichtert die spätere Auswahl der Absolventen für die empirische Untersuchung, welche die Vorgabe „besonders nachgefragt in der Region" erfüllen sollen. Der Untersuchungsraum ist somit Dortmund und sein Umkreis, wie er oben abgegrenzt wurde. Dieser Raum wird künftig als „Raum Dortmund" bezeichnet.

3.2. Vorstellung des Untersuchungsraumes

Lage und Größe

Der Untersuchungsraum liegt im Zentrum von Nordrhein-Westfalen und gehört vollständig zum östlichen Ruhrgebiet (nach Abgrenzung des RVR). Die Stadt Dortmund ist mit rund 586.000 Einwohnern das große dominierende Zentrum des Untersuchungsraumes mit wichtigen oberzentralen Funktionen, gefolgt von den Oberzentren Bochum und Hagen. Die übrigen Kommunen sind deutlich kleiner und haben nur mittelzentrale bzw. unterzentrale Funktionen. Insgesamt wohnen knapp zwei Millionen Menschen im Raum Dortmund. (vgl. Website LDS NRW 4).

---

[15] Eine genauere Beschreibung des *dortmund-project* erfolgt in Kapitel 3.2

Arbeitsmarkt

Bedingt durch den Strukturwandel im Ruhrgebiet weist der Raum Dortmund verglichen mit dem übrigen NRW derzeit überdurchschnittliche Arbeitslosenquoten auf, wobei Dortmund der negative Spitzenreiter ist (vgl. Website Statistik der Bundesagentur für Arbeit 2).

Auf dem akademischen Arbeitsmarkt hingegen ist die Situation eine völlig andere: Der Bedarf an hochqualifizierten Arbeitskräften, allen voran an Ingenieuren und Informatikern nimmt stetig zu, so dass viele technologieorientierten Unternehmen nicht alle offenen Stellen besetzen können. In den Jahren 2007 und 2008 sprachen einzelne Branchen und Betriebe gar von einem Fachkräftemangel. Laut Berichten der Industrie und Handelskammer (IHK) Bochum konnte rund jede dritte Stelle, für die ein Hochschulabschluss benötigt wird, nicht besetzt werden. Nach Aussage von Beck vom *dortmund-project* sei der Ausdruck „Fachkräftemangel" übertrieben und könne allenfalls für vereinzelte Betriebe zutreffen. Mittel- bis langfristig erwartet Beck allerdings das Eintreten eines branchenweiten Fachkräftemangels angesichts des anhaltenden Trends der Schrumpfung und Überalterung in der Region (vgl. Interview Beck). Hinzu kommt, dass in Zukunft mit der Schaffung weiterer Arbeitsplätze für Ingenieure und Informatiker in der Region gerechnet wird. Das soll vor allem im Rahmen des *dortmund-project* erfolgen.

dortmund-project

Aufgrund seiner großen Bedeutung für den Arbeitsmarkt des Untersuchungsraums (s.o.) soll an dieser Stelle ausführlicher auf das *dortmund-project* eingegangen werden.

Das *dortmund-project* ist ein bedeutendes Planungsinstrument der strategischen Stadtentwicklung[16] für die Stadt Dortmund. Es wurde durch die Unternehmensberatung McKinsey und die Thyssen Krupp AG entwickelt und 1999 gemeinsam mit der Stadt Dortmund initiiert. (vgl. Ziesemer 2004). Allgemeines Ziel des *dortmund-project* ist die Stärkung der regionalen Wirtschaft durch den gezielten Aufbau von Wachstumsclustern. Dabei wurden drei Cluster (Zukunftsbranchen) definiert, die gezielt gefördert werden sollen (vgl. Website *dortmund-project*):

- Informationstechnologie (IT)
- Logistik
- Mikrosystemtechnologie (MST)

Konkret sah das Konzept des Projektes 1999 vor, innerhalb von zehn Jahren durch die Förderung der genannten Branchen 70.000 neue Arbeitsplätze zu schaffen und die Bruttowertschöpfung um 20.000 DM (etwa 10.000 €) je Einwohner zu erhöhen (vgl. Ziesemer 2004). Von diesen 70.000 Arbeitsplätzen sollten alleine in den drei Schlüsselbranchen 60.000 neue Arbeitsplätze entstehen, und zwar 34.000 im IT-, 16.000 im MST- und 10.000 im Logistiksektor.

---

[16] Unter strategischer Stadtentwicklunplanung (STEP) versteht man allgemein eine ressortübergreifende Gesamtentwicklungsplanung für eine Stadt mit dem Ziel einer langfristigen Strukturverbesserung und Krisenvermeidung. Das Modell für die STEP wurde in Anlehnung an die strategische Unternehmensplanung entwickelt (vgl. Ziesemer 2004: 7-13).

Obwohl diese hoch gesteckten Ziele längst nicht in der beabsichtigten Größenordnung erreicht wurden, sind die Arbeitsmarkteffekte des *dortmund-project* dennoch beträchtlich, wie man in Tabelle 5 erkennt:

Tabelle 6: Arbeitsmarkteffekte des *dortmund-project*

Branche	Erwerbstätige 1999	Erwerbstätigte 2006	Veränderung (absolut)	Veränderung (relativ)
IT	9.250	11.900	+2.650	+28,7 %
Logistik	21.086 (im Jahr 2000)	24.586	+3.500 (gerundet)	+16,6 %
MST	925	2.079	+1.154	+124,8 %

Quelle: eigene Darstellung und Berechnungen nach: Website *dortmund-project*

In allen Branchen war innerhalb der relativ kurzen Zeitspanne ein deutlicher Beschäftigtenzuwachs zu verzeichnen. Am dynamischsten hat sich das MST-Cluster erwiesen, wo sich die Beschäftigtenzahlen in nur 7 Jahren mehr als verdoppelt haben. Im IT- und Logistikcluster sind die relativen Zuwächse kleiner, weil in diesen Branchen bereits 1999 sehr viele Arbeitskräfte beschäftigt waren. Die Logistikbranche beschäftigt nach Angaben des *dortmund-project* direkt und indirekt sogar 12 % aller Erwerbstätigen in Dortmund. Die absoluten Veränderungen der Beschäftigtenzahlen 1999 bis 2006 sind in den großen Clustern IT und Logistik dennoch stark (siehe Tabelle 6). Angesichts der kurzen Zeitspanne von nur wenigen Jahren kann diese Arbeitsplatzentwicklung als sehr dynamisch bewertet werden. Dementsprechend stieg seit Beginn des *dortmund-project* der Bedarf an gut ausgebildeten Arbeitskräften in Dortmund deutlich an. Bei allen drei Sektoren handelt es sich um wissensintensive Wirtschaftszweige, wodurch für einen Großteil der neugeschaffenen Stellen ein akademischer Abschluss benötigt wird. Damit ist das *dortmund-project* maßgeblich für den wachsenden Bedarf an den zu untersuchenden Arbeitskräften im Raum Dortmund verantwortlich. Auch in Zukunft wird ein weiterer Anstieg von neuen Arbeitsplätzen in den Sektoren vorhergesagt (vgl. Interview Löhn), der den von Beck erwarteten Fachkräftemangel (s.o.) zusätzlich verstärken kann.

Ein weiterer für Absolventen relevanter Aspekt ist die Imagekampagne des *dortmund-project*. Mit seiner Imagekampagne „Das neue Dortmund", versucht es, ein positiveres Image von der Region zu erzeugen. Diese Kampagne präsentiert Dortmund als einen modernen Hi-Tech-Standort, der sowohl über interessante Technologiebetriebe als auch akademische Ausbildungsmöglichleiten verfügt. (vgl. Website *dortmund-project*). Auf diese Weise sorgt das *dortmund-project* für eine stärkere Wahrnehmung der Dortmunds bei potentiellen Studienanfängern sowohl von außerhalb als auch aus der Region selbst.

3.3. Absolventen der TU Dortmund

Die Absolventen der technischen Universität Dortmund spielen für diese Diplomarbeit eine zentrale Rolle. Aus diesem Grund werden sie sowie die TU Dortmund im Folgenden näher vorgestellt.

Die TU Dortmund

Die Universität Dortmund wurde 1968 gegründet und hatte von Anfang eine technisch-naturwissenschaftliche Fachausrichtung. Ein großer Schwerpunkt der Hochschule liegt bei den Ingenieur und -Naturwissenschaften. 2007 wurde die Universität Dortmund in Technische Universität Dortmund umbenannt, um ihr technisches Profil in Forschung und Lehre stärker hervorzuheben (vgl. Website TU Dortmund). Die Hochschule schneidet im bundesweiten CHE-Hochschulranking der einzelnen Fakultäten insgesamt nur mittelmäßig ab. Wenige der gerankten Fachbereiche erhielten im aktuellen Ranking 2009 in einigen Punkten überdurchschnittliche Noten, so z.B. der Fachbereich Bio-und Chemieingenieurwesen sowie der Fachbereich Informatik (vgl. Website ZEIT ONLINE). Die Informatikfakultät genießt zudem einen relativ guten Ruf. (vgl. Interview Beck).[17] Dennoch gehört die TU Dortmund insgesamt nicht zu den Spitzenuniversitäten innerhalb der deutschen Hochschullandschaft. Innerhalb der *Exzellenzinitiative des Bundes und der Länder* zur *Förderung von Wissenschaft und Forschung an deutschen Hochschulen* fördern Bund und Länder verstärkt Hochschulen mit ausgezeichneten Forschungsleistungen. In einem Wettbewerb wurden dabei in der ersten Runde 2006/2007 18 Excellenzcluster an 13 Hochschulen als „akademische Leuchttürme" ausgezeichnet. Dies soll die internationale Wettbewerbsfähigkeit und Bekanntheit der Hochschulen steigern. (vgl. Website Deutsche Forschungsgemeinschaft (DFG)). In der öffentlichen Wahrnehmung werden die dabei ausgezeichneten Universitäten häufig mit Deutschlands besten Hochschulen („Eliteuniversität") gleichgesetzt (vgl. Website Spiegel Online/ Unispiegel 1). Die TU Dortmund wurde bislang nicht ausgezeichnet und wird dadurch auch öffentlich nicht als Spitzenuniversität angesehen.

Mit 16 Fakultäten und rund 22.000 Studierenden im Wintersemester 2008/2009 gehört die Universität zu den relativ großen Hochschulen in Deutschland (vgl. Website TU Dortmund). Der Fachbereich Informatik ist derzeit mit 4500 eingeschriebenen Studenten die größte IT-Ausbildungsstätte Deutschlands (vgl. Website *dortmund-project*).

Studentische Szene und Freizeitmöglichkeiten im Umfeld der TU Dortmund

Die beiden Campi der TU Dortmund liegt rund fünf bzw. sechs km südwestlich der Dortmunder City. Ihre nicht integrierte Stadtrandlage verhindert „ein reges studentisches Universitätsleben" (von Petz 2003: 61). Hinzu kommt, dass lediglich knapp die Hälfte aller Studenten der TU Dortmund in der Stadt Dortmund wohnt (vgl. Thomsen/Wilbrand 1999: 24). Eine große und lebendige studentische Szene wie z.B. in Münster oder in Köln findet in Dortmund dadurch nur eingeschränkt statt. Das Angebot an Studentenkneipen und weiteren studentischen Kultureinrichtungen ist dementsprechend kleiner als in den oben genannten Städten.

Des Weiteren gibt es keine zugänglichen Wasserflächen Universitäts- und im innenstadtnahen Bereich. Freizeitmöglichkeiten am Wasser wie z.B. Rudern bestehen lediglich am Dortmund-Ems-Kanal und am Hengsteysee. Beide Gewässer sind der aufgrund peripherer Lage jedoch relativ schlecht erreichbar. Dortmund verfügt mit fast 44 % über eine vergleichsweise hohen Grün- und

---

[17]Informelle Gespräche mit Studierenden der TU Dortmund ergaben zudem, dass der gute Ruf dieses Fachbereichs bei der Entscheidung, an der TU Dortmund zu studieren, eine wichtige Rolle gespielt hat.

Freiflächenflächenanteil (vgl. Stadt Dortmund 2008: 29). Dies wird als Standortvorteil der Stadt angesehen (vgl. Blotevogel 2007). Dortmund besitzt eine Reihe von Parks, von denen einige wie z.b. der Westpark oder der Fredenbaumpark innenstadtnah gelegen und auch fußläufig leicht erreichbar sind. Auch in der näheren Umgebung der Stadt gib es einige größere Grün- und Wald- flächen. Die Grünflächen werden auch von einigen Absolventen der TU Dortmund als relevanter Standortfaktor angesehen (vgl. Kapitel 4.1.2).

Weitere Hochschulen im Raum Dortmund

Neben der TU Dortmund ist der Raum Dortmund Sitz weiterer Hoch- und Fachhochschulen. Dazu zählen die FH Dortmund, die Ruhr Universität Bochum, die Hochschule Bochum, die Fernuniversi- tät Hagen sowie eine Reihe von kleineren Hochschuleinrichtungen (vgl. Website RVR 1). Damit können die drei Schlüsselbranchen des *dortmund-project* auf eine große Zahl von potentiellen hochqualifizierten Arbeitskräften aus der Region zurückgreifen.

Regionale Herkunft der Studierenden

Die regionale Herkunft der Studierenden kann die Wohnstandortwahl der einzelnen Standortfak- toren beeinflussen, da sie die Aufnahme persönlicher und informelle Kontakte zu Arbeitgebern fördern kann. Solche Kontakte stellen einen bedeutsamen Standortfaktor dar und können da- durch die Standortentscheidung mitbestimmen (vgl. Kapitel. 2.2.1). Aus diesen Gründen sollte an dieser Stelle kurz auf die regionale Herkunft der Studierenden eingegangen werden.

Die überwiegende Mehrheit der Studierenden (fast 92 %) hat eine Herkunft in NRW, ungefähr ein Drittel sogar in Dortmund selbst. Lediglich rund 5 % der Studenten kommt aus anderen Bundes- ländern und knapp 3 % aus dem Ausland zum Studium nach Dortmund[18] (vgl. Website TU Dort- mund).

Absolventen der TU Dortmund

Etwa 1900 bis 2100 Absolventen in den letzten Jahren verließen pro Jahr die TU Dortmund. Darü- ber hinaus promovierten jährlich rund 200 Absolventen an der TU Dortmund (vgl. Statistisches Jahrbuch TU Dortmund 2008). Diese Doktoranden auch Absolventen konnten auch Absolventen anderer Hochschulen sein. Es ist dennoch naheliegend anzunehmen, dass ein nicht unerheblicher Teil der Doktoranden zuvor an der TU Dortmund studiert hat. Diese Tatsache kann für die spätere Fragebogenauswertung relevant sein, da eine Promotion in Dortmund dazu führt, dass die Dort- munder Absolventen nach Beendigung des Studiums ihren Wohnsitz im Raum Dortmund eher beibehalten.

Zur besseren Übersicht sollen die Absolventenzahlen in einer Tabelle nach Studiengängen diffe- renziert werden (siehe Tabelle 7). Alle Daten beziehen sich auf den Prüfungsjahrgang 2007, da für jüngere Jahrgänge noch keine Daten verfügbar sind. Dabei beschränkt sich die Übersicht auf die großen ingenieurwissenschaftlichen Studiengänge, den Fachbereich Informatik sowie Physik, da für die empirische Untersuchung nur die Absolventen dieser Fachrichtungen interessant sind. Lehramt-Abschlüsse wurden dementsprechend nicht berücksichtigt. Eine ausführlichere Begrün-

---

[18] Diese Statistik bezieht sich auf das Wintersemester 2007/2008. Mit Herkunft ist hier der Wohnsitz unmit- telbar vor dem Studium gemeint. Dadurch ist in dieser Statistik nur ein kleiner Teil aller ausländischen Stu- dierenden erfasst. Der Großteil dieser Studierenden hatte bereits vor Studienbeginn einen Wohnsitz in Deutschland.

dung für die Auswahl der zu untersuchenden Absolventen und Ihre endgültige Eingrenzung erfolgt in Kapitel 4.1.

Tabelle 7: Absolventen ausgewählter Studiengänge der TU Dortmund

Studiengang[19]	Anzahl bestandener Abschluss-prüfungen 2007	davon weiblich
Angewandte Informatik	10	1
Bauingenieurwesen	34	9
Bio- und Chemieingenieurwesen	44	12
Elektrotechnik	36	1
Informatik	176	18
Informationstechnik	35	6
Logistik	52	16
Maschinenbau	21	4
Physik	26	8
Raumplanung	127	56
Wirtschaftsingenieurwesen	12	4
Summe	**573**	**135**
Summe aller Abschlussprüfungen an der TU Dortmund 2007	**3.433**	**2.331**

Quelle: Eigene Darstellung nach Statistisches Jahrbuch der TU Dortmund 2008

Unter den ausgewählten Studiengängen sind die Studiengänge Informatik sowie Raumplanung gemessen an den Absolventenzahlen die mit Abstand größten Institutionen. In den übrigen Studiengängen werden deutlich weniger Abschlüsse pro Jahr gemacht. Aus diesem Grund ist es für die empirische Untersuchung wichtig, eine Vielzahl unterschiedlicher Studiengänge einzubeziehen, um daraus eine hinreichend große Stichprobe erzielen zu können. Desweiteren ist eine Einbeziehung vieler Absolventenjahrgänge unvermeidbar, da ein einzelner Jahrgang zu wenige Absolventen der gesuchten Fachrichtungen enthält. All diese Überlegungen werden bei der exakten Abgrenzung der Zielgruppe für die Absolventenbefragung in Kapitel 4.1 miteinbezogen.

Geschlechterverhältnis der Absolventen der TU Dortmund
Die große Mehrheit der Absolventen der ingenieurwissenschaftlicher Studiengänge und der Informatik an der TU Dortmund ist männlich. Einzige Ausnahme ist der Studiengang Raumplanung (vgl. Tabelle 6 und Statistische Jahrbücher der TU Dortmund). Dieses Geschlechterverhältnis kann

---

[19] Gemeint sind jeweils nur die Diplomstudiengänge.

bei der Interpretation der Untersuchungsergebnisse relevant sein – beispielsweise bei der Auswertung der Einstiegsgehälter der Befragten[20].

Berufsaussichten der Absolventen der TU Dortmund

Für die Untersuchung dieser Arbeit werden gezielt nur solche Absolventen ausgewählt, die auf dem Arbeitsmarkt derzeit gute Jobaussichten haben. Denn es ist anzunehmen, dass besonders nachgefragte Arbeitskräfte sich ihren Job und damit auch ihren Wohnstandort im Vergleich mit anderen Arbeitskräften relativ frei aussuchen können. Für einen Absolventen, der zwischen einer Vielzahl von Stellenangeboten in verschiedenen Regionen auswählen kann, spielen neben dem Stellenangebot eine Vielzahl weiterer Faktoren bei seiner Standortwahl eine Rolle (vgl. Kapitel 2.1.3). Er wird sich für die Region entscheiden, die ihm aus vielerlei Gründen am besten gefällt oder am besten mit Faktoren ausgestattet ist, die ihm wichtig sind. Hingegen wählt ein Absolvent, der keine guten Jobaussichten hat aus Mangel an Alternativen zumeist die Region, in der er zuerst bzw. überhaupt ein Stellenangebot bekommt. Für diesen Absolventen gibt es neben dem Faktor Stellenangebot praktisch keine weiteren Faktoren, die bei seiner Standortwahl eine Rolle spielen.

Aus diesen Überlegungen wird deutlich, dass für eine Untersuchung der Standortfaktoren besonders nachgefragte Arbeitskräfte am besten geeignet sind. Sie werden ergiebigere Ergebnisse liefern als weniger nachgefragte Arbeitskräfte. Aber welche Arbeitskräfte werden besonders nachgefragt? Diese Frage soll im Folgenden beantwortet werden.

Vor dem Hintergrund der zunehmenden Bedeutung von Wissen und Informationsverarbeitung in entwickelten Gesellschaften werden Hochqualifizierte am Arbeitsmarkt immer stärker nachgefragt. Ihre Arbeitslosenquote ist in Deutschland seit Jahrzehnten auf einem sehr niedrigen Niveau, was verdeutlicht, dass sie generell deutlich bessere Berufsaussichten haben als übrige Arbeitskräfte (siehe Abbildung 6).

---

[20] Das Erwerbseinkommen von Frauen lag 2005 laut dem Gender-Datenreport des Bundesministeriums für Familie, Senioren, Frauen und Jugend (BMFSFJ) im Bundesdurchschnitt mindestens 20 % unter denen von Männern (vgl. Website BMFSFJ).

Abbildung 6: Arbeitslosenquoten nach Qualifikation

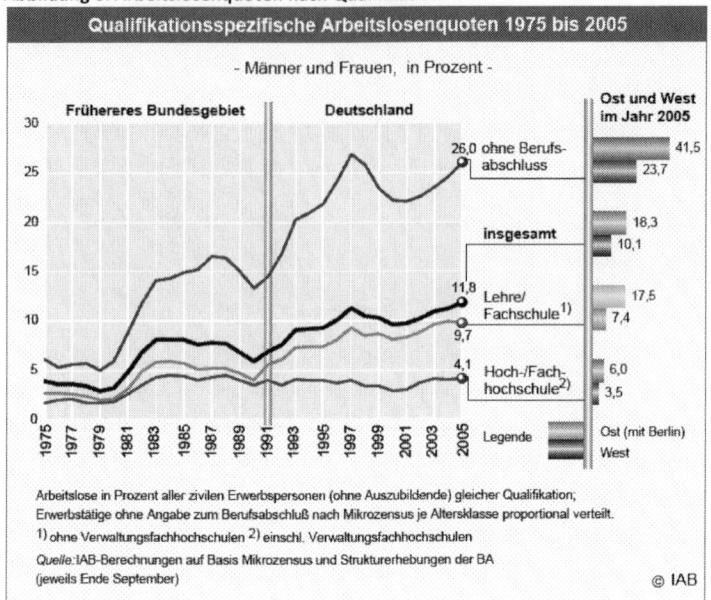

Quelle: IAB Berechnung auf Basis Mikrozensus je Altersklasse proportional verteilt

Nach Aussage von Schreyer vom Institut für Arbeitsmarkt und Berufsforschung(IAB) haben Ingenieure unter allen Akademikern die mit Abstand besten Berufsaussichten. Absolventen der Ingenieurwissenschaften können trotz der aktuellen Krise (Stand Mai 2009)zwischen mehreren Stellenangeboten aussuchen (vgl. Schreyer in: Audimax Ingenieur: 54).

Das trifft im besonderen Maße auch auf den Untersuchungsraum zu, da hier im Rahmen des *dortmund-project* ein Fokus auf Branchen gelegt wird, die vor allem Ingenieure und IT-Spezialisten mit akademischen Abschlüsse benötigen (s.o.). Beck schätzt die Jobaussichten dieser Berufsgruppen im Raum Dortmund als gut ein (vgl. Interview Beck).

Verdienstmöglichkeiten

Neben den Berufsaussichten seien an dieser Stelle auch die Verdienstmöglichkeiten von Ingenieuren und Informatikern kurz genannt. Die Einstiegsgehälter dieser Akademiker sind gemessen an den Einstiegsgehältern anderer Berufsgruppen überdurchschnittlich, wie man in Tabelle 8 erkennt:

Tabelle 8: Einstiegsgehälter für Ingenieure 2008[21]

Abschluss	Unteres Niveau (untere 25 %)	Mittleres Niveau (mittlere 50 %)	Oberes Niveau (obere 25 %)
FH-Diplom	36.120 €	39.988 €	44.978 €
Uni-Diplom	36.280 €	42.000 €	48.533 €
Bachelor	36.000 €	39.672 €	44.499 €
Master	36.400 €	42.900 €	48.962 €

Quelle: eigene Darstellung nach Website Personalmarkt Services GmbH in: Blindert 2008: 75

Zum Vergleich: Laut einer Absolventenbefragung durch die Unternehmensberatung McKinsey & Company hatten befragte Geisteswissenschaftler 2006 im Schnitt einen Bruttoeinstiegsgehalt von lediglich 20.400 € - rund 50 % weniger als die Ingenieursgehälter aus Tabelle 7 (vgl. Website Spiegel Online 2).

Insofern ist die Wohnstandortwahl dieser Untersuchungsgruppe nicht zuletzt wegen Ihrer höheren Einkommen für Kommunen und Unternehmen so interessant. Höhere Einkommen verschaffen den Städten und Kreisen höhere Steuereinnahmen und generieren eine höhere Kaufkraft, die wiederum ihre Wirtschaft ankurbelt.

Regional betrachtet können die Einstiegsgehälter von Ingenieuren zum Teil stark variieren, wie die folgende Tabelle belegt:

Tabelle 9: Regionale Unterschiede der Einstiegsgehälter für Ingenieure[22]

Ballungsraum	Unteres Quartil	Mittleres Quartil	Oberes Quartil
Hamburg	42.000	51.730	65.000
Hannover	44.629	52.900	65.026
Berlin	37.549	45.854	59.650
Dresden	30.735	39.000	49.725
Rhein-Ruhr	44.900	56.200	70.300
Frankfurt/Rhein-Main	44.925	55.520	69.868
Stuttgart	43.723	52.350	66.729
Rhein-Neckar-Dreieck	46.309	57.440	71.986
Nürnberg	44.508	54.200	70.250
München	44.992	53.577	71.235

Quelle: eigene Darstellung nach Website Ingenierskarriere.de in: Blindert 2008: 78

---

[21] Es handelt sich um Brutto-Jahresgehälter die durch die Vergütungsberatung PersonalMarkt errechnet wurden. Die genaue Berechnungsgrundlage ist nicht bekannt.

[22] Alle Angaben sind Jahresbruttogehälter in Euro. Grundlage der Berechnung sind echte Daten von 2400 Berufseinsteigern, die zwischen 2007 und dem 1. Halbjahr 2008 am Gehaltstest des Karrierereportals Ingenieurskarriere.de teilnahmen.

Man sieht, dass im Ballungsraum Rhein-Ruhr, in dem auch das Untersuchungsgebiet liegt, bei den Einstiegsgehältern im nationalen Vergleich relativ gut aufgestellt ist. Im Rhein-Ruhr Raum (einschließlich Düsseldorf) verdient ein junger Ingenieur nicht weniger als in den meisten deutschen Agglomerationen und sogar deutlich mehr als in Nord- und Ostdeutschland (siehe Tabelle 9).

Die beliebtesten Arbeitgeber der Zielgruppe

Die Arbeits- und Karrieremöglichkeiten einer Region werden in der Literatur als bedeutende Standortfaktoren für Arbeitskräfte angesehen (vgl. Kapitel 2.1.1). Daher ist es für diese Arbeit aufschlussreich, zu erfahren, in welchen Regionen sich besonders attraktive Arbeitgeber der Untersuchungsgruppe befinden.

Eine bundesweite Befragung von rund 23.000 Informatikstudenten des *Trendence Instituts* ergab, dass ihre beliebtesten Arbeitgeber allesamt große und meist bekannte Unternehmen sind, von denen keines einen (deutschen) Hauptsitz im oder in der Nähe des Raums Dortmund hat. Man erkennt außerdem, dass 17 der 20 beliebtesten IT-Arbeitgeber in Süddeutschland sitzen (siehe Tabelle 10).

Tabelle 10: die beliebtesten Arbeitgeber der Informatiker 2008

Rang	Arbeitgeber	Anteil in Prozent	(deutscher) Hauptsitz[23]	Bundesland
1	Google	19,50%	Hamburg	Hamburg
2	SAP	16,00%	Walldorf	BW
3	IBM Deutschland GmbH	13,90%	Stuttgart	BW
4	Siemens AG	10,80%	München	BY
5	Fraunhofer-Gesellschaft	8,80%	München	BY
6	BMW Group	8,00%	München	BY
7	Microsoft Deutschland GmbH	7,40%	Unterschleißheim	BY
8	Apple Computer GmbH	7,10%	München	BY
9	Porsche AG	6,90%	Stuttgart	BW
10	Electronic Arts GmbH	6,30%	Köln	NRW
11	AUDI AG	6,00%	Ingolstadt	BY
12	EADS*	5,70%	Ottobrunn	BY
13	AMD in Dresden	4,90%	Dresden	Sachsen
14	sd&m AG**	4,80%	München	BY
15	Bundesnachrichtendienst	4,50%	Pullach	BY
16	BSI***	4,40%	Bonn	NRW
17	Lufthansa Systems AG	4,10%	Kelsterbach	Hessen
18	Daimler AG	4,00%	Stuttgart	BW
18	Max-Planck-Gesellschaft	4,00%	München	BY

---

[23] Als Hauptsitz wurde jeweils der wichtigste bzw. zentrale deutsche Unternehmenssitz gezählt. Alle Sitze basieren auf den Angaben der jeweiligen Unternehmen.

| 20 | Accenture | 3,70% | Kronberg/Taunus | Hessen |
| 20 | Sun Microsystems GmbH | 3,70% | Kirchheim-Heimstetten | BY |

gelistet als: EADS (Airbus, Eurocopter, EADS Astrium, Military Transport Aircraft, Defence & Security)

**gelistet als: sd&m AG, software design & management*

***gelistet als: BSI Bundeamt für Sicherheit in der Informationstechnik*

Quelle: eigene Darstellung nach Website Trendence Institut

Ähnlich verhält es sich mit den beliebtesten Arbeitgebern der Ingenieure. Auch diese sind nicht im Ruhrgebiet und kaum im Land NRW vertreten (vgl. Absolventenbarometer Engineering edition 2008[24]).

Diese Tatsache veranlasst die Annahme, dass die süddeutschen Bundesländer für die untersuchten Absolventen aus Karrieresicht allgemein attraktiver gelten als der Raum Dortmund. Eine Abwanderungstendenz wäre daher eine logische Konsequenz des Fehlens besonders gefragter Arbeitgeber. Inwieweit diese bundesweite Befragung auch für Ingenieure und Informatiker der TU Dortmund gilt, lässt sich an dieser Stelle jedoch nicht mit Sicherheit sagen und wird in Kapitel 4 nachgeprüft.

3.4 Zusammenfassung der Bestandsaufnahme

In einer kurzen Zusammenfassung sollen die Informationen aus der Bestandsaufnahme im Untersuchungsraum skizziert werden, welche für die nachfolgende Untersuchung der Standortfaktoren in Kapitel 4 bzw. für die spätere Interpretation der Analyseergebnisse von Bedeutung sein können.

Folgende Punkte sind besonders relevant:

- Die Absolventen der TU Dortmund wohnen bei Beendigung des Studiums zu rund 80 % in Dortmund und in der näheren Umgebung (Umkreis 20km). Dieser Raum wird folglich als Betrachtungsraum definiert.

- Die Bestandsaufnahme hat gezeigt, welche Berufsgruppen im Raum Dortmund besonders nachgefragt werden: Es besteht generell ein höherer Bedarf an Arbeitskräften, die über einen Hochschulabschluss verfügen. Dabei werden insbesondere Hochschulabsolventen im Bereich IT-, MST, - und Logistik nachgefragt, wobei ihr Bedarf künftig weiter zunehmen wird. Die exakte Auswahl der zu untersuchenden Absolventen im nächsten Kapitel muss sich an dieser Tatsache orientieren.

---

[24] Auf weitere Darstellungen von „Absolentenbarometern" soll an dieser Stelle verzichtet werden, da das den Rahmen dieses Kapitels überschreiten würde.

- Pro Jahrgang und Studiengang verlassen relativ wenige Absolventen die TU Dortmund. Dadurch müssen mehrere Studiengänge und mehrere Jahrgänge befragt werden, um eine ausreichend große Stichprobe zu erreichen. Nur so können verlässliche Aussagen über die zu untersuchenden Absolventen getroffen werden.

- Die beliebtesten Arbeitgeber der Informatiker und Ingenieure sind große und bekannte Unternehmen, die sich überwiegend in Süddeutschland befinden. Die Verfügbarkeit solcher Unternehmen kann als ein Faktor bei der Wohnstandortwahl angesehen werden. Vor diesem Hintergrund ist der Raum Dortmund im bundesweiten Vergleich eher unattraktiv.

- Die zu untersuchenden Absolventen sind mehrheitlich männlich. Da männliche Absolventen laut der Studie von Mohr (2002) räumlich insgesamt mobiler sind als Frauen, kann bei der Zielgruppe mit einer relativ hohen räumlichen Mobilität gerechnet werden (vgl. Kapitel 2.2.2).

Nachdem ein grober Überblick über den Untersuchungsraum und über die Absolventen der TU Dortmund gegeben wurde, kann nun zur Untersuchung der Wohnstandortfaktoren übergegangen werden.

4. Untersuchung der Wohnstandortfaktoren

Diese empirische Untersuchung hat das Ziel zu ermitteln, welche Faktoren bei der Wohnstandortwahl von ausgewählten Absolventen der TU Dortmund eine Rolle spielen und welches Gewicht die einzelnen Standortfaktoren haben. Des Weiteren soll sie die aufgestellten Hypothesen überprüfen (vgl. Kapitel 2.5).

Die Untersuchung wird anhand von drei unterschiedlichen Befragungsmethoden durchgeführt.

Die *Befragung* gilt in der Literatur als die am häufigsten verwendete und am weitesten entwickelte Methode der empirischen Sozialforschung(vgl. Kromney 2002: 348; Diekmann 2007: 371ff.).

Die Befragung ist „[...] das Standardinstrument empirischer Sozialforschung bei der Ermittlung von Fakten, Wissen, Meinungen, Einstellungen oder Bewertungen im sozialwissenschaftlichen Anwendungsbereich" (Schnell 2005: 321).

Befragungen können zum einen nach der Kommunikationsart (mündlich oder schriftlich) und zum anderen nach dem Grad der Strukturierung/ Standardisierung (vollständig strukturiert bis unstrukturiert) unterschieden werden (vgl. Diekmann 2005: 373ff.).

Stark strukturierte Befragungsmethoden werden auch als **quantitative Befragungen** bezeichnet. Bei weniger strukturierten Befragungstechniken spricht man auch von einer **qualitativen Befragung** (vgl. Diekmann 2007: 375).

Beide Gattungen haben Ihre Vor- und Nachteile. Quantitative Befragungen in Form eines standardisierten Fragebogens sorgen für ein Höchstmaß an Objektivität -was eine Voraussetzung für reliabile und valide[25] Messungen ist (vgl. Mayer 2008: 89). Auf der anderen Seite können bei stark strukturierten Befragungen keine Informationen jenseits des vorgebebenen Fragespektrums gewonnen werden. Die Wahl der geeigneten Befragungsmethode hängt ganz von dem jeweiligen Forschungsgegenstand und -Zweck ab. Standardisierte Befragungen sind nur dann sinnvoll, wenn bereits ein großes Vorwissen über den Forschungsgegenstand vorhanden ist (vgl. Diekmann 2005: 374ff.). Für eine *explorative* Forschung, daher die Erforschung neuer, bislang nicht oder wenig untersuchter Gegenstände, sind die qualitativen Methoden eher geeignet (vgl. Schnell 2005: 386ff.; Mayer 2008: 36). Sie sind außerdem stärker an der „Subjektperspektive" des Befragten orientiert und ermöglichen, durch die Offenheit der Fragen und Antworten stärker in die Tiefe zu gehen. Es wird auf diese Weise erhofft, tiefere Kenntnisse und validere Informationen über den Untersuchungsgegenstand zu gewinnen als mit standardisierten Befragungen (vgl. Diekmann 2002: 443ff.).

In dieser Arbeit werden sowohl quantitative als auch qualitative Befragungsformen für die empirische Untersuchung verwendet. Folgende Gründe sprechen für die Kombination beider Methoden: Der Forschungsgegentand ist einerseits bereits untersucht worden. Aus der Theorie zur Standort-

---

[25] *Validität* (Gültigkeit) und *Reliabilität* (Zuverlässigkeit) sind Gütekriterien, mit denen die Erfüllung der Zielvorgaben einer empirischen Methode gemessen wird. Die Validität gibt an, inwiefern die jeweilige Methode das gemessen hat, was vom Forscher beabsichtigt wurde. Die *Reliabilität* gibt Aufschluss über die Stabilität und Genauigkeit der Methode, also die Frage, inwieweit das Gemessene bei einer wiederholten Messung unter gleichen Bedingungen zum gleichen Ergebnis führt (vgl. Mayer 2008: 55-56).

wahl von (hochqualifizierten) Arbeitskräften ergaben sich genügend Anhaltspunkte, um daraus einen standardisierten Fragebogen mit geschlossenen Fragen zu entwickeln. Andererseits trifft der aktuelle Stand der Forschung zu allgemeine Aussagen, um diese exakt auf die eng eingegrenzte Gruppe der Absolventen der TU Dortmund übertragen zu können. Die Erkenntnisse aus dem theoriegestützen schriftlichen Fragebogen sind für sich alleingenommen nicht hinreichend, um die Forschungsfragen beantworten zu können. Sie müssen daher um qualitative Interviews ergänzt werden. Nur so kann gewährleistet werden, dass das gesamte Spektrum der Standortfaktoren erschlossen wird. Außerdem kann durch wenig strukturierte Interviews ausführlicher auf die persönliche Gewichtung der Faktoren und auf den Standortwahlprozess eingegangen werden. Die qualitativen Methoden werden dabei weiter unterteilt in Experteninterviews sowie in Interviews mit bereits schriftlich befragten Absolventen.

Somit gliedert sich die empirische Analyse in drei Abschnitte. Dabei bildet die schriftliche Absolventenbefragung den quantitativen und die mündlichen Interviews mit Absolventen sowie mit Experten den qualitativen Teil der Empirie. Diese drei Methoden sollen im Folgenden näher vorgestellt werden. Anschließend daran erfolgt die Präsentation der Ergebnisse der einzelnen Befragungsmethoden.

4.1. Schriftliche Absolventenbefragung

Die schriftliche Befragung von Absolventen (Online-Befragung) bildet den Kern der empirischen Analyse dieser Arbeit. Ihr wesentliches Ziel ist die Beantwortung der beiden zentralen Forschungsfragen (vgl. Kapitel 1.2). Damit wird untersucht, welche Faktoren bei der Wohnstandortwahl ausgewählter Absolventen in der Berufseinstiegsphase eine Rolle spielten und welche relative Bedeutung die einzelnen Faktoren hatten.

Die schriftliche Befragung ist Grundlage für die spätere Entwicklung der beiden mündlichen Befragungstechniken. Im Folgenden wird das gesamte methodische Vorgehen bei der Vorbereitung und der Durchführung der Absolventenbefragung näher beschrieben. Ihre Realisierung verläuft in 8 Schritten (siehe Abbildung 8).

4.1.1. Methodisches Vorgehen

Die folgende Grafik veranschaulicht den chronologischen Ablauf bei der Vorbereitung und Durchführung der Online-Befragung.

Abbildung 7: Methodisches Vorgehen bei der schriftlichen Absolventenbefragung

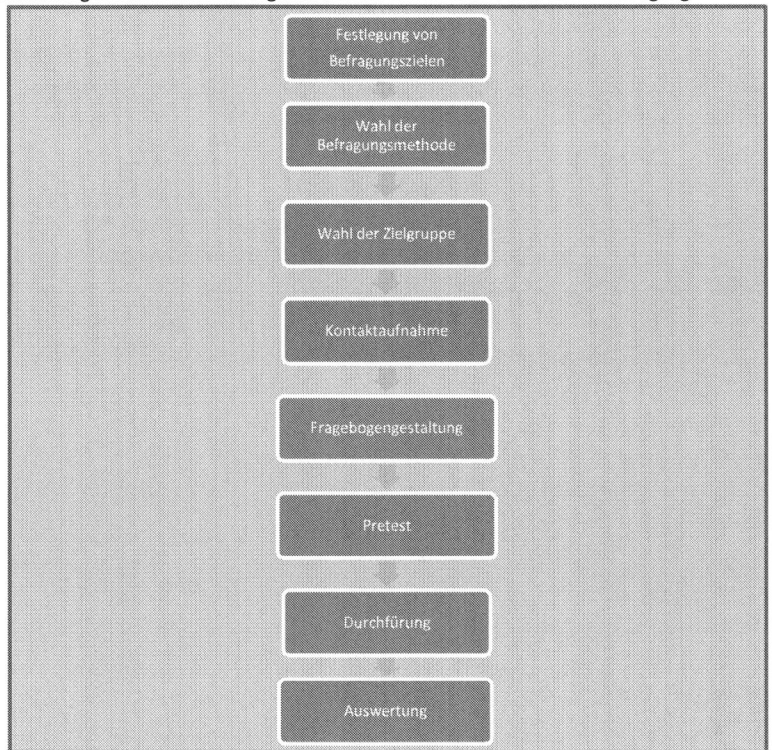

Quelle: Eigene Darstellung

Festlegung von Befragungszielen

Die Festlegung von Befragungszielen stellt den ersten Schritt bei der Vorbereitung und Erstellung des Fragebogens dar. Erst nachdem diese klar formuliert sind, kann eine gezielte Vorbereitung und Anwendung dieser Methode ermöglicht werden.

Die Online-Befragung von Absolventen verfolgt zwei wesentlich Ziele: Erstens soll ermittelt werden, **welche Faktoren** bei der Wohnstandortwahl eine Rolle spielen, zweitens **welches Gewicht** die einzelnen harten und weichen Faktoren dabei haben. Durch diese Befragung soll sie zudem die Hypothese „Weiche Standortfaktoren spielen bei der Wohnstandortwahl hochqualifizierter Arbeitskräfte eine mindestens genau so wichtige Rolle wie harte" überprüfen.

Wahl der Befragungsmethode

Als Methode für die schriftliche Absolventenbefragung kommt von vorneherein nur die schriftliche Befragung über das Internet („Online-Befragung") in Frage. Dies hat fünf wesentliche Gründe:

1. Die Stichprobe ist zu groß, um alle Probanden mündlich befragen zu können.

2. Die Probanden sind räumlich so weit verstreut, dass eine Befragung in Form eines persönlichen Interviews innerhalb einer vertretbaren Zeit kaum durchführbar erscheint.

3. Mangelnde Datenverfügbarkeit: Weder Anschriften noch Telefonnummern der Absolventen sind bekannt oder zugänglich.

4. Das Internet ist in Deutschland ein weit verbreitetes Medium und wird von einem Großteil der Hochschulabsolventen genutzt. [26]

5. Online-Befragung verursacht nur geringen Kosten bei Erstellung und Durchführung.

Aus diesen Gründen kristallisierte sich die schriftliche Befragung über das Internet, also die sogenannte „Online-Befragung" als sinnvolle Befragungsform heraus.

Wie jede Befragungsmethode hat auch die internetgestützte Befragung einige Nachteile. Diese sollen aus Gründen der Übersichtlichkeit erst am Ende dieses Unterkapitels erläutert werden.

Wahl der Zielgruppe

Nachdem die Befragungsmethode feststand, erfolgte die Wahl der Zielgruppe für die Befragung. Da sich diese Arbeit mit jungen, hochqualifizierten Arbeitskräften im Raum Dortmund befasst, müssen alle Probanden zwei Kriterien erfüllen:

1. Bedingung: Hochschulabschluss an einer Hochschule im Raum Dortmund

2. Bedingung: Beendigung des Studiums innerhalb der letzen zehn Jahre[27]

Daraus ergibt sich eine grob abgegrenzte Zielgruppe: Alle Absolventen der TU Dortmund, der FH Dortmund und der Ruhr-Universität Bochum, sowie der Bochumer Fachhochschulen, die Ihre Abschlussprüfung in den letzten zehn Jahren abgelegt haben. Schließlich wurde die Auswahl allein auf die Absolventen der TU Dortmund reduziert. Das liegt zum einen daran, dass der Verfasser Student der TU Dortmund ist und sich dadurch Vorteile bei der Teilnahmebereitschaft der Absolventen erhofft. Zum anderen ist anzunehmen, dass Absolventen der Fachhochschulen aufgrund einer unterschiedlichen Qualifikation in der Berufseinstiegsphase ein anderes Mobilitätsverhalten ausweisen (vgl. Kapitel 2.2.2).

Bei der Auswahl der zu befragenden Absolventen wird großer Wert auf Berufsaussichten gelegt. Es werden bewusst nur die Studiengänge in die engere Auswahl genommen, deren Absolventen aktuell am Arbeitsmarkt stark nachgefragt werden (vgl. Kapitel 3.2). Dadurch soll sichergestellt werden, dass man genau jene Arbeitskräfte befragt, die sich ihren Arbeitsplatz relativ frei aussuchen können.

---

[26] Laut einer Erhebung der Arbeitsgemeinschaft Online Forschung (AGOF) im März 2008 nutzen 92,9 % aller 14 bis 29 Jährigen in Deutschland das Medium Internet (vgl. Website WIWO)

[27] Die Entscheidung für zehn Absolventenjahrgänge basiert auf einer Absolventenbefragung, die von der Industrie-und Handelskammer Osnabrück-Emsland entwickelt wurde. Bei dieser vergleichbaren Befragung umfasste die Zielgruppe zehn Jahrgänge (vgl. Industrie- und Handelskammer Osnabrück-Emsland 2006). Um eine größere Stichprobenzahl zu erreichen, wurde die Zahl der Jahrgänge schließlich auf 11,5 angehoben. (Jahrgänge 1998 bis 2009)

Zum Zeitpunkt, als die Arbeit verfasst wird, sind das insbesondere Informatiker und Ingenieure bestimmter Fachrichtungen. Bei den Ingenieuren werden vor allem Maschinenbauer, Elektrotechniker, Logistiker, sowie Wirtschaftsingenieure nachgefragt (vgl. FA Hochschulanzeiger vom 01.2009). Darüber hinaus orientiert sich die engere Auswahl auch an den drei Schlüsselbranchen, die das *dortmund-project* für Dortmund definiert hat und in denen ein wachsender Bedarf entsprechender Hoch-qualifizierter Fachkräfte besteht. Das sind die IT-Branche, die Logistik-Branche sowie die Mikrosystem- und Nanotechnikbranche (vgl. Kapitel 3.2).

Aus dieser zweiten Auswahlbedingung wurden Absolventen folgender Studiengänge der TU Dortmund als potenzielle Zielgruppe festgelegt:

1. Informatik
2. Angewandte Informatik
3. Logistik
4. Elektrotechnik
5. Informationstechnik
6. Physik
7. Chemie- und Bioingenieurwesen
8. Bauingenieurwesen

Kontaktaufnahme

Parallel zur Bestimmung der potentiellen Zielgruppe (Grundgesamtheit) müssen Wege gesucht werden, um Kontakt zu dieser aufzunehmen, damit die Probanden zur Teilnahme an der Befragung eingeladen werden können. Da weder Namen noch Kontaktdaten der gesuchten Personen öffentlich zugänglich sind, muss mit diesem Schritt bereits sehr frühzeitig begonnen werden.

Die Kontaktaufnahme gestaltet sich schwieriger als vermutet. Um innerhalb der knappen Zeit dennoch genügend Kontakte zu Absolventen herstellen zu können, muss zeitgleich auf unterschiedliche Kontaktmöglichkeiten zurückgegriffen werden. Die erste Möglichkeit für die Kontaktaufnahme zu Absolventen bieten, sofern vorhanden, die Alumni-Vereine einzelner Fakultäten. Ein weiterer Weg sind Internetforen, wie z.B. das Kontaktnetzwerk „XING". Schließlich besteht die Möglichkeit, mit der Erlaubnis der entsprechenden Dekanate die Zielgruppe über die Mailadressen der TU Dortmund zu der Befragung einzuladen. Erst durch die Kombination aller dieser Kontaktwege kann eine hinreichende Zahl von potenziellen Probanden erreicht werden. Dennoch müssen Absolventen dreier Fachrichtungen gestrichen werden, welche über keine der drei Möglichkeiten erreicht werden können. Dazu gehören die Fachbereiche Bio- und Chemieingenieurwesen sowie Bauingenieurwesen.

Somit wird die Grundgesamtheit der Internetbefragung schließlich auf sechs Studiengänge begrenzt:

1. **Informatik**
2. **Angewandte Informatik**
3. **Elektrotechnik**
4. **Informationstechnik**
5. **Logistik**
6. **Physik**

In der folgenden Tabelle ist die Anzahl von Absolventen dieser Studiengänge auf der Grundlage der abgelegten Abschlussprüfungen dargestellt:

Tabelle 11: Grundgesamtheit der Internetbefragung

Jahrgang	Informatik	Angew. Informatik	E-Technik	Informations- technik	Logistik	Physik	Gesamt
1998	148	23	98	0	0	54	323
1999	122	7	82	0	0	53	264
2000	130	9	61	0	0	38	238
2001	92	28	65	0	1	22	208
2002	104	38	50	0	2	24	218
2003	93	27	37	0	11	25	193
2004	97	26	38	1	12	15	189
2005	122	34	57	10	20	31	274
2006	132	48	61	14	32	26	313
2007	176	10	36	35	52	26	335
2008	keine Da- ten	keine Daten	keine Da- ten	keine Daten	keine Daten	keine Da- ten	Keine Daten
2009	keine Da- ten	keine Daten	keine Da- ten	keine Daten	keine Daten	keine Da- ten	Keine Daten
Summe	1216	250	585	60	130	314	2555

Quelle: Eigene Darstellung nach Statistische Jahrbücher der TU Dortmund 2008, 2007, 2004 und 2003

Da für die Jahre 2008 und 2009 zu diesem Zeitpunkt noch keine Daten verfügbar sind, kann die Grundgesamtheit nur geschätzt werden. Sie liegt hochgerechnet bei ungefähr 2900 Personen, wenn man annimmt, dass die Zahl der bestandenen Abschlussprüfungen in diesen Jahren mit den übrigen untersuchten Jahren vergleichbar war.

Fragebogengestaltung

Nachdem die exakte Zielgruppe feststeht, kann ein auf diese Gruppe zugeschnittener Fragebogen entwickelt werden[28]. Die Erstellung erfolgt eigenständig mit der professionellen Online-Befragungssoftware *Unipark* (vgl. Website Unipark).

Für die Gestaltung eines Internetfragebogens gelten allgemein die gleichen Regeln wie für einen herkömmlichen, schriftlichen Fragebogen. Den Anfang der Befragung bildet ein Deckblatt mit

---

[28] Der Vollständige Fragebogen befindet sich in Anhang 1.

Anschreiben und einer knappen Darstellung der Inhalte und der durchführenden Institution. Dieses Deckblatt soll den Probanden zur Teilnahme motivieren. Aus diesem Grund sollte neben der Beschreibung des Fragebogenziels auch die Frage nach der Ausfülldauer beantwortet werden (vgl. Schnell 2005: 360ff; Schnell 2005: 383ff.).

Auf das Deckblatt folgt der eigentliche Fragebogen. Er soll mit möglichst einfachen, für jeden Befragten interessanten Einstiegsfragen („Eisbrecherfragen") beginnen, um ihre Antwortbereitschaft zu erhöhen (vgl. Schell 2005 361; Mayer 2005: 95).

Aus diesem Grund startet der Fragebogen dieser Arbeit mit einigen Fragen zum Studium, zur Herkunft und zum Berufseinstieg der Befragten. Diese Fragen haben einen offensichtlichen, direkten Bezug zum Befragungsthema und sind für alle Befragten sehr leicht zu beantworten. Zugleich sind die meisten dieser Fragen für die statistische Auswertung von Bedeutung. Die Frage nach dem Jahr der Abschlussprüfung ist weniger statistikrelevant. Sie verfolgt vielmehr das Ziel, Befragte auszusortieren, die ihre Abschlussprüfung an der TU Dortmund nicht in den gesuchten Jahren 1998 bis 2009 gemacht haben. An dieser Stelle führt jede Angabe, die nicht zwischen 1998 und 2009 liegt, automatisch zur vorzeitigen Beendigung der Online-Umfrage.

Der Hauptteil der Befragung ist eine Mischung aus geschlossenen und offenen Fragen. Er wird durch eine offene Frage eingeleitet: „Was waren die entscheidenden Gründe für Ihre regionale Wohnstandortwahl beim Berufseinstieg?" Der Befragte hat an dieser Stelle die Möglichkeit, bis zu drei offene Angaben über seine wichtigsten Motive der regionalen Standortwahl zu machen. Zuvor weist ein Texthinweis den Befragten darauf hin, was in dieser Umfrage genau mit regionaler Standortwahl gemeint ist. Auf diese Weise soll ein falsches Verständnis der Frage vermieden werden, da der Begriff „Standortwahl" sehr allgemein ist und viele Interpretationsspielräume zulässt. Diese offene Frage zu Anfang des Hauptteils hat den Zweck, möglichst spontane, „unvorbelastete" Angaben über die Standortmotive zu gewinnen. So ist es bei Markforschungsumfragen üblich, erst die spontanen Reaktionen des Probanden einzufangen, bevor mit geschlossenen Fragen dasselbe Thema genauer erfragt wird[29]. Die Beschränkung auf maximal drei Nennungen soll dabei gewährleisten, dass nur die wichtigsten Faktoren genannt werden. Außerdem soll der Proband nicht mit zu vielen Antwortmöglichkeiten auf einmal belastet werden, weil das eventuell zum Abbruch führen könnte.

Nach der offenen Frage folgt der Kern des Hauptteils – die geschlossenen Fragen über die Wichtigkeit einzelner Standortfaktoren. In diesem Abschnitt werden alle aus der Theorie erschlossenen, denkbaren Standortfaktoren, die eine Rolle spielen könnten, systematisch abgefragt (vgl. Kapitel 2.4). Der Befragte soll auf einer vorgegebenen Antwortskala von 1 = „sehr wichtig" bis 5 = „völlig" unwichtig die Wichtigkeit jedes Faktors exakt bewerten. Eine fünfstufige Skala ist bei schriftlichen Befragungen verbreitet und hat den Vorteil, den Befragten nicht zu überfordern und gleichzeitig relativ genaue Ergebnisse zu erzielen (vgl. Mayer 2008: 83).

Aufgrund der großen Anzahl der Fragen (49) ist dieser Abschnitt thematisch in mehrere Blöcke untergliedert. Im ersten Block werden die harten Standortfaktoren behandelt (14 Fragen) Die

---

[29] Als Beispiel sei hier eine Marktforschungsumfrage der REWE Marktforschung genannt, in der der Hauptteil mit drei offenen Fragen eröffnet wird (siehe Anhang 3).

übrigen sechs Blöcke konzentrieren sich auf die weichen Standortfaktoren. Die thematische Untergliederung in solche Blöcke sorgt dafür, dass der Befragte nicht zu Gedankensprüngen gezwungen wird und das Ausfüllen dadurch erleichtert wird. Desweiteren empfiehlt die Literatur, neue Themenkomplexe durch entsprechende Überleitungsfragen oder Erklärungen einzuleiten(vgl. Mayer 2005:95). In dieser Online-Umfrage wird es dadurch umgesetzt, dass jeder Themenkomplex mit einer Überschrift versehen wird, so dass der Befragte sofort erkennten kann, worum es in de nächsten Themenkomplex geht. Ein Beispiel hierfür sei an dieser Stelle angeführt:

„Und wie wichtig waren bei Ihrer regionalen Wohnstandortortwahl Aspekte der räumliche Lage und zwar...".

Im dritten und letzten Fragebogenabschnitt werden persönliche Angaben abgefragt. Bei diesen eher sensiblen Fragen ist die Antwortbereitschaft besonders niedrig, wodurch ihre Stellung ganz am Ende der Befragung am sinnvollsten ist (vgl. Mayer: 2008: 95; Schnell et al. 2005: 344). Es handelt sich dabei um Fragen zum Familienstand, Geschlecht und als letztes zum Einkommen. Da die Einkommensfrage erfahrungsgemäß häufig als zu persönlich angesehen wird, erhält der Befragte dort die Möglichkeit, über das Feld „keine Angabe", eine Antwort zu wählen, bei der er sein Einkommen nicht angeben muss.

Pretest

Da schriftliche Befragungen während Ihrer Feldphase nicht mehr modifiziert oder ergänzt werden können, wird in der Literatur vor dem Befragungsstart ein Vortesten des Fragebogens („Pretest") empfohlen (vgl. Mayer 2008: 98).

Vor seiner Online-Aktivierung wurde der Fragebogen zwei Mal einem Pretest unterzogen. Da keine direkten Kontakte zur Zielgruppe vorhanden waren, wurde dieser überwiegend durch bereits bekannte Studierende und Absolventen der Fakultät Raumplanung durchgeführt. Es nahmen insgesamt sieben Personen teil.

Durchführung

Die endgültige Fassung des Fragebogens war für sechs Wochen als Internetlink abrufbar. Dieser lange Zeitraum war erforderlich, um die gewünschte Stichprobengröße von mindestens 100 Teilnehmern zu erreichen. In den ersten Tagen nach der Aktivierung wurde die Zielgruppe je nach Möglichkeit entweder über Foreneinträge, oder über Rundmails zur Teilnahme eingeladen (siehe „Kontaktaufnahme").

Um nur die gesuchten Zielgruppe an der Umfrage teilnehmen zu lassen, wurde auf der Einleitungsseite darauf hingewiesen, wer teilnehmen darf. Zusätzlich wurde bei der Frage "In welchen Jahr gaben Sie Ihr Studium abgeschlossen?" ein sogenannter „Plausibilitätscheck" eingebaut. Dort wurden alle Probanden automatisch ausgescreent, die Ihr Studium nicht zwischen den für diese Umfrage festgelegten Jahren 1998 und 2009 beendet haben.

Auswertung

Alle erhobenen Daten waren nach der Aktivierung der Umfrage für sechs Monate auf einer pass-wortgeschützten Internetseite gespeichert und konnten jederzeit aufgerufen werden. Die Online-Befragungssoftware „Unipark" ermöglichte eine automatische und sofortige statistische Auswertung der ausgefüllten Fragebögen. Aus technischen Gründen konnten dabei nur die geschlossenen Fragen automatisch ausgewertet werden. Offenen Fragen wie z.b. die Frage *„Was waren die entscheidenden Gründe für Ihre regionale Wohnortwahl beim Berufseinstieg?"* mussten manuell mit dem Programm „Microsoft-Excel" aufbereitet und ausgewertet werden.

Die Daten konnten sowohl für die gesamte Stichprobe als auch nach ausgewählten Variablen differenziert ausgewertet werden. Dies erlaubte z.b. eine nach Studiengängen getrennte Auswertung des Fragebogens. Die vollständige Darstellung der Ergebnisse erfolgt in Kapitel 4.2.

Vor der Ergebnispräsentation erscheint es wichtig, die empirische Methode *Online-Befragung* kritisch zu beleuchten und auf Schwächen hinzuweisen, die sich im Laufe der Umfragedurchführung ergeben haben.

Methodenkritik

Neben des offensichtlichen Vorteilen einer Online-Befragung (siehe „Wahl der Befragungsmethode") hat diese Befragungsmethode eine Reihe von unvermeidlichen Nachteilen.

Die wesentliche Schwäche dieser Methode ist die Abwesenheit des Interviewers bei der Befragungssituation. Er hat somit keinerlei Möglichkeit, den Befragungsverlauf zu kontrollieren und kann so eventuelle Fehler, Unvollständigkeiten oder Verständnisschwierigkeiten beim Ausfüllen nicht vermeiden. Dadurch erfordert die Erstellung eines solchen Fragebogens mehr Sorgfalt als bei mündlichen Befragungsformen[30] (vgl. Mayer 2008: 100).

Eine weitere Schwäche von Internetbefragungen ist die Unverbindlichkeit. Der Befragte kann die Umfrage zwar jederzeit und überall aufrufen, doch er kann sie bedingt durch die Anonymität auch jederzeit und in jeder Phase abbrechen. Die Abbruchwahrscheinlichkeit ist hoch, da hierzu nur ein Mausklick genügt. Außerdem können Fragen, die man nicht beantworten möchte, einfach übersprungen werden. Bei der Auswertung ergeben sich so unvollständige Ergebnisse, ohne dass man die lückenhaften Bögen bestimmten Personen zuordnen kann, weil das aus technischen Gründen unmöglich ist. Tatsächlich wurde keine einzige der gestellten Fragen von allen Teilnehmern beantwortet, im Schnitt fehlten zu jeder Frage Antworten von zwei bis drei Probanden.

Zwar wäre es rein technisch möglich, den Befragten dazu zu zwingen, jede der Fragen vollständig zu beantworten, indem man „Plausibilitätschecks" in die Software einbaut. Doch bei dieser unverbindlichen Befragungsmethode würde ein Beantwortungszwang zu noch mehr Abbrüchen führen (vgl. Schnell 2005: 384). Daher wurde dieses Instrument nur ein einziges Mal in dem Fragebogen eingesetzt (siehe „Fragebogengestaltung").

Die Auswertung des Fragebogens ergab dennoch eine hohe Abbrecherquote von fast 37 % - was bei so einer schriftlichen Befragung typisch und kaum vermeidbar ist. Die vielen Abbrüche ließen

---

[30] Aus diesem Grund war der zeitliche Aufwand für die Erstellung des Online-Fragebogens mit fast vier Wochen sehr hoch.

sich nur durch den Einsatz einer Aufsichtsperson („Versuchsleiter") verringern. Durch seine persönlichen Anwesenheit ist die Verbindlichkeit der Befragung deutlich höher als bei schriftlichen Befragungsformen ohne Kontrollmöglichkeit (vgl. Diekmann 2007: 439ff.).
Eine vollständige Präsentation der Ergebnisse dieser Internetbefragung erfolgt im nächsten Kapitel.

4.1.2. Ergebnisse der schriftlichen Absolventenbefragung

Im Folgenden sollen die Ergebnisse der Online-Umfrage ausführlich dargestellt werden. Die Reihenfolge der Darstellung entspricht der Fragenreihenfolge im Online-Fragebogen (siehe Anhang 1). Zunächst werden die Größe der Stichprobe und der Rücklauf kurz beschrieben:

Stichprobe und Rücklauf

Der Rücklauf bei der Online-Umfrage war überraschend hoch. 270 Personen haben den Internetlink zur Befragung zumindest geöffnet. Von diesen haben 144 Personen (53 %) den Fragebogen bis zur letzten Frage ausgefüllt. Diese Rücklaufquote ist gegenüber einer postalischen Befragung recht hoch – bei dieser liegt die Quote häufig kaum über 20 % (vgl. Diekmann 2007: 441).
An dieser Stelle sei angemerkt, dass nur wenige Probanden alle Fragen des Online-Fragebogens vollständig ausgefüllt haben. Die Stichprobe beträgt dennoch rund 5 % der Grundgesamtheit von ungefähr 2900 Absolventen.
Nun folgt die Präsentation der einzelnen Frageergebnisse. Sie werden entsprechend der Unterteilung des Fragebogens in drei Teile gegliedert.

Teil 1: Angaben zum Studium und zum Berufseinstieg

Frage 1: Die Studienrichtungen der Befragten
Die Verteilung der Befragten nach Fachrichtung (Frage 1) wird aus der folgenden Grafik ersichtlich:

Abbildung 8: Die Befragten nach Studienrichtung

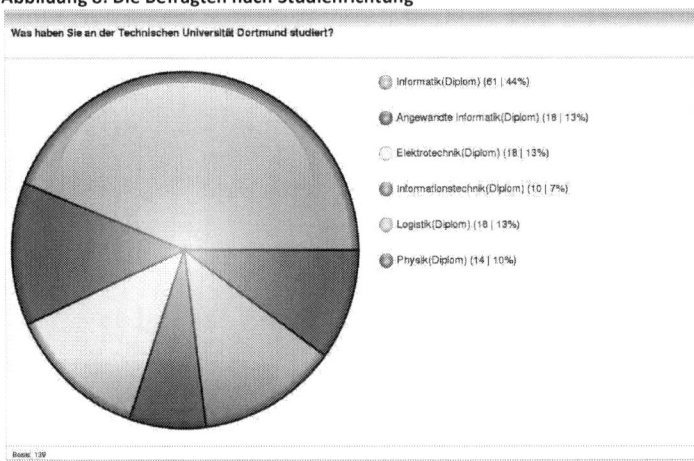

Quelle: Eigene Darstellung mithilfe des Auswertungstools von Unipark

Die Berufsgruppe der Informatiker (Informatik und Angewandte Informatik) macht mit 57 % den Großteil der Befragten aus. Die übrigen Studiengänge sind deutlich unterrepräsentiert. Das ist angesichts der Größe der Fakultät Informatik im Verhältnis zu den anderen Fakultäten wenig überraschend (siehe Tabelle 11).

Frage 2: In welchem Jahr haben Sie dieses Studium abgeschlossen?
Die Befragten haben Ihr Studium in Dortmund vorwiegend zwischen 2002 und 2008 abgeschlossen. Diese Tatsache kann für die allgemeine Einschätzung der Berufseinstiegschancen der Zielgruppe relevant sein. In diesen Jahren war die deutsche Konjunktur und damit auch die wirtschaftliche Situation der Unternehmen überwiegend gut, nur in den Jahren 2004 bis 2005 gab es einen schwachen Konjunktureinbruch. Dieser Einbruch steht jedoch in keinem Verhältnis zur Wirtschaftskrise, die die Bundesrepublik ab der zweiten Jahreshälfte 2008 getroffen und zum deutlichen Rückgang der Arbeitskräftenachfrage geführt hat (vgl. Website Ifo Institut). Insofern kann man bei der Stichprobe größtenteils von Absolventen sprechen, die zusätzlich zu Ihrer Qualifikation auch durch die Konjunktur am deutschen Arbeitsmarkt begünstigt wurden.

Abbildung 9: Die Absolventenjahrgänge

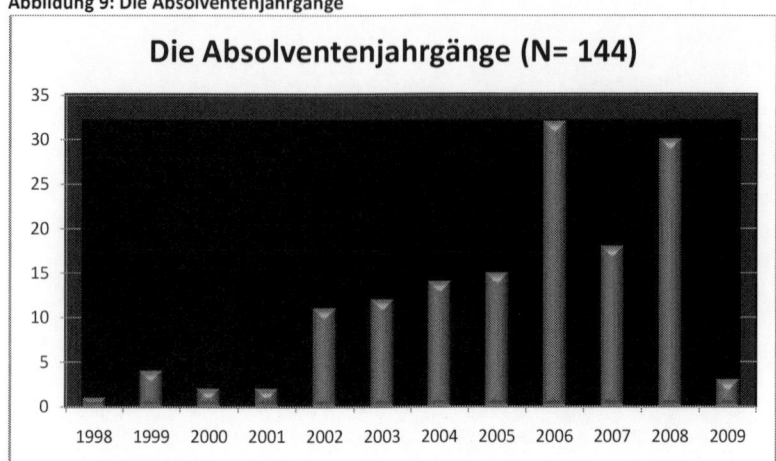

Quelle: Eigene Darstellung

Frage 3: Haben Sie sich zwischen Studium und Beruf akademisch weiterqualifiziert?

Jeder fünfte Befragte (N=142) hat sich zwischen Studium und Beruf akademisch weiterqualifiziert. Dabei handelte es sich zum Großteil um eine Promotion. Diese Angabe ist insofern relevant, als dass promovierte Ingenieure mit höheren Einstiegsgehältern rechnen können als Ihre nicht-promovierte Konkurrenten (vgl. Website Ingenierskarriere.de). Diese Information kann bei der Interpretation der Einstiegsgehälter (letzte Frage des Fragebogens) von Bedeutung sein.

Frage 4: Wo haben Sie Ihre Kindheit und Ihre Schulzeit überwiegend verbracht?

Die deutliche Mehrheit der Befragten kommt ursprünglich aus der Nähe des Studienortes und nur wenige aus Regionen außerhalb des Bundeslandes NRW, wie man in Abbildung 11 erkennt. Ausländische Absolventen fallen mit einem Anteil nur vier Prozent an allen Befragten kaum ins Gewicht.

Abbildung 10: regionale Herkunft der Befragten

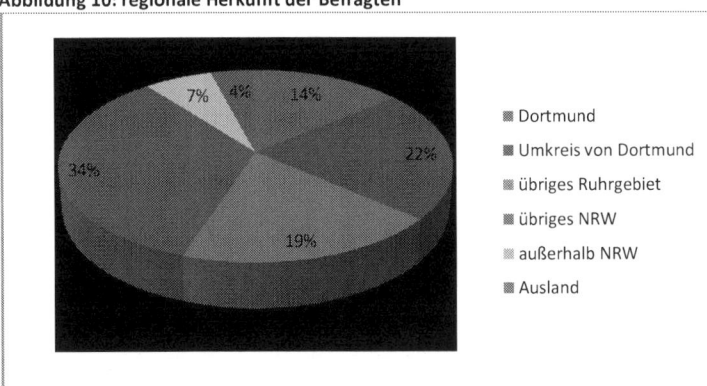

Quelle: Eigene Darstellung

Dies dürfte die regionalen Präferenzen der Befragten nicht unerheblich beeinflussen(vgl. Kapitel.
2.2.1) Man kann an dieser Stelle vermuten, dass relativ viele Absolventen das Ruhrgebiet bei Ihrer
Standortwahl bevorzugen, weil die meisten bereits vor dem Studium dort gelebt haben.

Frage 5: Wo haben Sie während des Studiums überwiegend gewohnt?
Mit 85 % hat die große Mehrheit der Befragten während des Studiums im Raum Dortmund[31] gewohnt, allerdings lediglich 60 % in Dortmund selbst (siehe Abbildung 12). Diese Verteilung ist
insgesamt typisch für alle Studierenden der TU Dortmund (vgl. Thomsen, Wilbrand 1999: 24).
15 % der Befragten wohnten während des Studiums außerhalb des Raums Dortmund. Ihre Wohnsitze befanden sich größtenteils im übrigen Ruhrgebiet. Lediglich fünf dieser Befragten hatten
Wohnsitze außerhalb des Ruhrgebiets: zwei im Sauerland und je einer im Münsterland, in Soest
sowie in Düsseldorf.

---

[31] Der Raum Dortmund nach der Abgrenzung in Kapitel 3.1 ist in dieser Abbildung die Summe aus den Angaben „Dortmund" und „Umkreis von Dortmund". Gleiches gilt für die Abbildungen 12, 13, 15, und 17.

Abbildung 11: Wohnsitze während des Studiums

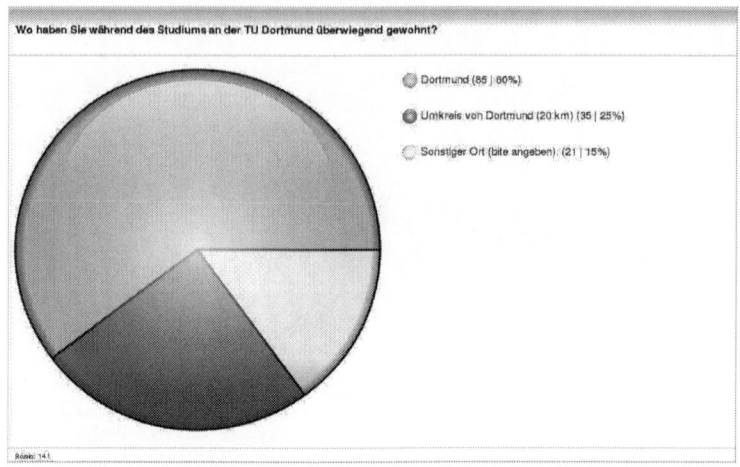

Quelle: Eigene Darstellung mithilfe des Auswertungstools von Unipark

Frage 6: In welchen Regionen oder Ländern haben Sie sich um einen Job beworben?

Bei dieser Frage waren Mehrfachnennungen möglich, da man sich in mehreren Regionen gleichzeitig bewerben kann. Jeder Befragte hat im Schnitt rund 2,42 Antwortfelder angekreuzt und sich somit durchschnittlich in 2 bis 3 der vorgegeben Regionen beworben. Es fällt auf, dass sich die Befragten dennoch deutlich häufiger im Land NRW beworben haben als in anderen Bundesländern – obwohl Süddeutschland insgesamt bessere Berufsaussichten für Ingenieure bietet (vgl. Tabelle 10). Das Ausland wurde lediglich 17 Mal angekreuzt und spielt somit für die Befragten als potentieller Arbeitsstandort kaum eine Rolle. Von dem vielfach diskutierten „Brain-Drain" aus Deutschland kann bei der Zielgruppe daher keine Rede sein.

Bei den anderen Bundesländern überwiegen Bayern, Baden-Württemberg und Hessen, was aufgrund der bereits angesprochenen besseren Berufsaussichten in Süddeutschland nicht verwundert. Dies entspricht auch der durch Mohr (2002) ermittelten Tendenz der Nord-Süd-Wanderung von Hochschulabsolventen in Deutschland (siehe Kapitel 2.2.2).

Bei den Bewerbungen im Ausland wurde eine Vielzahl von Staaten auf vier Kontinenten genannt, wobei west-und mitteleuropäische Staaten den Großteil ausmachten.

Abbildung 12: geographische Verteilung von Bewerbungen

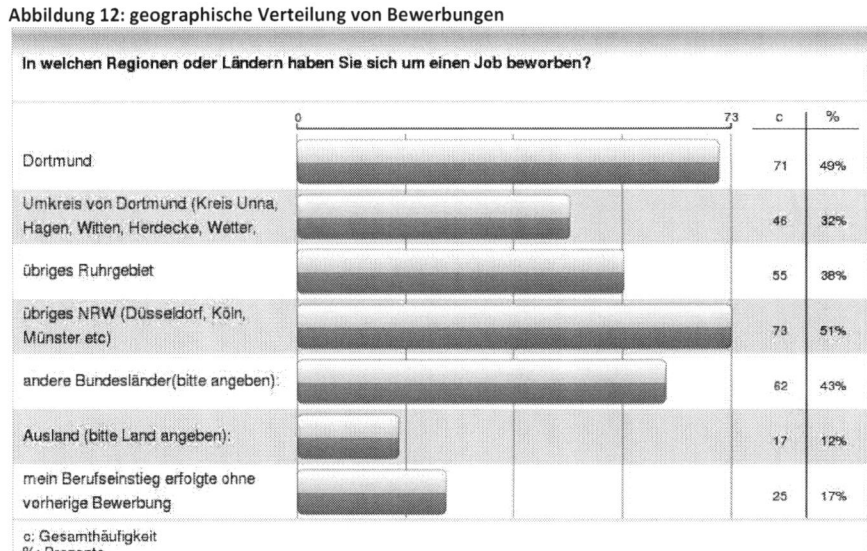

In welchen Regionen oder Ländern haben Sie sich um einen Job beworben?

	c	%
Dortmund	71	49%
Umkreis von Dortmund (Kreis Unna, Hagen, Witten, Herdecke, Wetter,	46	32%
übriges Ruhrgebiet	55	38%
übriges NRW (Düsseldorf, Köln, Münster etc)	73	51%
andere Bundesländer(bitte angeben):	62	43%
Ausland (bitte Land angeben):	17	12%
mein Berufseinstieg erfolgte ohne vorherige Bewerbung	25	17%

c: Gesamthäufigkeit
%: Prozente

Quelle: Eigene Darstellung mithilfe des Auswertungstools von Unipark

Frage 7: In welcher Form ist Ihnen der Berufseinstieg gelungen?

Die reguläre Erwerbstätigkeit ist mit 87 % die meistverbreitete Form des Berufseinstiegs. Alternative Einstiegsformen wie die Unternehmensgründung und das Praktikum spielen praktisch keine Rolle. Unter „Sonstiges" wurde die Promotion als häufigste Einstiegsform genannt. Somit sehen viele der Befragten die Doktorarbeit nicht bloß als Übergang zwischen Studium und Beruf sondern bereits als Berufseinstieg an. Der hohe Anteil der regulären Erwerbstätigkeit kann als erster Hinweis auf eine gute Arbeitsmarktsituation der Zielgruppe gedeutet werden (vgl. Abbildung 14).

Abbildung 13: Formen des Berufseinstiegs

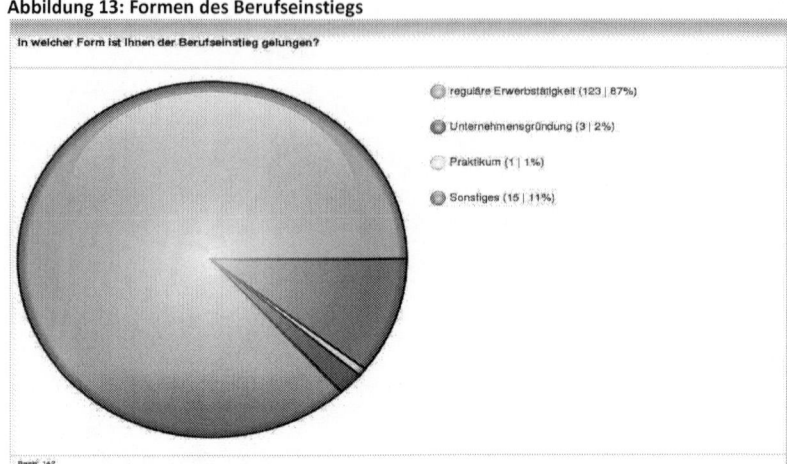

In welcher Form ist Ihnen der Berufseinstieg gelungen?

- reguläre Erwerbstätigkeit (123 | 87%)
- Unternehmensgründung (3 | 2%)
- Praktikum (1 | 1%)
- Sonstiges (15 | 11%)

Basis: 142

Quelle: Eigene Darstellung mithilfe des Auswertungstools von Unipark

Frage 8: Handelte es sich dabei um einen Vollzeit oder einen -Teilzeitjob?

Bei fast 96 % der Befragten ist der Erstjob eine Vollzeitstelle. Das deutet auf eine sehr günstige Arbeitsmarktsituation der Untersuchungsgruppe hin. Dieses Ergebnis ist für Absolventen der Ingenieurwissenschaften typisch, wie eine große Absolventenbefragung durch Mc Kinsey & Company zeigte (vgl. Website Unispiegel).

Diese Information ist für die Bewertung der Einstiegsgehälter am Ende des Fragebogens relevant, da sich dann die meisten Angaben auf einen Vollzeitstelle beziehen.

Frage 9: Wo ist Ihnen der Berufseinstieg gelungen?

Die räumliche Verteilung der Arbeitgeber, bei denen der Berufseinstieg der Befragten gelang, bestätigt die Tendenz, die bereits bei der räumlichen Verteilung der Bewerbungen festgestellt wurde: Mit 72 % hat die Mehrheit der Absolventen den Erstjob innerhalb von NRW begonnen.

36 % aller Arbeitsstätten befinden sich dabei allein im Raum Dortmund.

Angesichts des hohen Anteils der der Probanden mit Herkunft in NRW kann man dieses Ergebnis so interpretieren: Die Absolventen wollten sich nach Beendigung des Studiums nicht zu weit von Ihren angestammten Regionen entfernen. Ihre räumliche Mobilität ist damit relativ gering – entgegen der in der Theorie behaupteten hohen räumlichen Mobilität bei Absolventen der Ingenieurwissenschaften (siehe Kapitel 2.2.2).

Abbildung 14: Berufseinstieg nach Sitz der Arbeitsstätte

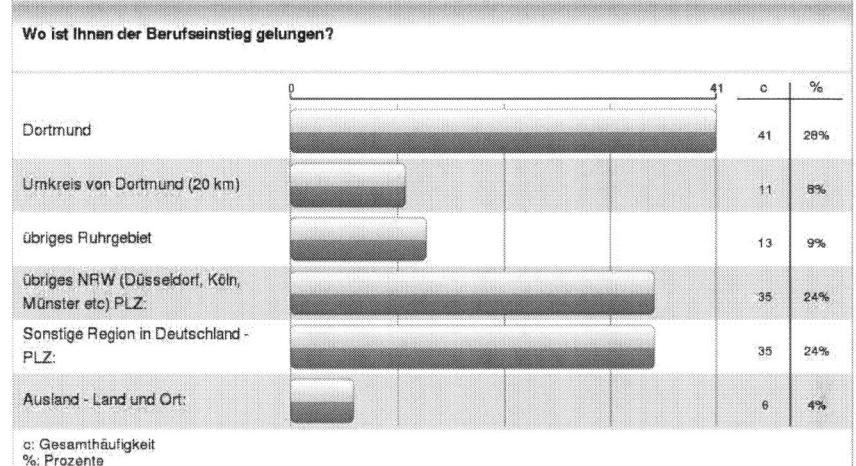

Quelle: eigene Darstellung mithilfe des Auswertungstools von Unipark

Frage 10: Haben Sie in Folge des Berufseinstiegs Ihren Wohnsitz gewechselt?

43 % der Befragten haben Ihren Wohnsitz nicht gewechselt. Damit ist ein nicht unerheblicher Teil der Befragten in der Berufseinstiegsphase räumlich nicht mobil gewesen(siehe Abbildung 16). Doch auch die übrigen 57 % sind größtenteils in NRW verblieben und haben sich damit kaum weiter als 100 km von ihren vorherigen Wohnsitz im Raum Dortmund entfernt (siehe Abbildung 17). Nach der Definition von Mohr (2002) spricht man bei einer solchen Distanz von *Nahmobilität* (siehe Kapitel 2.2.2). Der Anteil von *Fernmobilität* (räumliche Wanderung von über 200 km) ist bei den befragten Absolventen gering (vgl. Abbildung 16). Lediglich 27 der 144 Befragten (18,7 %) verlegten ihren Wohnsitz an einen Ort, der über 200 km vom Studienort Dortmund entfernt ist[32]

---

[32] Grundlage für die Berechnung der Distanzen zwischen Wohnsitz der Befragten und dem Studienort ist die Straßenentfernung unter Berücksichtigung der schnellsten Straßenverbindung nach der Website Map24

Abbildung 15: Wohnsitze der Umgezogenen (Gesamt)

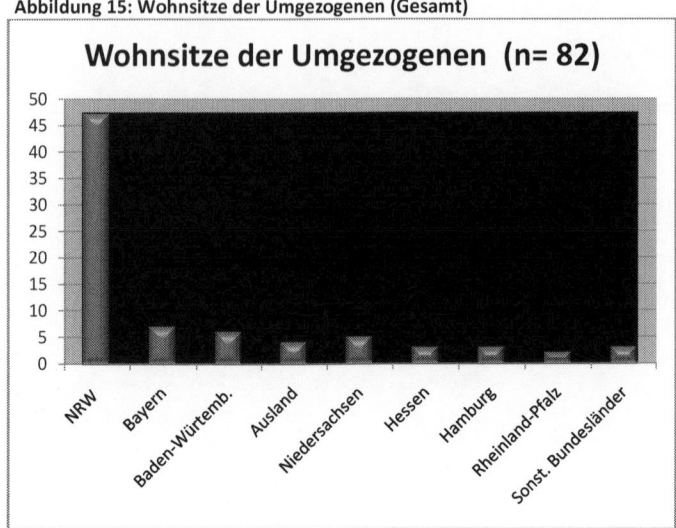

Quelle: eigene Darstellung

47 der 82 Befragten, die Ihren Wohnsitz gewechselt haben, sind in NRW verlieben. Ihre Wohnsitze sind in Abbildung 17 dargestellt. Nur etwa die Hälfte dieser Gruppe hat das Ruhrgebiet verlassen. Ihre neuen Wohnsitze sind hauptsächlich Düsseldorf, der Ballungsraum Köln-Bonn sowie der Großraum Aachen.

Von den Absolventen mit Herkunft in NRW sind insgesamt 76 % im Ruhrgebiet verblieben, bei den Absolventen mit Herkunft außerhalb NRWs waren es noch 53 %. Somit ist eine tendenzielle Abwanderung aus dem Ruhrgebiet unter den untersuchten Absolventen nicht feststellbar, wie auch Abbildung 14 und die große Zahl der Nicht-Umgezogenen zeigen (siehe Frage 10).

Abbildung 16: Wohnsitze der Umgezogenen in NRW

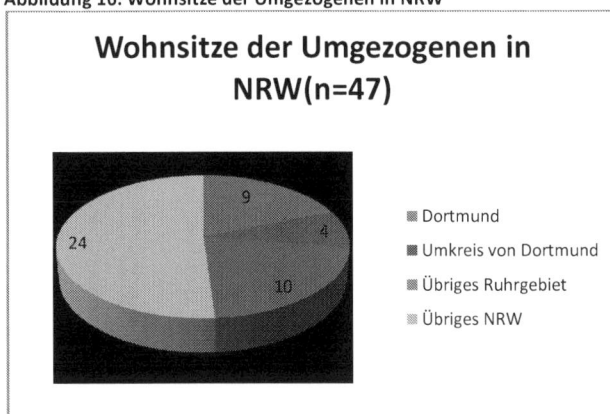

Quelle: eigene Darstellung

Bei der Differenzierung der Absolventen nach Ihrer Herkunft kann man wie erwartet Unterschiede bei dem regionalen Verbleib feststellen: Von den 127 Absolventen mit Herkunft in NRW sind 77 % in NRW verlieben. Bei den Absolventen, die nicht aus NRW kommen, waren es immerhin noch 60 % - und somit ebenfalls eine hohe Zahl. Der Verbleib in NRW ist angesichts dieser Zahlen insgesamt weit höher als am Anfang der Arbeit angenommen[33] (siehe Abbildungen 17a und 17b). Von einem „Brain-Drain" aus dem Land NRW kann bei der Zielgruppe folglich nicht die Rede sein.

Abb. 17a: Verbleib in NRW bei Herkunft in NRW   **Abb. 17b: Verbleib in NRW bei Herkunft außerhalb NRWs**

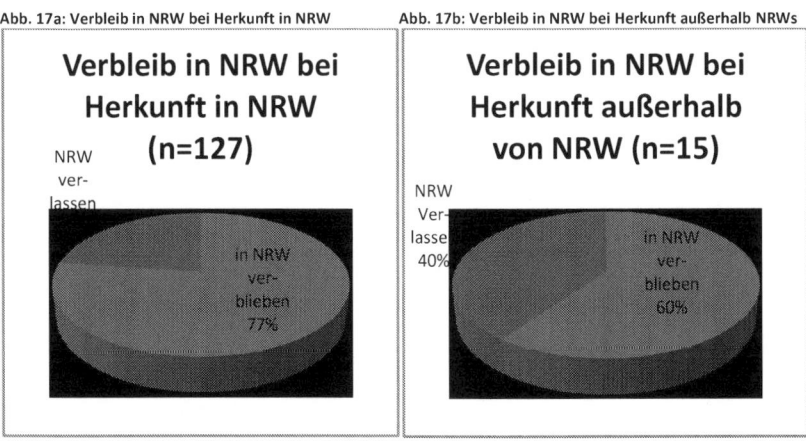

Quelle: Eigene Darstellung   Quelle: Eigene Darstellung

---

[33]Einige Statistiken sowie Prognosen deuteten auf eine anhaltende Abwanderung von jungen und gut ausgebildeten Menschen aus dem Ruhrgebiet hin (siehe S. 2).

An diesen Zahlen wird deutlich, dass man bei der Zielgruppe nicht wie zuvor vermutet, von einer Abwanderungstendenz aus dem Ruhrgebiet sprechen kann. Die Mehrzahl blieb auch beim Berufseinstieg weiterhin im Rhein-Ruhr-Raum. Dies gilt natürlich nur für die Absolventen der untersuchten Studien- und Jahrgänge und lässt sich somit nicht für alle Absolventen der TU Dortmund verallgemeinern.

Hauptteil

Frage 11: Was waren die entscheidenden Gründe für Ihre regionale Wohnstandortwahl beim Berufseinstieg?

Bei dieser Frage soll der Befragte bis zu drei völlig offene Nennungen machen. Die Länge und Form der Antwortmöglichkeit ist unbegrenzt, was sehr individuelle und vielfältige Antworten zum Ergebnis hat. Dies ist beabsichtigt, denn es soll ein möglichst breites Spektrum von denkbaren Standortfaktoren erfasst werden.

Erwartungsgemäß wurde das erste und wichtigste Nennungsfeld mit 130 Nennungen am häufigsten ausgefüllt. Das zweite Nennungsfeld erhielt 75 und das dritte nur 34 Antworten. Daraus kann man schließen, dass die Mehrzahl der Befragten lediglich einen entscheidenden Grund für ihre Wohnstandortwahl hatte. Die Antworten der drei Nennungsfelder werden nun nacheinander vorgestellt[34].

Abbildung 18: Die entscheidenden 3 Gründe: 1. Nennung

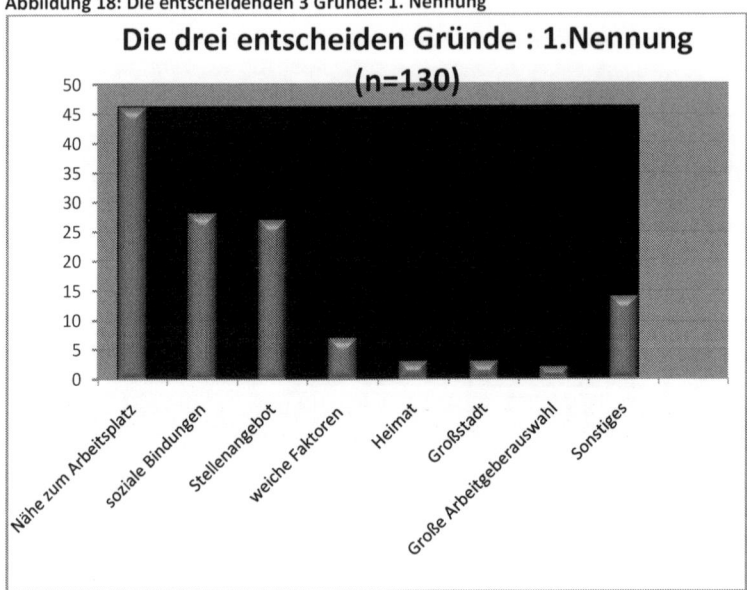

Quelle: Eigene Darstellung

---

[34] Eine vollständige Liste aller Antworten auf Frage 11 befindet sich im Anhang 2.

Die **Nähe zum Arbeitsplatz bzw. die Erreichbarkeit des Arbeitsplatzes** war mit 45 Nennungen der mit Abstand meistgenannte Grund bei der ersten Nennung (wörtlich z.b.: *„Nähe zur Arbeit, „gute Verkehrsanbindung zur Arbeitsstelle", „Entfernung", „kurze Wege", „gute Verkehrsanbindung per Bahn, Auto";*). Dieses Motiv der Standortwahl ist offensichtlich, denn eine gewisse räumliche Nähe und gute Erreichbarkeit des Arbeitsplatzes wird bei einer regulären Vollzeitarbeitsstelle vorausgesetzt.[35]

Dieser Faktor spielt eher auf der **intraregionalen Ebene** (Orts- oder Quartiersebene) eine Rolle und weniger bei der **Wahl einer Region**: Die Frage nach dem innerörtlichen Wohnstandort, der eine gute Erreichbarkeit des Arbeitsplatzes ermöglicht, wird in aller Regel erst gestellt, wenn man sich für eine Region und eine Arbeitsstelle entschieden hat. Daher sollte genau dieser Faktor nicht abgefragt werden. Mit dem Hinweis „Wohnstandort meint hier nicht nur eine einzelne Stadt, sondern die gesamte Region" sollte vermieden werden, dass diese Frage als eine Frage nach der Standortwahl auf der innerregionalen Ebene verstanden wird. Dennoch haben relativ viele Probanden diese Frage missverstanden, was sich in dieser Antwort wiederspiegelt.

Die zweithäufigste Nennung bildeten mit 28 Nennungen Motive, die hier unter dem Begriff **„soziale Bindungen"** zusammengefasst wurden (wörtlich z.B.: *„soziale Kontakte", „Familie", „Beziehung", „Freundeskreis", „Arbeitsplatz der Frau", „meine Frau wollte nicht umziehen";*). Vor dem Hintergrund des überwiegend geringen Mobilitätsgrades der Befragtes (siehe Frage 10) kann dieses Ergebnis so gedeutet werden: Soziale Bindungen wirken für viele Befragte als ein Mobilitätshemmnis und verhindern, dass sie sich beim Berufseinstieg weit von ihrer angestammten Region entfernen, in der sie Freunde und Verwandte haben.

Der Faktor **„Stellenangebot"** erhielt ebenfalls 27 Nennungen. Unter diesem Begriffe wurden alle Nennungen zusammengefasst, die sich auf das konkrete Jobangebot des Befragten beziehen (wörtlich z.B.: *„exzellentes Stellenangebot", „interessantes Berufsangebot", „Jobbeschreibung", „attraktivstes Jobangebot", „berufliche Möglichkeiten" „ die sich mir bietende Arbeitsstelle";*). Ein Zitat sei an dieser Stelle besonders hervorgehoben: *„Der Wohnstandort war mir nicht wichtig. Ich habe die beste Arbeitsstelle ausgesucht."* Bei diesem Probanden steht der Faktor (attraktives) Stellenangebot in der Gewichtung als alleiniger und alles entscheidender Standortfaktor dar. Insgesamt betrachtet steht dieser Standortfaktor dennoch nur auf Rang drei der entscheidenden Faktoren, wie die Grafik deutlichmacht.

Erst an vierter Stelle folgen Nennungen, die hier als **„weiche Faktoren"** zusammengefasst werden (wörtlich: „Freizeitwert", „Schöne Umgebung", „Lebensqualität", „Umfeld", „charmante Stadt", „Interesse an Land und Leute", „soziales Umfeld";). Als Grundlage für die Abgrenzung weicher von harten Faktoren gilt die Definition von Grabow et al. (siehe Kapitel 2.2.2).

Drei Probanden gaben als 1. Nennung Gründe an, die hier als **„Heimat"** umschrieben werden (wörtlich: „da bleiben, wo ich bin", „in der Heimatstadt zu bleiben, „wollte in meiner Heimatstadt bleiben"). Diese Probanden legten Ihren Standort von vornherein auf Ihre Heimat fest. Durch

---

[35] Gemeint sind Berufspendler, die nach dem Arbeitstag täglich zu Ihrem Hauptwohnsitz zurückkehren. Sogenannte „Wochenendpendler", die nur am Wochenende zu Ihrem Hauptwohnsitz zurückkehren, stellen einen Sonderfall dar und sind hiervon ausgenommen.

Ihre Zitate brachten sie alle zum Ausdruck, dass sie den angestammten Ort („Heimat") nicht verlassen wollten. Ihre Arbeitsplatzsuche würden diese Probanden so wählen, dass sie auf jeden Fall nicht umziehen müssen. Eine Umzugsbereitschaft ist bei Ihnen von vorneherein nicht gegeben. Diese Nennungen sind zwar relativ gesehen kaum von Bedeutung machen aber deutlich, dass die regionale Herkunft, also das, was auch als Heimat bezeichnet wird, durchaus großes Gewicht bei der Standortwahl haben kann.

Drei Probanden nannten „Großstadt" als ersten entscheidenden Faktor (wörtlich: *„Großstadtathmosphäre", „städtische Infrastruktur in Dortmund" und „Nähe zu einer Stadt"*).

Nur zwei Probanden gaben die **große Arbeitgeberauswahl** in der Region als ersten entscheidenden Grund an (wörtlich *„starker Wirtschaftsstandort", „viele Arbeitgeber"*). Dass eine große Ballung von interessanten Arbeitgebern in der Region verfügbar ist, spielt somit für die meisten Befragten keine entscheidende Rolle.

Unter **„Sonstiges"** fallen vielfältige Nennungen, die man schwer einem bestimmten Themenkomplex zuordnen kann bzw. sehr vage, kaum interpretierbare Formulierungen.

Beispiele hierfür sind z.B.: „Bequemlichkeit" (2 Mal), bestehender Wohnsitz", „zentrale Lage in NRW", „Vorhandenes Wohneigentum", „starker Wirtschaftsstandort";) Diese Nennungen sind für die Interpretation relativ unbedeutend und sollen daher nicht weiter erläutert werden. Interessant ist lediglich die Nennung „Vorhandenes Wohneigentum", weil sie darauf hinweist, dass Wohneigentum als weiterer mobilitätshemmender Faktor wirken kann.

Abbildung 19: Die entscheidenden 3 Gründe: 2. Nennung

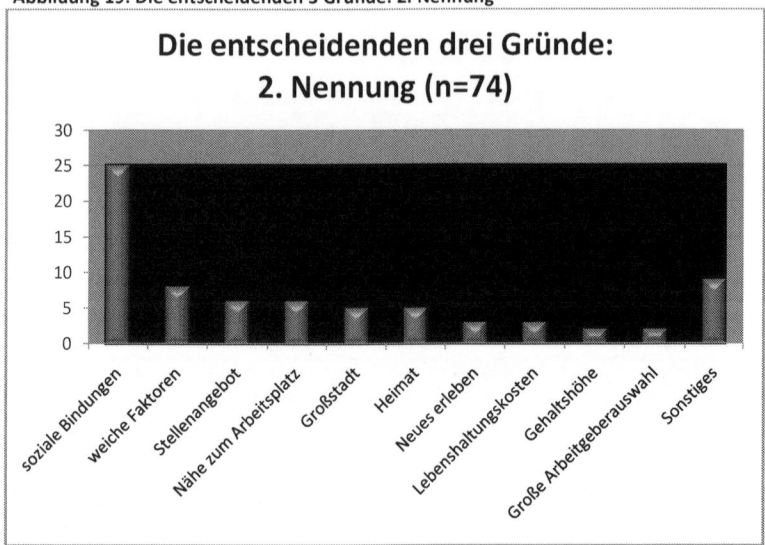

Quelle: Eigene Darstellung

Soziale Bindungen (Definition s.o.) stehen bei der 2.Nennung der entscheidenden Gründe an erster Stelle: etwa jeder dritte Befragte gibt die Nähe zu Freunden, Verwandten oder zum Partner als 2. Nennung an. Dies macht den hohen Stellenwert von sozialen Bindungen bei der Standortwahl deutlich. Weitere Motive werden bei der Zweitnennung deutlich seltener genannt.

Weiche Faktoren stehen bei der Zweitnennung immerhin an zweiter Stelle (wörtlich z.b.: „Wohnqualität", „hohe Lebensqualität", „Nähe zum Meer", „Freizeitmöglichkeiten";) Besonders hervorgehoben sei die folgenden Nennung: „kulturelles Angebot im Ruhrgebiet". Mit dieser Nennung wird erstmals der Faktor **Kultur** angesprochen. Dies bleibt jedoch ein Einzelfall – alle übrigen Nennungen im Bereich der weichen Faktoren beziehen sich auf Freizeit, Lebensqualität, Ambiente oder das Umfeld, jedoch nie explizit auf kulturelle Aspekte. Daraus wird deutlich, dass weiche Faktoren für die Untersuchungsgruppe zwar sehr wohl eine wichtige Rolle spielen - aber nicht so sehr das kulturelle Angebot eine Region.

Der Faktor **Stellenangebot** wird bei der zweiten Nennung nur sechs Mal genannt – was sich damit erklären lässt, dass er vor allem bei der ersten Nennung viel Gewicht hatte (s.o.). Ähnlich verhält es sich mit dem Faktor **Nähe zum Arbeitsplatz** – welcher bei der Erstnennung als Antwortmöglichkeit dominiert. Daraus kann man schließen, dass diese Motive für die Befragten insgesamt die größte Rolle bei der Wohnstandortwahl spielen.

Der Faktor **Großstadt** bzw. **Nähe zu Großstädten** wird bei der Zweitnennung fünf Mal als Antwort gewählt. Dieser Faktor ist verglichen mit den sozialen Bindungen zwar weniger wichtig, doch seine Bedeutung ist nicht zu unterschätzen, wird er doch bei der Erstnennung von zwei der 130 Probanden aufgeführt.

Auch der Faktor **Heimat** (wörtlich z.b.: „vertrautes Umfeld", „Relative Nähe zur "Heimat"") hat ähnliches Gewicht wie der letztgenannte.

Neu sind bei der zweiten Nennung Gründe, die hier als **„Neues erleben"** betitelt wurden (wörtlich: „Ausland- Neue Erfahrungen", „z.Z. noch die Möglichkeit etwas rumzukommen", „Neues erleben"). Hierbei handelt es sich um Personen, die NRW verlassen haben – im Gegensatz zu den Personen, die in der „Heimat" bleiben wollen. Diese Abwanderer fallen anteilsmäßig jedoch kaum ins Gewicht und spielen für die Gesamtauswertung somit keine große Rolle.

Ebenfalls unbedeutend ist der Faktor **Lebenshaltungskosten,** der nur von drei Probanden aufgezählt wird. Noch unbedeutender mit je zwei Nennungen sind die Faktoren **Gehaltshöhe** sowie **Große Arbeitgeberauswahl.**

Unter **Sonstiges** fallen hier ausschließlich Nennungen, welche im Sinne der Fragestellung nicht verwertet werden können (wörtlich z.b.: „ruhige Lage", „Raus aus dem Studentenwohnheim", „Nähe Innenstadt").

Abbildung 20: Die entscheidenden 3 Gründe: 3. Nennung

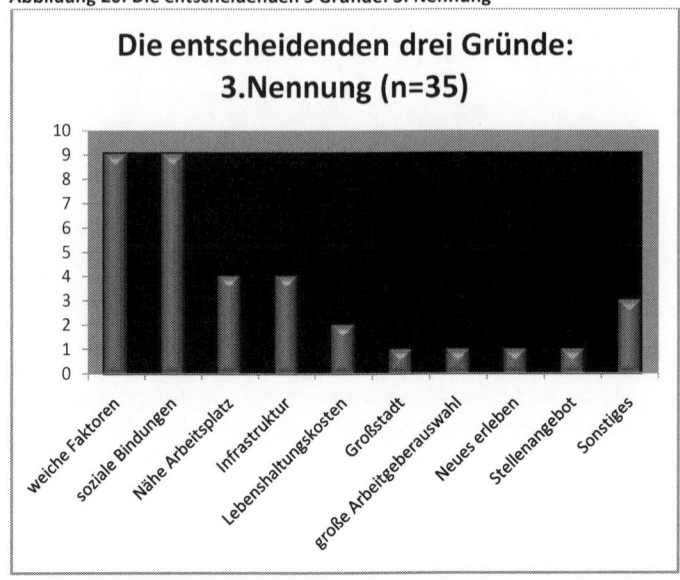

Quelle: Eigene Darstellung

Weiche Faktoren und **soziale Bindungen** sind bei der dritten Nennung eindeutig die meistgenann-
ten Motive der Standortwahl. An zweiter Stelle folgen **Infrastruktur** und **Lebenshaltungskosten,**
wobei „Infrastruktur" von den Befragten nicht konkreter erläutert wird. Somit ist unklar, worauf
sich dieser Begriff bezieht.

Weit weniger wichtig für die Befragten sind bei der 3. Nennung die Faktoren **Großstadt, große
Arbeitgeberauswahl, Neues erleben** sowie **Stellenangebot.**

Auch bei der 3. Nennung werden einige nicht interpretierbare Nennungen gemacht, welche sich
unter **Sonstiges** wiederfinden.

An dieser Stelle wird erneut die Bedeutung weicher Faktoren deutlich: sie gehören bei der zweiten und der dritten Nennung zu den beiden meistgenannte Gründen, die für die Standortwahl
entscheidend waren. Somit ist in dieser offenen Frage nach den entscheidenden Gründen deutlich
geworden: weiche Faktoren bilden nicht den wichtigsten Standortfaktor, rangieren aber gleich
nach den harten, jobbezogenen Faktoren sowie dem Faktor soziale Bindungen.

Frage 12: Harte Standortfaktoren

Nun werden die Ergebnisse der geschlossenen Fragen des Hauptteils präsentiert, also Fragen, die
auf einer Skala von sehr wichtig bis völlig unwichtig beantwortet werden sollten.

Die Ergebnisse stellen jeweils den prozentualen Anteil der einzelnen Antwortnennungen an allen
Nennungen *n* dar (siehe Abbildung 22).

Abbildung 21: Harte Standortfaktoren

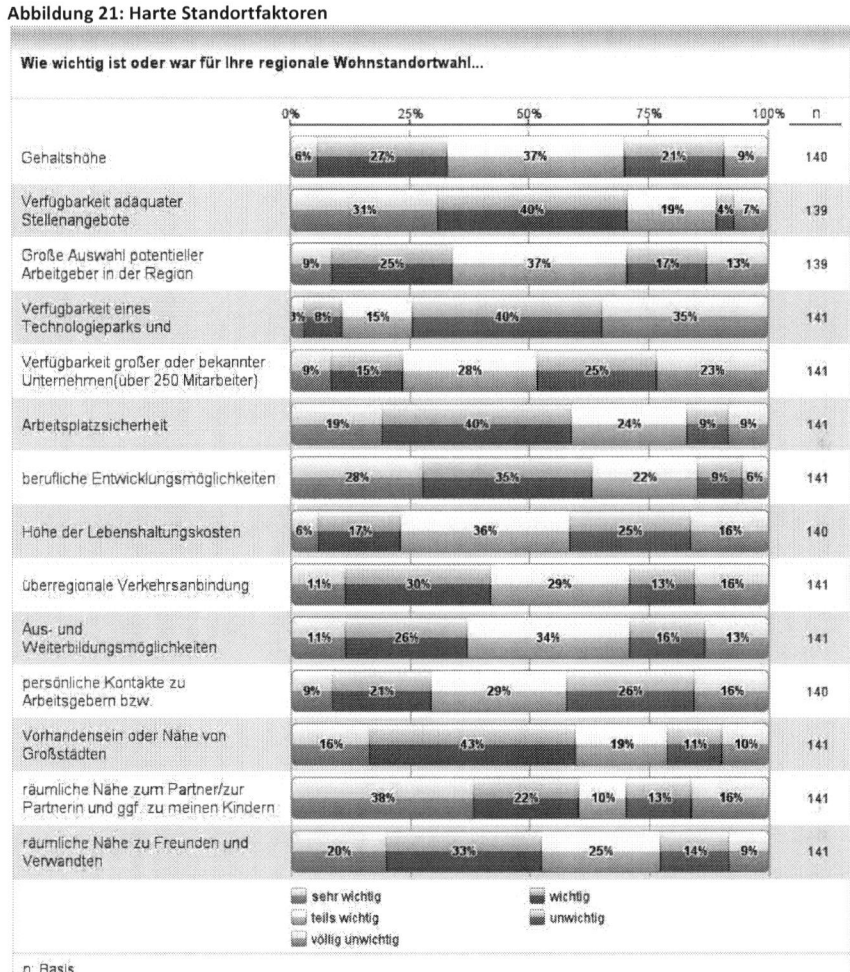

Wie wichtig ist oder war für Ihre regionale Wohnstandortwahl...

Quelle: Eigene Darstellung mithilfe des Auswertungstools von Unipark

Die Gewichtung der vorgegeben harten Standortfaktoren ähnelt den Ergebnissen aus Frage 11: Die Verfügbarkeit adäquater Stellenangebote war für 71 % aller Befragten wichtig bis sehr wichtig und rangiert so auf dem ersten Platz unter den harten Faktoren. Es folgen berufliche Entwicklungsmöglichkeiten (63 %), die räumliche Nähe zum Partner (60 %) sowie Arbeitsplatzsicherheit (59 %) und räumliche Nähe zu Freunden und Verwandten (53 %). Somit wird deutlich, dass der Wohnstandortwahl der Befragten vor allem durch eine **Kombination aus jobbezogenen Moti-**

ven[36] und die Nähe zu sozialen Kontakten bestimmt wird. Die Befragten ziehen demnach primär dem attraktivsten Jobangebot innerhalb eines abgegrenzten Radius hinterher, der es Ihnen erlaubt, die bestehenden sozialen Kontakte weiterhin aufrechtzuerhalten.

Der Faktor Großstadt bzw. die Nähe zu Großstädten ist mit 59 % annähernd so wichtig für die beiden erstgenannten Standortmotive. Dies kann damit zusammenhängen, dass es sich bei den Befragten zumeist um Personen handelt, die bereits vor dem Studium in NRW und somit in- oder in der Nähe von Großstädten gewohnt haben (siehe Abbildung 11).

Die übrigen vorgegebenen harten Faktoren sind für die Probanden relativ unwichtig. Dabei ist es verwunderlich, dass die Gehaltshöhe, welche in der Literatur fast einstimmig als entscheidende Triebkraft für die Arbeitskräftewanderung angesehen wird, nur von jedem dritten Befragten als wichtig oder sehr wichtig bewertet wurde.

Frage 13: Räumliche Lage

Abbildung 22: Aspekte der räumlichen Lage

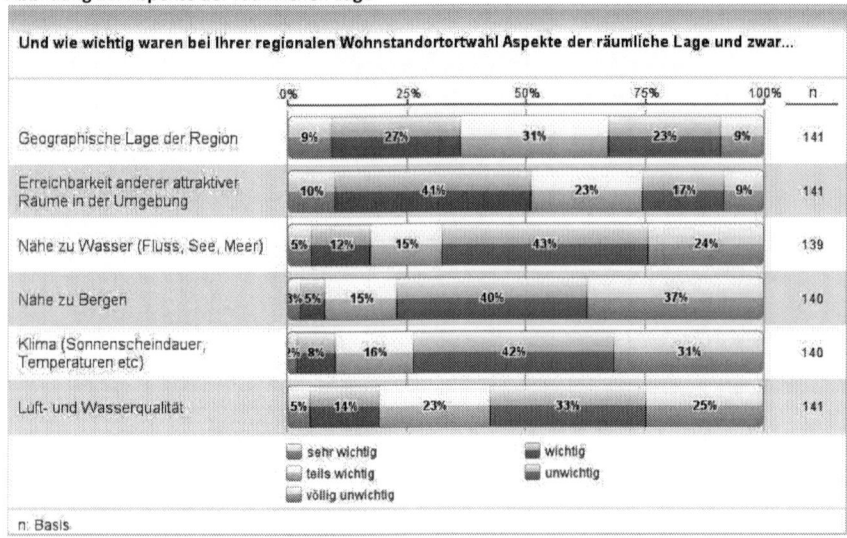

Quelle: Eigene Darstellung mithilfe des Auswertungstools von Unipark

Aspekte der räumlichen Lage spielen bei der Wohnstandortwahl der Befragten insgesamt eine geringere Rolle als harte Faktoren (s.o.). Lediglich die Erreichbarkeit anderer attraktiver Räume in der Umgebung (Städte, Sehenswürdigkeiten etc.) wird noch von über der Hälfte als wichtig bis sehr wichtig erachtet.

---

[36] Als Jobbezogene Motive werden im Folgenden jene Faktoren bezeichnet, die mit dem der Arbeitsstelle zu tun haben, insbesondere: Verfügbarkeit adäquater Stellenangebote, Arbeitsplatzsicherheit sowie berufliche Entwicklungsmöglichkeiten.

Die von Florida hervorgehobene Bedeutung der Wassernähe und der Umweltqualität für die Kreative Klasse spielt für die untersuchten Absolventen kaum eine Rolle.

Abbildung 23: Kultur- und Freizeitangebot

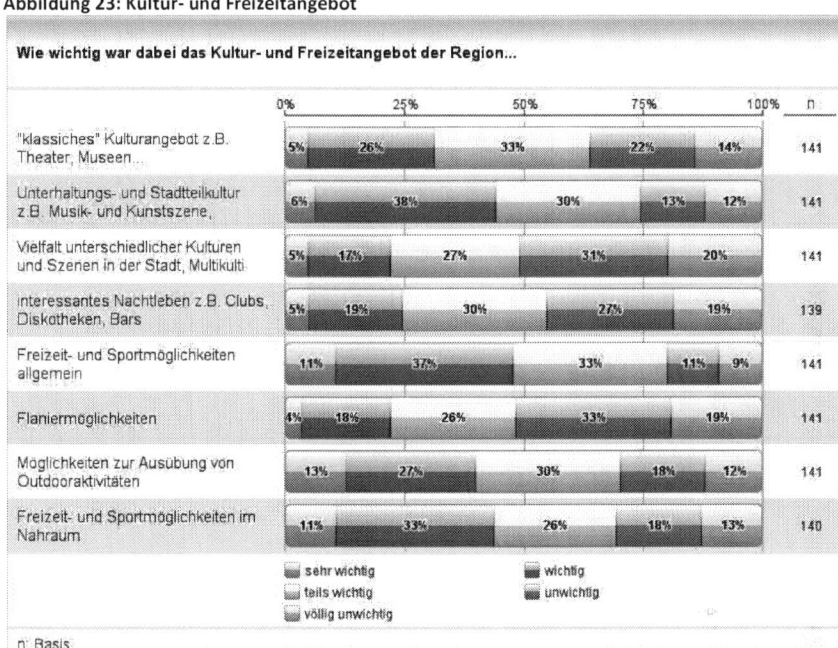

Quelle: Eigene Darstellung mithilfe des Auswertungstools von Unipark

Diese Frage gliedert sich in zwei Bereiche: die ersten vier Fragen beziehen sich auf kulturelle Aspekte, die übrigen vier auf den Bereich Sport und Freizeit. Beide Komplexe sollen nacheinander
vorgestellt werden.

Die Ergebnisse machen deutlich, dass eine Differenzierung des Standortfaktors Kultur nach unterschiedlichen Angebotssparten im Fragebogen durchaus sinnvoll war. Man erkennt deutliche Unterschiede in der Bewertung. So ist die **Unterhaltungs- und Stadtteilkultur** für die Befragten deutlich wichtiger als ein „**klassisches Kulturangebot**". Zu dem gleichen Ergebnis kam auch die Studie
von Grabow et al. 1995 über weiche Standortfaktoren (siehe Kapitel 2.1.3).

Entgegen der Befunde aus der Lebensstilforschung und Floridas Thesen ist eine **kulturelle Vielfalt**
und ein **interessantes Nachtleben** für die Standortwahl der Untersuchungsgruppe eher unwichtig.

Wichtiger als Kultur sind für die Befragten die Sport- und Freizeitmöglichkeiten, wie man in der
Grafik erkennen kann. Allein die Flaniermöglichkeiten sind in diesem Bereich eher unbedeutend.

Frage 14: Image

Abbildung 24: Imageaspekte

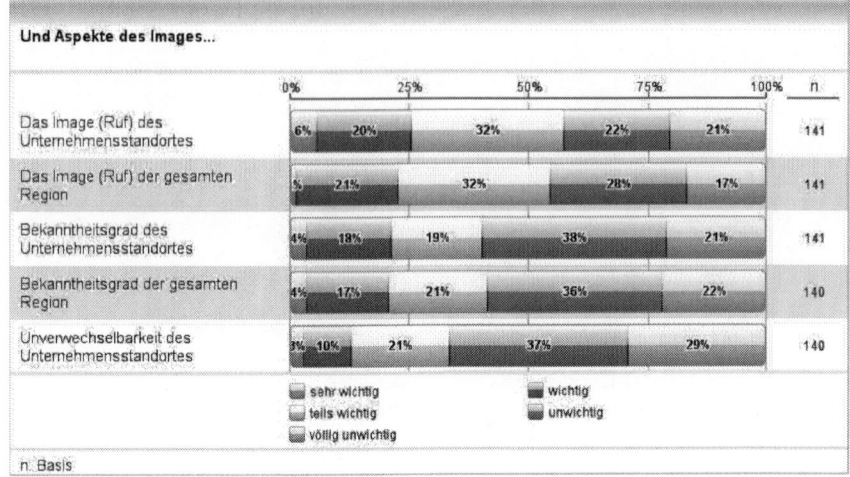

Quelle: Eigene Darstellung mithilfe des Auswertungstools von Unipark

Imageaspekte sind für die Befragten gemessen an der Bedeutung der zuvor beschriebenen Freizeit- und Sportmöglichkeiten relativ unwichtig. Der Ruf des Unternehmensstandortes und der Region spielt lediglich für etwa jeden vierten Befragten eine wichtige oder sehr wichtige Rolle, während der Bekanntheitsgrad nur jeden fünften Probanden relevant ist. Die Unverwechselbarkeit des Unternehmensstandortes ist nahezu unbedeutend.

Die Aussagekraft dieser Information ist begrenzt, wenn man bedenkt, dass nur ein kleiner Teil der Probanden nach Beendigung des Studiums in eine andere, entfernte Region abgewandert ist. Das Image und erst recht die Bekanntheit eines Ortes bzw. einer Region spielen in erster Linie nur für diese Minderheit der Befragten eine nennenswerte Rolle.

Frage 14: Stadt- und Landschaftsqualität

Abbildung 25: Stadt- und Landschaftsqualität

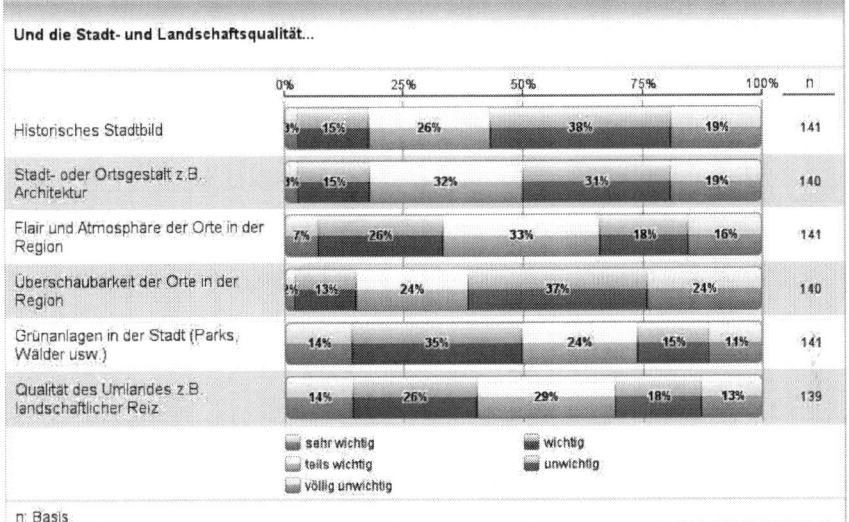

Quelle: Eigene Darstellung mithilfe des Auswertungstools von Unipark

Deutlich bedeutender als das Image sind einige Faktoren im Bereich **Stadt- und Landschaftsqualität** bewertet worden. Fast die Hälfte der Befragten erachtet das Vorhandensein von Grünanlagen
in der Stadt für wichtig bis sehr wichtig, für 40 % ist die Qualität des Umladens von Bedeutung
und für jeden Dritten das Flair und die Atmosphäre.

Dagegen spielen das historische Stadtbild, die Stadtgestalt sowie Überschaubarkeit nur eine geringe Rolle für die Befragten (siehe Abbildung 26).

Abbildung 26: Wohn-und Wohnumfeld

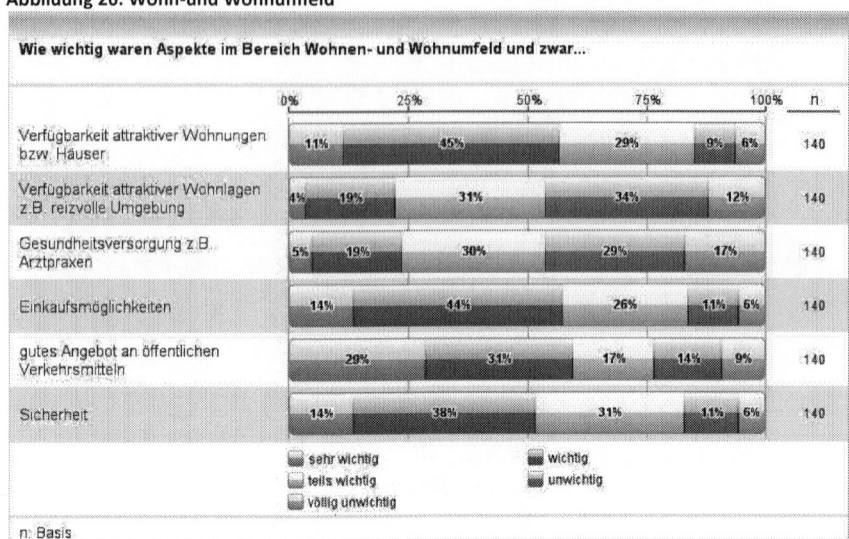

Quelle: eigene Darstellung mithilfe des Auswertungstools von Unipark

Einige Faktoren im Bereich Wohnen- und Wohnumfeld sind für die Probanden fast so wichtig wie die Faktoren **soziale Bindungen** und das **Stellenangebot,** wie man in der Grafik erkennen kann. Dazu gehört ein gutes ÖPNV-Angebot, Einkaufsmöglichkeiten sowie die Verfügbarkeit attraktiver Wohnungen und Häuser. Das die beiden erstgenannten Aspekte für die Befragten so wichtig ist, kann mit der relativ großen Bedeutung von Großstädten zusammenhängen. Vielen der Befragten ist die räumliche Nähe zu einer Großstadt mit einer entsprechenden großstädtischen Infrastruktur leben. Nennungen wie *„Großstadtleben", „städtische Infrastruktur Dortmund"* oder *"Groß-stadtathmosphäre"* belegen diese Aussage. Zu den Vorzügen einer Großstadt gehören natürlich auch gute Einkaufsmöglichkeiten und ein hochwertiges Angebot an Öffentlichen Verkehrsmitteln. Warum auch die Verfügbarkeit attraktiver Wohnungen so häufig als „wichtig" oder „sehr wichtig" bewertet wurde, ist nach jetzigem Erkenntnisstand dieser Arbeit nicht erklärbar.

Frage 16: soziale Aspekte

Abbildung 27: soziale Aspekte

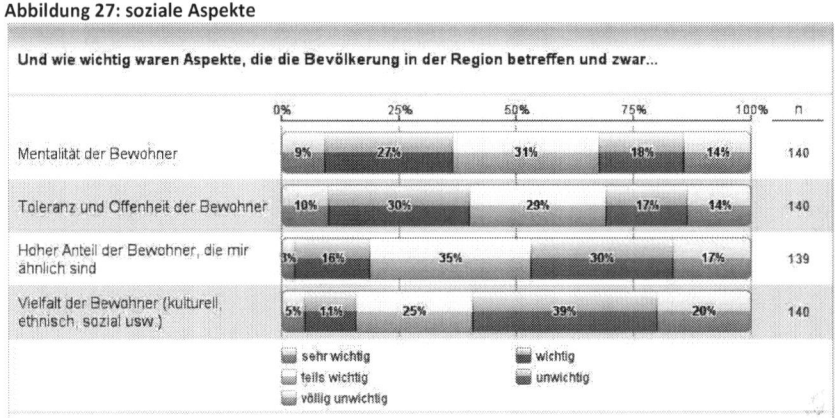

Quelle: Eigene Darstellung mithilfe des Auswertungstools von Unipark

Die Toleranz und Offenheit der Bewohner ist für 40 % der Befragten ein wichtiger oder sehr wichtiger Faktor der Standortwahl, für fast ein Drittel ist er teils wichtig. Damit ist er bei Standortentscheidungen der untersuchten Absolventen nicht unerheblich. Auch die damit zusammenhängende Mentalität der Bewohner wird von den Befragten als fast ebenso wichtig angesehen. Dagegen sind ein hoher Anteil an Menschen mit ähnlichen Lebensstilen bzw. soziostrukturellen Merkmalen und eine Vielfalt der Bewohner („diversity") für die Probanden eher unwichtig.

Frage 17: Sonstige Faktoren, die eine wichtige Rolle gespielt haben

Abbildung 28: Sonstige Faktoren

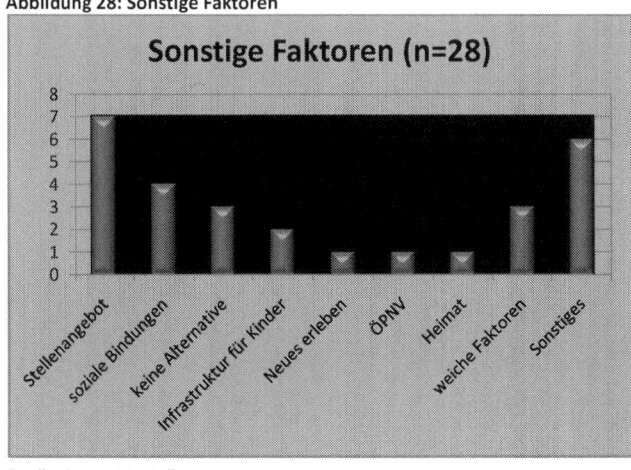

Quelle: Eigene Darstellung

Zum Ende des Hauptteils wurde eine offene Frage nach den sonstigen wichtigen Standortfaktoren gestellt. Durch diese Frage sollten die bislang unberücksichtigten Aspekte der Standortwahl der Zielgruppe abgedeckt werden.

Die Ergebnisse zeigen, dass sich diese Frage nicht überflüssig war, da mit Ihr tatsächlich einige neue Motive enthüllt werden konnten. Durch die offene Form konnten außerdem zum Teil ergiebige Antworten erzielt werden, die wichtige Erkenntnisse über die Gewichtung der Faktoren aus der Sicht der Befragten lieferten.

Man erkennt in der Grafik, dass ähnlich wie bei den offenen Nennungen zu Anfang des Hauptteils erneut der Faktor Stellenangebot am häufigsten genannt wird. Zwei aufschlussreiche Zitate zweier Probanden machen die relative Bedeutung des Faktors **Stellenangebot** deutlich:

1. *" Es ist ja anders herum: Ich gehe ja nicht irgendwo hin um dort Arbeit zu suchen sondern ich suche Arbeit und gehe dann dort hin - ganz einfach. Deshalb ist das EINZIG Wichtige für uns die räumliche Nähe zu unseren jeweiligen Arbeitgebern gewesen."*

2. *„Stellenangebote erforderten einen zwingenden Wohnortswechsel, Attraktivität der Stelle war primäres Entscheidungskriterium für die Wohnortwahl"*

Für den ersten Befragten war die Nähe zur Arbeitsstelle der einzig wichtige und alles entscheidende Faktor der Standortwahl. Gleichzeitig hat er in seinem Zitat den Entscheidungsprozess von Arbeitskräften beleuchtet: man zieht nicht erst in eine bestimmte Region und sucht dort einen Job, sondern man sucht erst einen Job und zieht ihm dann hinterher.

Auch für den zweiten Befragten war das Stellenangebot das Entscheidende Motiv seiner Standortwahl. Er hat sich für das attraktivste Jobangebot entschieden und ist diesem nachgezogen. Alle weiteren Faktoren spielen für ihn nur eine nachgeordnete Rolle.

Damit wird die zu prüfende Hypothese „Weiche Standortfaktoren spielen bei der Wohnstandortwahl hochqualifizierter Arbeitskräfte eine mindestens genau so wichtige Rolle wie harte" klar widerlegt: die harten, jobbezogenen Faktoren spielen bei ihrer Wohnstandortwahl eine wesentlich größere Rolle als weiche Standortfaktoren. Bezogen auf die zentrale Fragestellung kann man an dieser Stelle festhalten, dass der Faktor Stellenangebot bei der Wohnstandortwahl der Befragten die größte Rolle spielt. Weiche Standortfaktoren spielen hingegen nur eine untergeordnete Rolle.

Teil 3: Persönliche Fragen

Alter der Befragten

Mit 91 % ist die große Mehrheit der Befragten männlich. Dieses Geschlechterverhältnis ist typisch für die untersuchten Studiengänge: Der Männeranteil lag bei den Studierenden dieser Richtungen in den Jahren 1998 bis 2006 in fast allen Fächern bei über 80 %. Im Studiengang Informationstechnik waren bislang sogar alle Absolventen durchwegs männlich (vgl. Statistische Jahrbücher der TU Dortmund).

Familienstand

Abbildung 29: Familienstand in der Einstiegsphase

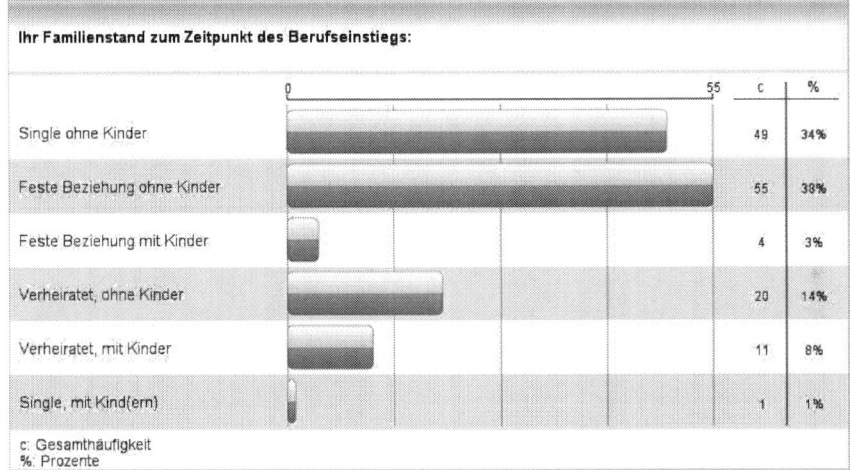

Quelle: Eigene Darstellung mithilfe des Auswertungstools von Unipark

Der Familienstand der Befragten zum Zeitpunkt des Berufseinstiegs ist aufschlussreich für die Einschätzung Ihrer Mobilitätsbereitschaft, da eine feste Beziehung bzw. eine Familie nach Mohr (2002) ein wichtiges Mobilitätshemmnis darstellt (siehe Kapitel 2.2.2).

Rund zwei Drittel aller Befragten waren in dieser Phase an einen Partner bzw. an Kinder gebunden, jeder Fünfte verheiratet, wie man in Abbildung 30 erkennen kann. Das erklärt, warum soziale Bindungen von vielen Befragten als wichtiger, zum Teil auch als wichtigster Faktor der Standortwahl angesehen wird. Der hohe Anteil von gebundenen Personen erklärt zudem, warum der räumliche Mobilitätsgrad so klein ist. Die Untersuchung der Wohnsitze der Befragten ergab, dass ein Großteil NRW nach dem Berufseinstieg nicht verlassen hat (siehe Abbildungen 12, 13, 14, 15, 16).

Familienstand und soziale Bindungen

Wenn man die Ergebnisse nach dem Familienstand splittet, wird dieser klare Zusammenhang zwischen Beziehungsstatus und Bedeutung des Faktors **soziale Bindungen** sichtbar:

Abbildung 30: Bedeutung der Nähe zum Partner nach Familienstand getrennt

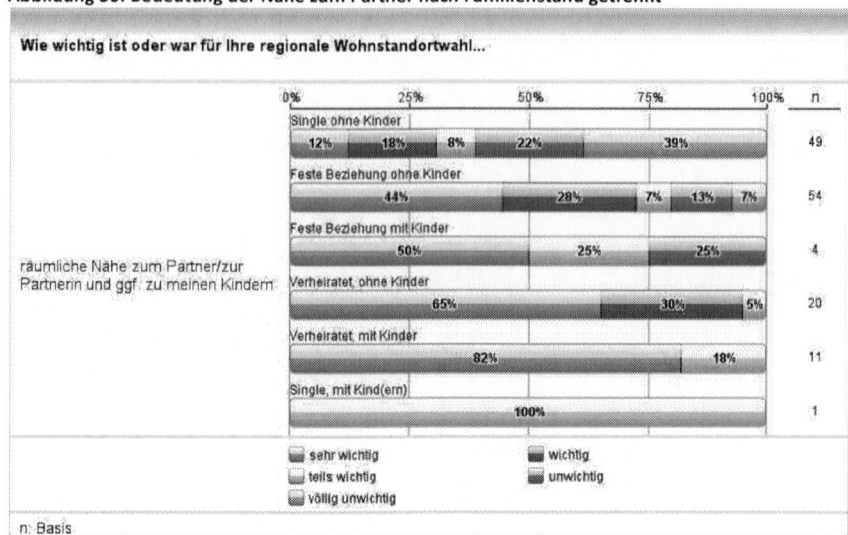

Quelle: Eigene Darstellung mithilfe des Auswertungstools von Unipark

Der Faktor räumliche Nähe zum Partner spielte bei Absolventen ohne feste Beziehung Singles erwartungsgemäß kaum eine Rolle. Unter den Befragten in einer festen Beziehung messen über 70 % der räumlichen Nähe zum Partner eine wichtige bis sehr wichtige Rolle zu. Bei verheirateten, kinderlosen Absolventen waren es sogar 95 % und bei verheirateten Absolventen mit Kindern 82 %.

Dadurch, dass fast zwei Drittel der Befragten einen festen Partner besitzen, fällt Ihre Bewertung insgesamt stärker ins Gewicht. Der große Anteil dieser Absolventen erklärt, warum im Gesamtergebnis die Bedeutung des Faktors **räumliche Nähe zum Partner** eine große Rolle spielt.

Einstiegsgehalt

Abbildung 31: Einstiegsgehalt

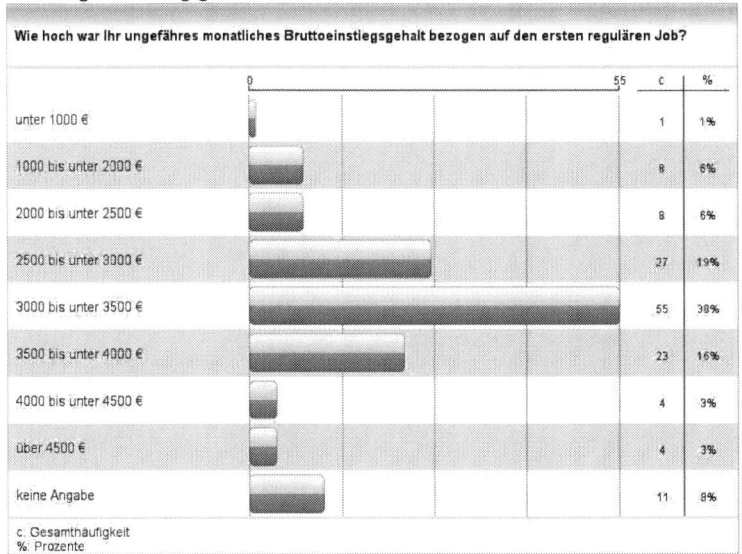

Quelle: Eigene Darstellung mithilfe des Auswertungstools von Unipark

Die Befragten hatten im Schnitt ein Bruttoeinstiegsgehalt zwischen 3000 und 3500 € im Monat. Diese Gehaltshöhe entspricht dem durchschnittlichen Einstiegsgehalt von Ingenieuren 2008 (vgl. Tabelle 8). Deutliche Abweichungen von dieser Gehaltsspanne sind kaum vorhanden. Nur wenige der Befragten verdienten deutlich mehr als 3500 €, auf der anderen Seite gibt es kaum Befragte mit einem Einstiegsgehalt unter 2500 €. Insgesamt können die Verdienstmöglichkeiten der untersuchten Absolventen als gut eingestuft werden. Gemessen an dem Durchschnitt der Einstiegsgehälter anderer Berufsgruppen in Deutschland haben die Befragten ein deutlich überdurchschnittliches Einkommen.

Die Einstieggehälter der Befragten unterscheiden sich in Abhängigkeit vom Sitz der Arbeitsstätte, wie die folgende Grafik zeigt[37]:

---

[37] Der Übersicht halber wurden Befragte, die keine Gehaltsangabe gemacht haben, nicht in diese Grafik aufgenommen.

Abbildung 32: Einstiegsgehalt nach Sitz der Arbeitsstätte

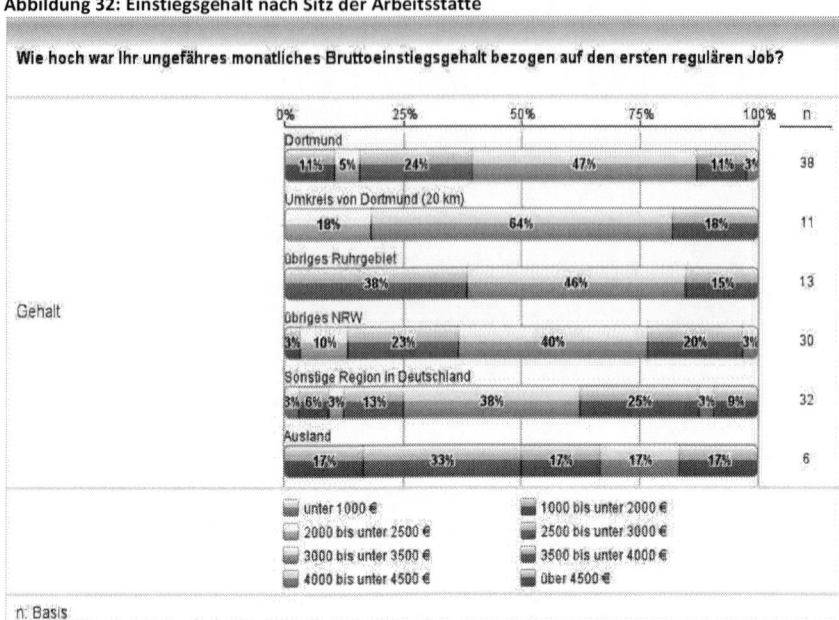

Quelle: eigene Darstellung mithilfe der Auswertungstools von Unipark

Der Anteil der Personen mit höheren Einstiegsgehältern (über 3500 €) steigt mit der größerer Distanz zum Ruhrgebiet an: In der Region „übriges NRW" haben immerhin 23 % der Befragten überdurchschnittliche Einstiegsgehälter, in sonstigen deutschen Regionen sind es schon 37 % und im Ausland sogar 51 %. Diese Daten lassen vermuten, dass man in den Zielländern der „Auswanderer" (Schweiz, Großbritannien, Frankreich, Japan, USA, Saudi Arabien) als Absolvent generell eher höhere Gehälter erzielen kann. Umso erstaunlicher ist es, dass dennoch nur 6 von 144 Probanden den Berufseinstieg im Ausland gemacht haben. Dadurch wird das bestätigt, was die Befragten schon im Hauptteil des Fragebogens vermittelten: die Gehaltshöhe gehört nicht zu den wichtigsten Faktoren der Standortwahl der untersuchten Absolventen (siehe Frage 12).

Damit ist die Darstellung der relevantesten Ergebnisse des Online-Fragebogens abgeschlossen. An dieser Stelle sei angemerkt, dass mithilfe der *Split-Funktion* der Befragungssoftware Unipark eine Vielzahl weiterer Ergebnisauswertungen möglich wäre. So kann es z.B. interessant sein, die Fragebogenergebnisse nach Studiengängen zu differenzieren um zu sehen, ob es Unterschiede zwischen den Fachrichtungen gibt. Außerdem kann es spannend sein, die Ergebnisse nach demografischen Merkmalen zu unterscheiden um z.B. zu prüfen, inwieweit die Standortpräferenzen der weiblichen Teilnehmer von denen der männlichen abweichen. Dies würde jedoch den Rahmen dieser Arbeit überschreiten und kann nur in einer weiteren, umfangreicheren Untersuchung geleistet werden.

Aufgrund des großen Umfangs dieses Kapitels sollen im Folgenden ein Fazit gezogen werden, in dem die wichtigsten Ergebnisse dieses Kapitels kurz zusammengefasst werden.

4.1.3. Fazit der Ergebnisse der schriftlichen Absolventenbefragung

Die Online-Umfrage hatte das Ziel, Faktoren der Wohnstandortwahl zu ermitteln und die relative Bedeutung der einzelnen Faktoren für die Zielgruppe zu untersuchen. Es sollte dadurch auch die Hypothese überprüft werden, ob weiche Standortfaktoren dabei ein mindestens ebenso großes Gewicht haben wie harte. Im Folgenden werden die wichtigsten Ergebnisse bezogen auf die zentralen Forschungsfragen und die aufgestellte Hypothese kurz dargelegt.

Beantwortung der zentralen Forschungsfragen

Es wurde deutlich, dass harte Standortfaktoren bei der Wohnstandortwahl der Befragten deutlich wichtiger waren als weiche. Für die meisten der 144 Befragten waren **jobbezogene Motive** für die Standortentscheidung mit einigem Abstand die relevantesten, gefolgt von dem Faktor **sozialen Bindungen**, wobei hier insbesondere der **räumlichen Nähe zum Partner** die größte Bedeutung beigemessen wurde.

Der Hauptteil des Fragebogens fragte 49 einzelne Standortfaktoren ab, die zuvor aus der Theorie abgeleitet wurden. Die Bewertung dieser Faktoren durch rund 140 Befragte[38] soll in den folgenden zwei Abbildungen veranschaulicht werden. Darin sind die 20 wichtigsten Standortfaktoren der untersuchten Absolventen dargestellt. Die Wichtigkeit wird dabei an dem prozentuellen Anteil der Bewertung „sehr wichtig" und „wichtig" bezogen auf die abgefragten Faktoren gemessen. Alle dargestellten Standortmotive wurden nach Ihrer Wichtigkeit gerankt. Abbildung 34 zeigt dabei die Ränge 1 bis 20. Auf die Darstellung der übrigen Ränge 21 bis 49 wurde verzichtet, da sie für die Befragte keine nennenswerte Rolle spielen (Faktoren, die von deutlich weniger als 25 % der Befragten mit „sehr wichtig" und „wichtig" bewertet wurden). Im Sinne der Fragestellung werden somit nur jene Faktoren dargestellt, die bei der Wohnstandortwahl der untersuchten Absolventen eine **wichtige Rolle** gespielt haben.

---

[38] Die geschlossenen Fragen nach der Bedeutung der Standortfaktoren wurden im Durchschnitt von 140 Befragten beantwortet. Die Spanne reichte dabei je nach Frage von n= 139 bis n= 141.

Abbildung 33: Die wichtigsten Faktoren: Rang 1 bis 20

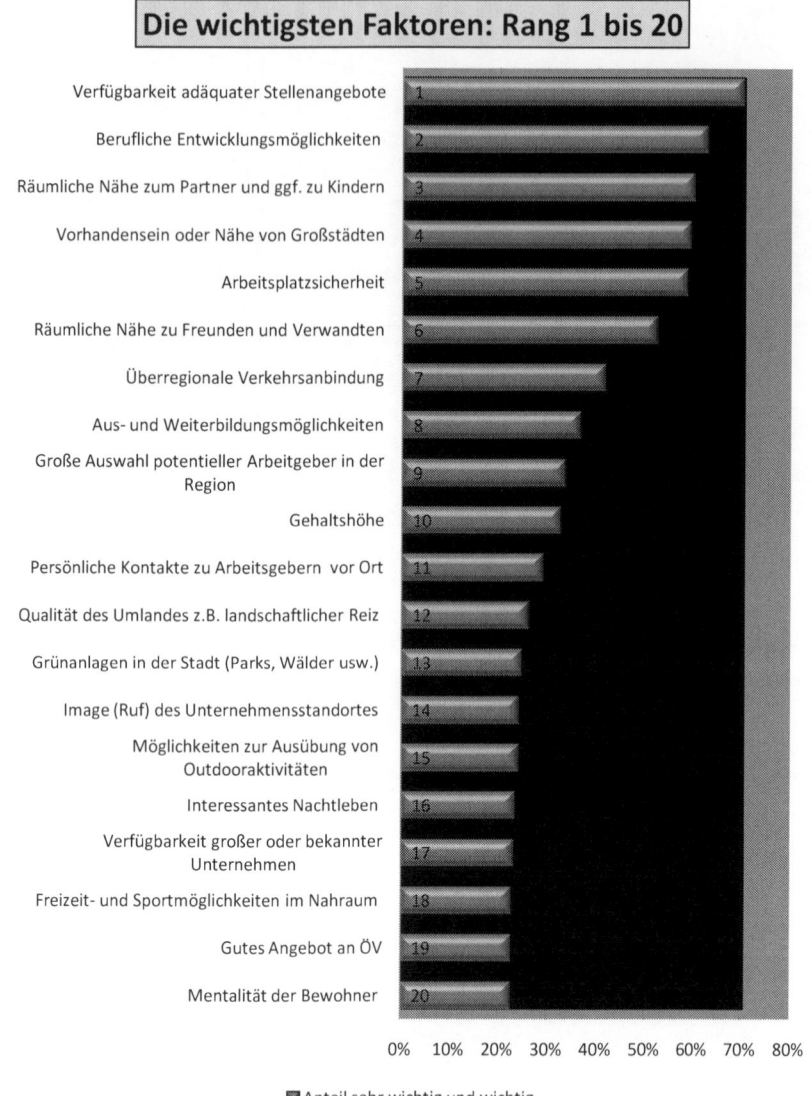

Quelle: Eigene Darstellung   n≈140

Aus Abbildung 34 kann man entnehmen, dass von den insgesamt 49 bewerteten Standortfaktoren die 10 wichtigsten ausschließlich harte Faktoren sind[39] **Jobbezogene Motive** und **soziale Bindungen** nehmen in dieser Grafik die meisten Plätze ein. Dabei wird aber auch deutlich, dass nicht alle jobbezogenen Gründen gleich wichtig sind: die Verfügbarkeit passender Stellenangebote sowie berufliche Entwicklungsmöglichkeiten bedeuten den Befragten wesentlich mehr als die Gehaltshöhe. Insgesamt betrachtet sind dennoch alle jobbezogenen Gründe relativ wichtig.

Der Faktor **Vorhandensein bzw. die Nähe von Großstädten** spielt ebenfalls eine sehr wichtige Rolle für die Befragten. Das kann darauf zurückgeführt werden, dass der Mehrzahl der Befragten während des Studiums im Raum Dortmund und somit in einer großen Agglomeration wohnten. Diese Phase hat Ihre Standortpräferenzen beeinflusst, was bei den Experteninterviews bestätigt wurde (vgl. Interview Löhn).

Weiche Standortfaktoren kommen erst auf den Rängen 11 bis 20 vor, wie man in Abbildung 34 erkennt. Zu den wichtigsten gehören dabei die **Qualität des Umlandes** und **Grünanlagen in der Stadt** (Rang 12 und 13). Andere weiche Faktoren wie z.B. das **Image des Unternehmensstandortes** wurden nur relativ selten als „sehr wichtig" oder „wichtig" bewertet. Damit sind weiche Standortfaktoren für die Zielgruppe allesamt weniger relevant als die meisten harten Faktoren. Das kann als Hinweis auf eine Bodenständigkeit dieser Absolventen gewertet werden: Familie und Beruf gehen bei der Wohnstandortwahl eindeutig vor Freizeit- und Kulturmöglichkeiten[40].

Faktoren im Bereich des kulturellen Angebotes einer Region sind mit Ausnahme des Faktors **interessantes Nachtleben** auch auf diesen Rängen nicht existent. Dies zeigt, dass das Kulturangebot insgesamt nicht zu den wichtigsten weichen Faktoren der Zielgruppe gehört. Deutlich wichtiger als Kultur sind Natur sowie Grünflächen in der Stadt, was in den späteren Absolventeninterviews ebenfalls betont wird (vgl. Kapitel 4.2.2).

Auch die offenen Fragen des Online-Fragebogens nach den wichtigsten Standortfaktoren bestätigten den in den drei Grafiken erkennbaren Trend: Bei der Wohnstandortwahl ist das **Stellenangebot** für die meisten Absolventen der wichtigste Faktor. An zweiter Stelle stehen die **sozialen Bindungen**. Erst dann folgen **weiche Faktoren** und weitere Motive (vgl. Abbildungen 19, 20, 21).

Bei den offenen Fragen wurde deutlich, dass es auch weitere Standortfaktoren gibt, die für die Befragten eine gewisse Rolle spielen können. Unter diesen neuen Faktoren wurde der Faktor **Heimat** am häufigsten genannt. Ein Teil der Absolventen ist heimatverbunden und möchte aus diesem Grund in der Nähe des Heimatortes bleiben, der in diesem Fall zumeist in NRW liegt. Auch das ist ein Hinweis auf eine Eigenschaft, die man als bodenständig beschreiben kann.

> Prüfung der Hypothese „weiche Standortfaktoren spielen eine mindestens genauso wichtige Rolle wie harte"

---

[39] Es sei an dieser Stelle erneut darauf hingewiesen, dass in der vorliegenden Arbeit auch die räumliche Nähe zu Freunden, Verwandten und zum Partner als harter Standortfaktor betrachtet wird, da die Abgrenzung zwischen weichen und harten Faktoren auf der Definition von Grabow et al. (1995) basiert (siehe Kapitel 2.1.3).
[40] Die Bodenständigkeit von Absolventen der TU Dortmund wird in den Experteninterviews bestätigt (vgl. Interview Aigner).

Aufgrund der oben beschriebenen Gewichtung von weichen und harten Standortfaktoren (siehe Abbildung 34) muss diese Hypothese falsifiziert werden. Weiche Standortfaktoren spielen für die Befragten **nicht** eine gleich wichtige Rolle wie harte. Für die untersuchten Absolventen sind sie eindeutig weniger relevant und den harten untergeordnet.

Schlüsse für Handlungsemfehlungen

Diese Untersuchungsergebnisse veranlassen die Annahme, dass das Kultur- und Freizeitangebot einer Region bei der Wohnstandortwahl der meisten befragten Berufseinsteiger nur einen geringen Stellenwert besitzt. Folglich haben Projekte im Raum Dortmund, die den regionalen Kultur- und Freizeitwert der erhöhen, keinen großen Einfluss auf ihren Verbleib in dieser Region. Entscheidend für ihren Verbleib ist vielmehr das Angebot an adäquaten und attraktiven Arbeitsstellen.

Inwieweit die hier ermittelten Tendenzen tatsächlich auf die Mehrzahl der Betroffenen übertragen werden können und inwieweit hierbei Unterschiede innerhalb der Zielgruppe bestehen, soll durch die qualitative Befragung einiger Teilnehmer des Online-Fragebogens genauer erforscht werden. Dies geschieht im nächsten Kapitel.

4.2. Qualitative Befragung von Absolventen

Die qualitative Befragung von Absolventen deckt zusammen mit den Experteninterviews den qualitativen Teil der Empirie ab. Diese mündlichen Interviews mit Absolventen werden bewusst von den anderen Interviews unterschieden und gelten im Sinne dieser Arbeit **nicht** als *Experteninterviews*: Die hierbei befragten Personen werden als *Betroffene* der zu untersuchenden Situation und nicht als *Experten* betrachtet. Aus diesem Grund werden diese Interviews im nachfolgenden Kapitel als *qualitative Befragung* bezeichnet. Sie hat den Vorteil, stärker auf individuelle Erfahrungen der Probanden eingehen zu können. Mit dieser Befragungsform wird zudem erhofft, stärker in die Tiefe gehen und zu können und eine subjektivere Sicht auf die Standortwahl einzufangen als mit der Online-Befragung (vgl. Diekmann 2005: 443 ff.). Es folgt nun eine Darstellung des methodischen Vorgehens bei der Planung und Durchführung dieser Befragung.

4.2.1. Methodisches Vorgehen

Festlegung von Befragungszielen

Die leitfadengestützte, qualitative Befragung von Absolventen stellt eine Ergänzung zur Online-Umfrage dar. Bei der Auswertung der Internetbefragung wird deutlich, dass durch diese quantitativen Untersuchungsmethode nicht alle beabsichtigten Informationen erhoben werden können. Das liegt nicht zuletzt daran, dass die Fragen überwiegend geschlossen formuliert werden und dadurch nur wenig Spielraum für offene Antwortmöglichkeiten jenseits des Fragespektrums bleibt (siehe Kapitel 4.1.1).

Des Weiteren lassen sich mit der Online-Befragung nicht alle aus der Theorie entwickelten Hypothesen beantworten (siehe Kapitel 2.4).

Diese Defizite sollen durch die mündlichen Interviews mit etwa fünf bis zehn Absolventen beho-ben werden. Ziel dieser Befragung ist die Überprüfung der vier aufgestellten Hypothesen (siehe Kapitel 2.4) sowie die Klärung einiger relevanter Sachverhalte, die nicht über den Online-Fragebogen möglich waren.

Wahl der Befragungsmethode

Die qualitative Befragung von Absolventen wird mittels eines leitfadengestützten, mündlichen Interviews durchgeführt. Diese Befragungsform ist in der heutigen Sozialforschung weit verbrei-tet, da sie einen Kompromiss aus einem strukturierten und einem offenen Interview darstellt: Der Leitfaden sorgt durch die grobe Strukturierung dafür, dass das Interview nicht zu sehr vom eigent-lichen Thema abschweifen kann. Gleichzeitig ist es offen genug, um sich der Gesprächssituation beim Interview anzupassen und auch Neues oder Unerwartetes einzufangen. Zusätzlich bietet diese Interviewform den Vorteil eines „natürlichen" Gesprächsverlaufs (vgl. Mayer 2008: 43; Schnell 2005: 387).

Aus Zeit- und Kostengründen werden die Interviews ausschließlich telefonisch durchgeführt. Die Durchführung von Face-to-Face-Interviews hätte einen zu großen Organisations- und Reiseauf-wand bedeutet wenn man bedenkt, dass die Befragten in ganz unterschiedlichen Städten woh-nen. Alternativ zum Telefoninterview wird den Befragten auch eine Befragung über das weit ver-breitete PC-Kommunikationsprogramm „Skype" angeboten. Alle Teilnehmer bevorzugen im Nachhinein die telefonische Kommunikation.

Im Vorfeld der Interviews wird ein Interviewleitfaden entwickelt, der das Interviewgespräch struk-turieren soll (siehe weiter unten).

Wahl der Zielgruppe

Bei qualitativen Methoden der Sozialforschung arbeitet man mit wesentlich kleineren Stichproben als bei quantitativen (vgl. Diekmann 2005: 445). Es kommt dabei nicht auf die statistische Reprä-sentativität der Stichprobe an, sondern auf die Verallgemeinerbarkeit eines spezifischen Falls. Die Fälle sollten demnach so ausgesucht werden, dass die sie auch für andere Fälle oder Situationen gelten können (vgl. Mayer 2008: 41).

In diesem Fall kann die Stichprobe nicht bewusst ausgewählt werden. Die Zielgruppe für die mündlichen Interviews ergab sich aus der zuvor durchgeführten Online-Umfrage. Es wurden die 14 Personen der Zielgruppe festgelegt, die sich nach Abschluss der Online-Umfrage für die Befra-gungsergebnisse interessierten und sich per E-Mail zurückmeldeten. Es sei darauf hingewiesen dass diese Auswahl keineswegs eine repräsentative Stichprobe bildet und es im Vorfeld nicht be-kannt war, ob alle sechs untersuchten Studienrichtungen damit abgedeckt sind. Diese Auswahl ist jedoch die einzige Möglichkeit, Probanden der gesuchten Zielgruppe für das qualitative Interview zu gewinnen, da wie bereits erwähnt, weder Namen noch Kontaktdaten der Zielgruppe bekannt oder verfügbar sind[41].

Entwicklung des Interviewleitfadens

Um einen Interviewleitfaden zu entwickeln, empfiehlt es sich, zunächst ein grobes Konzept zu erstellen – das sogenannte „sensibilisierende Konzept". Dieses soll sicherstellen, dass der Leitfaden alle wichtigen Themen und Aspekte einschließt und den Bezug zur Problemstellung der Arbeit nicht verliert (vgl. Mayer 2008: 43).

Hierzu werden fünf Themenkomplexe entwickelt, die ausgehend von den Zielen im Interview unbedingt behandelt werden sollen. Die Wahl und die Reihenfolge der Themenkomplexe orientieren sich grob an der thematischen Anordnung des Online-Fragebogens. Auf diese Weise wird die Übersichtlichkeit erleichtert und die Fragenabfolge für die Befragten, die den Onlinefragebogen bereits kennen, nachvollziehbar.

Jeder der fünf Themenkomplexen beinhaltet zwei unterschiedliche Typen von Fragen: *Schlüsselfragen* sowie *Eventualfragen*. *Schlüsselfragen* sind Fragen, die aufgrund der Relevanz in jedem Interview gestellt werden sollen. *Eventualfragen* sind Zusatzfragen, die nur dann gestellt werden, wenn sie aufgrund eines bestimmten Gesprächsverlaufs relevant werden(vgl. Schnell 2005: 387). Dadurch wird der oben beschriebene, an die Situation „angepasste" Gesprächsverlauf erreicht und das Interview nicht unnötig in die Länge gezogen.

Im Folgenden werden die Themenkomplexe kurz dargestellt. Der Übersicht halber wird dabei nur auf die Schlüsselfragen eingegangen[42]. Der vollständige Leitfaden mit allen Schlüssel- und Eventualfragen befindet sich im Anhang 4.

1.Phase des Übergangs zwischen Studium und Beruf

Der 1.Themenkomplex hat den Zweck, näher auf die persönliche Situation der Probanden bezogen auf die Übergangsphase zwischen Studium und Berufseinstieg einzugehen. Ausgehend von der Hypothese, *dass sich die Zielgruppe ihren Job und Ihre Region relativ frei aussuchen kann,* soll die tatsächliche Lage im Einzelfall beleuchtet werden – was bei der Online-Umfrage nicht möglich war. Außerdem soll hier auch die Hypothese geprüft werden: *Absolventen wählen sich Ihre regionalen Wohnstandort nicht nach Jobangeboten, sondern nach persönlichen Präferenzen für bestimmte Regionen aus. Sie ziehen dorthin, wo sie wohnen wollen und nicht dorthin, wo sie als erstes einen Job finden.*

---

[41] Aus Datenschutzgründen wurden bei der Kontaktaufnahme für die Online-Umfrage keine E-Mailadressen direkt mitgeteilt. Die Einladung zu dieser erfolgte über andere Personen, die mit den Absolventen direkt in Kontakt standen.

[42] Die nähere Erläuterung aller Fragen und Hypothese erfolgt weiter unten im Abschnitt „Hypothese und Untersuchungsfragen"

2.Berufseinstieg

Die erste oben genannte Hypothesen (siehe 1. Themenkomplex) sind für die Interpretation der Online-Umfrage sowie für das Verständnis des Standortverhaltens von zentraler Bedeutung. Erst wenn man weiß, **wie frei** sich die Zielgruppe ihren Job und damit die Region tatsächlich auswählen kann, kann man einschätzen, wie sehr auch persönliche Präferenzen ihre Standortwahl mitbestimmen können. Erst wenn man relativ frei zwischen einer Vielzahl von Stellen auswählen kann, ist es möglich, auch persönliche Präferenzen für bestimmte Regionen in die Standortentscheidung einzubeziehen. Nur dann können weiche Faktoren eine Rolle spielen. Daher soll in diesem Komplex eine weitere Frage gestellt werden, die prüft, inwieweit die Region, in der der Berufseinstieg erfolgte, mit der „Wunschregion" des Befragten übereinstimmt. Eine Übereinstimmung würde eine Verifizierung der Hypothese „ *die Zielgruppe kann sich ihren Job und Ihre Region relativ frei aussuchen"* bedeuten. Wenn alle Probanden beruflich genau in der Region eingestiegen sind, in die sie bereits in der Studienphase hinwollten, würde das heißen, dass es vor allem ihre Präferenzen für bestimmte Regionen waren, die Ihre Wohnstandortwahl determiniert haben und nicht das (schnellste) Jobangebot.

Des Weiteren soll mit einer Frage über die Bedeutung des ersten Jobs die Hypothese geprüft werden: *Der Erstjob entscheidet häufig über den Ort, wo man längere Zeit verbleibt, weil die räumliche Mobilität nach der Berufseinstiegsphase immer weiter abnimmt.*

Schließlich soll in diesem Komplex auch die *Mobilitätsbereitschaft* der Absolventen näher erforscht werden. Dies erscheint notwendig, um die Ergebnisse aus der Online-Umfrage hinsichtlich des Absolventenverbleibs richtig interpretieren zu können.

3.Wohnsitzwechsel

Mit Fragen zum Thema Wohnsitzwechsel soll ebenfalls die Mobilitätsbereitschaft tiefer erforscht werden. Ferner soll hier die Hypothese geprüft werden:

Weiche Standortfaktoren können dann ausschlaggebend für eine Standortentscheidung sein, wenn die harten Standortfaktoren mehrerer Standorte gleich bewertet werden.

Eine Frage nach den entscheidenden Faktoren der Wohnstandortwahl greift die gleichnamige Frage aus der Online-Befragung wieder auf – diese wurde bei der Online-Befragung den Antworten zu Folge häufig falsch verstanden und soll daher nochmals gestellt werden um mehr Klarheit über diesen Aspekt zu erlangen.

4.Gewichtung der Standortfaktoren

Einige der Standortfaktoren aus dem Hauptteil des Online-Fragebogens wurden im Fragebogen überraschend häufig als wichtig oder sehr wichtig bewertet, obwohl sie in der Literatur nicht also solche eingestuft wurden. Ein solcher Faktor ist die Nähe zu sozialen Kontakten (Freunde, Verwandte, Partner). Ein anderer Aspekt, der im Fragebogen auffällig anders benotet wurde, sind die Faktoren im Bereich der Freizeit und Kultur. Aufgrund der herausgestellten Relevanz dieser Faktoren und ihrer Diskrepanz zwischen Theorie und Realität erscheint es wichtig, im Interview näher

auf diesen nicht zu unterschätzenden Aspekte der Standortwahl einzugehen und sie tiefer zu erforschen. Dies geschieht im vierten Themenkomplex.

5.Sonstiges

In einem zusätzlichen Komplex werden Fragen behandelt, die thematisch nicht zu den anderen
Komplexen passen und nur eventuell gestellt werden (*Eventualfragen*). Hier können, da dieser
Komplex der letze ist, auch komplexere Fragen z.B. Einschätzungsfragen behandelt werden. Das
können ganz unterschiedliche Fragen sein (siehe Anhang 4).

Es sei nochmals hervorgehoben, dass die Absolventen bei diesen Interviews als *Betroffene* und
nicht als Experten befragt werden. Aufgrund Ihrer Betroffenheit sind sie nicht die richtigen Ansprechpartner für Handlungsempfehlungen oder für Fragen zur Interpretation der Online-
Umfrageergebnisse. Derartige Fragen werden in den Interviews mit Experten gestellt, welche
aufgrund Ihrer Expertensicht hierfür besser geeignete Ansprechpartner sind (vgl. Kapitel 4.3.1).

Kontaktaufnahme und Durchführung der Interviews

Alle 14 Personen, die der Zielgruppe angehören, werden via E-Mail angeschrieben und durch einen kurzen Einleitungstext zum Interview eingeladen.

Sie erhalten eine Instruktion, Ihren Herkunftsort, Ihren Wohnsitz sowie Ihren
Absolventenjahrgang im Vorfeld des Interviews anzugeben. Auf diese Weise kann das Interview
besser auf die die persönliche Situation zugeschnitten werden. So ist es beispielsweise nicht sinnvoll, einen Absolventen nach den Ursachen der Abwanderung aus dem Ruhrgebiet zu fragen,
wenn er nicht abgewandert ist.

Allgemeine Ergebnisse

Von den 14 angeschriebenen Absolventen haben sich lediglich vier für ein mündliches Interview
bereit erklärt. Dabei handelte es sich um jeweils zwei Informatiker und zwei Logistiker unterschiedlicher Prüfungsjahrgänge. Zwei der vier Probanden haben das Bundesland NRW in Folge des
Berufseinstiegs verlassen. Alle Befragten waren männlich. Aus Datenschutzgründen werden in
dieser Arbeit keine Namen der Interviewpartner veröffentlicht. Sie werden im Folgenden nur nach
Studienrichtung und Prüfungsjahrgang voneinander unterschieden und bei der Auswertung mit
einer Probandenkennung „P" bezeichnet (siehe Tabelle 12).

Tabelle 12: Teilnehmer der qualitativen Befragung

Probanden-kennung	Studiengang	Prüfungsjahrgang	Herkunftsort	Wohnort zum Zeitpunkt des Berufseinstiegs
P1	Logistik	2005	Nähe Hannover	Göttingen
P2	Informatik	2004	Essen	Dortmund
P3	Informatik	2002	Wuppertal	Dortmund
P4	Logistik	2004	Marl	Aschaffenburg

Quelle: Eigene Darstellung

Methodenkritik

Die größte Schwäche dieser empirischen Methode ist die mangelnde Repräsentativität der ausgewählten Interviewpartner. Zwar kommt es in der qualitativen Forschung nicht auf die statistische Repräsentativität an, wodurch auch eine kleine Stichprobe legitim ist (vgl. Diekmann 2007: 445; Mayer 2008:39). Bei den Befragten handelt es sich jedoch um Absolventen von nur zwei Studiengängen. Inwieweit Ihre Aussagen auch für die Absolventen der übrigen vier Fachrichtungen zutreffen, bleibt unklar. Eine Verallgemeinerbarkeit der vier Fälle auf die Gesamtheit der 144 Teilnehmer des Online-Fragebogens ist nur bedingt möglich. Auch eine Übertragbarkeit der Aussagen auf die beiden Studiengänge Informatik und Logistik ist fraglich, da man nicht weiß, inwiefern die vier Probanden einen für den jeweiligen Studiengang typischen Fall darstellen.

Eine bewusste Bildung von Typen, etwa nach dem Merkmal der Studienrichtung oder nach Herkunft und Familienstand wäre für diese Befragung sicherlich wünschenswert. Außerdem könnte eine größere Anzahl der Befragten die Validität der Aussagen erhöhen. Jedoch konnte die genaue Auswahl der Befragten nicht durch den Interviewer bestimmt werden (siehe Kontaktaufnahme).

Auswertungsmethode

Das Interviewmaterial[43] wurde in Anlehnung an das Verfahren der *qualitativen Inhaltsanalyse* nach Gläser/Laudel (2009) ausgewertet. Zuerst wurden Vorüberlegungen getroffen, welche Aspekte untersucht, bzw. welche Fragen durch das Interviewmaterial beantwortet werden sollen. Ausgehend davon wurden im nächsten Schritt die transkribierten Texte nur auf die für die Untersuchungsziele nötigen Stellen reduziert und Kategorien zugeordnet. Die Bestimmung der Kategorien erfolgt auf Grundlage der Fragen, die durch die Interviews beantwortet werden sollen. Dieser Vorgang wird in der Literatur als *Extraktion* bezeichnet (vgl. Gläser/Laudel 2009; Mayring 2002). Anschließend wird das extrahierte Material bei Bedarf weiter bereinigt, sortiert und zusammengefasst, bis eine systematische Auswertung aller Interviews möglich ist. Auswertung meint in diesem Fall die Beantwortung der vorher festgelegten Untersuchungsfragen sowie die Prüfung bestimmter Hypothesen. Diese Methodik soll nun auf die vier Interviews angewandt werden. Die *qualitative Inhaltsanalyse* ist vor allem bei der Auswertung großer Textmengen eine weit verbreitete Methode. Da es sich bei den vier Interviews mit Absolventen um relativ kurze Transkripte handelt (rund sechs Seiten pro Interview), wurde die Methoden von Gläser/Laudel vereinfacht und den Bedürfnissen dieser Arbeit angepasst. So wurde auf eine aufwendige Bildung von Tabellen sowie eine systematische Indikatorenbildung verzichtet, da alle Gespräche mit Absolventen relativ strukturiert verliefen und die nötigen Textextrakte auch ohne großen Methodenaufwand wiedergefunden und aufbereitet werden konnten.

---

[43] Das wortgetreu transkribierte Interviewmaterial sowie der Interviewleitfaden befinden sich im Anhang (vgl. Anhang 4)

Hypothesen und Untersuchungsfragen

Die zu prüfenden Hypothesen standen bereits im Vorfeld der Interviews fest (siehe Kapitel 1.2 und 2.5). Daneben sollen über einige zusätzliche Fragen Informationen über die Wohnstandortwahl der Befragten gewonnen werden, die nicht über die Online-Befragung erlangt werden konnten (siehe „Festlegung von Befragungszielen"). Diese Fragen und Hypothesen sollen an dieser Stelle zur besseren Übersichtlichkeit kurz aufgeführt werden:

1. Prüfung Hypothese: *Zielgruppe kann sich den Job und die Region relativ frei aussuchen* (siehe Kapitel 2.4.)

2. Prüfung Hypothese: *Zielgruppe wählt den Wohnstandort nicht nach vorhandenen Jobangeboten sondern nach regionalen Präferenzen aus. Nicht da wo man einen Job findet, sondern da wo man wohnen will, zieht man hin* (siehe Kapitel 2.4.).

3. Prüfung Hypothese: *Der Erstjob entscheidet häufig über den Ort, an dem man längere Zeit verbleibt, weil die räumliche Mobilität nach der Berufseinstiegsphase immer weiter abnimmt* (siehe Kapitel 2.4.).

4. Zusätzliche Frage: *Wie hoch ist die Mobilitätsbereitschaft der Zielgruppe?*
   Bei der Webbefragung fiel auf, dass nur relativ wenige Berufseinsteiger den Wohnsitz beim Berufseinstieg an einen vom Studienort weit entfernten Ort verlegten. Die Mehrheit blieb im Land NRW. Die exakten Ursachen für dieses Mobilitätsverhalten konnten nicht durch die Online-Umfrage ermittelt werden. Die Zusatzfragte soll Aufschluss über die Mobilitätsbereitschaft der befragten Absolventen liefern und auf diese Weise das festgestellte Mobilitätsverhalten erklären.

5. Zusätzliche Frage: *Was waren die entscheidenden Faktoren für die Wahl der Region beim Berufseinstieg?*
   Die im Online-Fragebogen gestellte Frage nach den drei entscheidenden Gründen für die Wohnstandortwahl wurde von vielen Teilnehmern nicht wie beabsichtigt als Frage nach der **Wahl der Region**, sondern als Frage nach der lokalen Standortwahl innerhalb einer Region aufgefasst. Darum wird diese Frage im mündlichen Interview nochmals gestellt. So wird mehr Klarheit über die entscheiden Gründe für die Wahl der Region verschaffen.

6. Prüfung Hypothese: *weiche Standortfaktoren können dann ausschlaggebend für eine Standortentscheidung sein, wenn die harten Standortfaktoren mehrerer Standorte gleich bewertet werden* (siehe Kapitel 2.4.).

7. Zusätzliche Frage: *Welche Bedeutung hat der Faktor soziale Bindungen für die Wohnstandortwahl?*

   Dem Faktor **sozialen Bindungen** (räumliche Nähe zur Familie, zu Freunden und zum Partner) wurde im Online-Fragebogen eine weit größere Bedeutung beigemessen, als vor dem Hintergrund der Theorie angenommen. Die Zusatzfrage nach der Bedeutung dieses Faktors soll vertiefenden Informationen über den Stellenwert dieses Faktors für die Befragten gewinnen und die Ursachen für sein großes Gewicht erforschen.

8. Zusätzliche Frage: *Welche Bedeutung haben weiche Standortfaktoren für die Wohnstandortwahl?*

   Die Online-Befragung ergab, dass weiche Standortfaktoren für die Mehrzahl der Be-fragten keine große Bedeutung hat. Die Zusatzfrage soll vertiefenden Informationen über die Bedeutung weicher Standortfaktoren liefern, um dieses Ergebnis der Internetbefragung interpretieren zu können.

9. Zusätzliche Frage: *Welche Kultur- und Freizeitangebote sowie Outdooraktivitäten sind für die Zielgruppe besonders wichtig?*

   Die Internetumfrage machte deutlich, dass für die Absolventen nicht alle der abgefragten weichen Standortfaktoren gleich unbedeutend sind. Einige weiche Faktoren wie z.B. der Faktor „Freizeit- und Sportmöglichkeiten allgemein" sind für sie verglichen mit anderen weichen Faktoren relativ wichtig. Jedoch fehlt hier eine genaue Bestimmung der besonders relevanten Aktivitäten. Mit dieser Zusatzfrage soll ermittelt werden, welche exakten Angebote im Kultur, Freizeit und Outdoorbereich für die Befragten wichtig sind. Diese Information ist für die spätere Ableitung von Handlungsempfehlungen wertvoll.

Die Extraktion

Aufgrund des geringen Umfangs des aufgenommen Interviewmaterials ist die transkribierte Datenmenge relativ überschaubar. Eine aufwendige Suche von Textstellen mit Hilfe eines Suchrasters bzw. nach Indikatoren wie es bei Gläser/Laudel vorgestellt wurde, ist somit nicht mehr nötig. Auch der Schritt einer Zusammenfassung sowie die Bereinigung der zu verwendenden Zitate entfallen. Die Kernaussagen der Befragten werden aufgrund Ihrer Kürze wörtlich übernommen. Lediglich besonders lange Zitate werden verkürzt dargestellt. Die Auswertung des Interviewmaterials erfolgt im nächsten Kapitel.

4.2.2 Ergebnisse der qualitativen Befragung von Absolventen

1. Prüfung Hypothese: Zielgruppe kann sich den Job und die Region relativ frei aussuchen.
(Indikator: Anzahl von Stellenangeboten im Verhältnis zur Anzahl von Bewerbungen)

Diese Hypothese kann nicht verifiziert werden. Nur einer der vier Interviewpartner hatte die Wahl zwischen mehreren Stellenangeboten. Die Übrigen hatten lediglich ein konkretes Stellenangebot. Somit kann in diesem Fall von einer freien Wahl von Jobs und folglich von Regionen nicht die Rede sein:

P1: *„Ich hatte am Ende wirklich 2 Stellenangebote vor mir liegen. Ich hatte insgesamt drei oder vier Bewerbungen geschrieben und hatte also zwei Angebote gekriegt."*

P2: *„Ich habe dann sieben oder acht Bewerbungen geschrieben und es gab zwei Bewerbungsgespräche. – Eine Absage und das zweite war dann eine Zusage. Das heißt an konkreten Stellenangeboten hatte ich nur eine. Aber ich habe dann auch nicht weiter gesucht. "*

P3: *„Ich habe mich beworben bei ungefähr fünf verschiedenen Stellen, die waren alle im Raum Dortmund, fast. [...] Also an Angeboten hatte ich wirklich nur dieses eine zu dem Zeitpunkt."*

P4: *„Ich habe 70 bis 80 Bewerbungen geschrieben aber letztendlich war die Stelle, die ich jetzt angetreten habe, die erste, die mir wirklich konkret angeboten wurde."*

Der letzte Befragte (P4) zeigt, dass es sogar Fälle geben kann, in denen man trotz vieler Bewerbungen in verschiedene Regionen nur ein Jobangebot erhalten kann. Somit kann keineswegs pauschal sagen, das man als nachgefragter Absolvent der TU Dortmund tatsächlich fast überall einen Job bekommt. Man muss anderseits hervorheben, dass drei der vier Befragten nur einige wenige Bewerbungen geschrieben haben, um ihren Berufseinstieg zu realisieren. Das Verhältnis zwischen der Zahl der Bewerbungen und der Zahl der Stellenangebote scheint aus Absolventensicht relativ günstig zu sein. Dies ist ein Hinweis auf die relativ guten Arbeitsmarktchancen der Zielgruppe. Dennoch muss nochmals betont werden, dass die tatsächlichen Arbeitsmarktchancen und somit die Möglichkeit, Regionen auszuwählen, keineswegs bei allen untersuchten Absolventen gleich gut sind.

> **2. Prüfung Hypothese:** Zielgruppe wählt den Wohnstandort nicht nach vorhandenen Jobangeboten sondern nach regionalen Präferenzen aus. Nicht da wo man einen Job findet, sondern da wo man wohnen will, zieht man hin.

Diese Hypothese kann man nicht eindeutig verifizieren oder falsifizieren. Zwei der Befragten (P2, P3) wählten ihren Wohnstandort primär nach regionalen Präferenzen aus. Für die beiden anderen Probanden spielte der Faktor Stellenangebot bzw. das Unternehmen die wichtigere Rolle, wie man an den folgenden Aussagen erkennt:

P1: *„Nein, da bin ich ganz nach Interesse gegangen. Also VW – machte für mich einfach sehr viel Sinn. Siemens hatte einfach ein ganz tolles Traineeprogramm. Ich wollte einfach auch in einen großen Konzern, wo die auch ein gutes Einstiegsprogramm haben."*

P2: *„Ich wollte in der Umgebung bleiben"* (der maximale Radius bei der Stellesuche war 100 km um Dortmund, Anmerkung des Autors)

P3: *„Ich wäre auf jeden Fall nicht so gerne bereit gewesen, wegzugehen. Meine Priorität war damals, in Dortmund wohnen bleiben zu können und in der Umgebung zu arbeiten. Das war definitiv der Plan. Im Grunde spielt die Region auf jeden Fall eine Rolle. Sie geht vor."*

P4: *„Nein, ich habe meinen Radius nicht eingeschränkt aber ich habe mich in ganz Deutschland beworben und bin einfach danach gegangen, wo es Stellen gab, die interessant schienen, also die zu meinen Interessen passten."*
P4: *„Das (regionale Präferenzen, Anmerkung des Autors) war erst mal egal. Innerhalb Deutschlands wollte ich schon eher bleiben, aber darüber hinaus war es wirklich egal zu dem Zeitpunkt.*

Es lassen sich somit unter den vier Probanden zwei Typen unterscheiden. Typ 1 wollte beim Berufseinstieg in jedem Fall in der Region bleiben. Eine Umzugsbereitschaft war nicht gegeben. Im Sinne der Studie von Mohr (2002) kann dieser Typ als *nicht-mobil* bezeichnet werden[44]. Hingegen ist Typ 2 primär an attraktiven Stellenangeboten interessiert und ist dafür auch bereit, in weit entfernte Regionen zu wechseln. So war P3 sogar bereit, von Göttingen, wo er bei Beendigung des Studiums wohnte, nach München zu ziehen, wenn er nur ein Stellenangebot von Siemens bekommen hätte. P4 war bereit, seinen Erstjob bundesweit und sogar im näheren Ausland aufzunehmen. Dieser Typ kann aufgrund des großen Suchradius als *fernmobil* bezeichnet werden.

---

[44]Mohr (2002) misst den Mobilitätsgrad anhand der Entfernung zwischen Studien- und Arbeitsort. An dieser Stelle ist jedoch die Distanz zwischen dem Wohnsitz während des Studiums und dem Wohnsitz nach Berufseinstieg gemeint.

Auch die Ergebnisse der Onlinebefragung deuten auf das Vorhandensein von mobilen und nicht-mobile Absolventen gleichermaßen hin, wenn man die Wohnsitze der Befragten betrachtet. Die Mehrzahl der Umfrageteilnehmer gehört jedoch dem *nicht-mobilen*-Typ an: Über 70 % aller Befragten sind im Land NRW verblieben. 43 % haben auch ihren Wohnort nicht gewechselt (vgl. Kapitel 4.1.2).

> **3. Prüfung Hypothese: der Erstjob entscheidet häufig über den Ort, an dem man längere Zeit verbleibt, weil die räumliche Mobilität nach der Berufseinstiegsphase immer weiter abnimmt.**

Um diese Hypothese zu beantworten, wurden die Absolventen nach der Bedeutung des Erstjobs für den langfristigen Verbleib in einer Region gefragt.

Die Probanden sagen nahezu übereinstimmend, dass die Bedeutung des Erstjobs nicht verallgemeinerbar ist, sondern dass es immer auf die persönliche Situation des Betroffenen ankommt. Sie hänge vor allem von den sozialen Bindungen ab:

P1: *„Es kommt immer darauf an wo der Job ist. Es ist eine Sache, die sehr viel davon abhängt, inwieweit man gebunden ist und ob der Partner auch dahinzieht und ob er dort auch einen Job hat. Also es ist sehr viel davon anhängig ob man alleine ist oder nicht."*

P2: *„Es kommt immer darauf an, wie man das selber handhabt. Man hat ständig die Möglichkeit, den Job zu wechseln. Wenn man das oft macht, dann ist der erste Job wahrscheinlich gar nicht so wichtig. Wobei natürlich schon, die Erfahrung, die man bei ersten Job sammelt, gilt als erste Qualifikation im Berufsleben. Wenn man die in seinen Lebenslauf schreibt, dann hat das schon Gewicht. Ich würd sagen es ist mittelwichtig."*

P4:*" Ich würde sagen es kommt auf die persönliche Situation an. Natürlich, wenn man dort in der Region Freunde findet und eventuell einen Partner und vielleicht eine Familie gründet, dann trägt das sicherlich dazu bei, dass man auch da bleibt, aber das ist ja nicht bei allen Menschen so. Und wenn das nicht der Fall ist dann ist man natürlich weiterhin mobil und wechselt mal gern mal die Region."*

P3 äußert sich bei dieser Frage zu seiner persönlichen Situation. Seine Angabe macht deutlich, dass der Erstjob nicht zwangsläufig darüber entscheidet, wo man für eine längere Zeit verbleibt, weil er sich vorstellen kann, in Zukunft auch die Region zu wechseln:

P3: *„Ich will zwar nicht ausschließen, dass ich irgendwann mal ganz woanders arbeite, aber damals wie heute finde ich die räumliche Nähe zu meiner Region ist schon relativ wichtig für mich"*

Auch andere Probanden können es sich grundsätzlich vorstellen, ihren Wohnort mittel- bis langfristig (erneut) zu wechseln:

P1 *„Langfristig überlegen wir schon, wo wir hinziehen. Angenommen ich arbeite weiterhin in Wolfsburg, dann käme in Frage, - in Braunschweig zu wohnen, in Wolfsburg zu wohnen; es ginge aber auch Hannover, es ginge auch Berlin. Das wäre alles noch OK, um ohne Auto zur Arbeit zu kommen."*

P2 *„Ich könnte mir z.B. auch vorstellen, nach Karlsruhe zu gehen, weil es einfach eine Stadt ist, wo ich mich sehr wohl gefühlt habe. Da habe ich ein Praktikum gemacht und so Städte vor der Art würden mich auf jeden Fall reizen."*

Vor dem Hintergrund der Option, künftig die Stadt oder die Region wechseln zu können, kann die Bedeutung des Erstjobs für die dauerhafte Standortwahl als gering eingeschätzt werden. Allerdings trifft diese Aussage nur auf einen Teil der Zielgruppe zu, da es wie bereits gesagt immer auf die jeweilige persönlich-familiäre Situation ankommt.
Denn nicht zuletzt hat auch die Entscheidung des Partners /der Partnerin großen Einfluss auf die Wohnstandortwahl der Zielgrupp (siehe auch Frage 5).

4. Wie hoch ist die Mobilitätsbereitschaft der Zielgruppe?

Ähnliche wie bei Frage 2 lassen sich auch hier zwei Typen unterscheiden:
1. Ein mobiler Typ, der eine hohe Mobilitätsbereitschaft besitzt und bereit wäre, für ein interessantes Stellenangebot fast in jede Region zu ziehen (P2 und P3).
2. Ein immobiler Typ, der seinen Wohnort in jedem Fall beibehalten wollte und deswegen nur in einem um den Wohnort pendelbaren Bereich nach Stellen gesucht hatte (P1 und P4)

P1: *„Ich glaube es gibt andere Leute die legen wesentlich mehr wert darauf, in einer bestimmten Region verankert zu sein. Ich gehe da wirklich mehr nach Unternehmen. Ich möchte im Gegenteil sogar ins Ausland gehen mit dem Unternehmen oder woanders hin an irgendeinen anderen Standort."*

P2: *„Ja, nur in der Region hier.* (hat sich nur in der Region beworben, Anmerkung des Autors) *Ich wollte in der Umgebung bleiben."*

P3: *„Ich habe die Grenze so gesetzt dass ich jeden Tag von Dortmund aus fahren kann und die Fahrtzeit so eine Stunde nicht übersteigt, mit dem Zug oder mit dem Auto, je nach dem. Habe* *dann aber doch die Firma in Paderborn genommen, obwohl ich damals anderthalb Stunden fahren musste, weil ich das Angebot sehr interessant fand. Anderthalb Stunden Fahrzeit waren meine oberste Schmerzgrenze. "*

P4: *„Nein, ich habe meinen Radius nicht eingeschränkt aber ich habe mich in ganz Deutschland beworben und bin einfach danach gegangen, wo es Stellen gab, die interessant schienen, also die zu meinen Interessen passten."*

Allerdings unterscheidet sich der mobile Absolvent P1 von P4 insofern, als dass er nicht als Mangel an Alternativen, sondern aus rein persönlichen Interessen bereit wäre, beruflich ins Ausland zu ziehen. Dennoch sind sich die beiden Befragten in Ihrer Bereitschaft, auch Fernwanderungen in Kauf nehmen zu können, ähnlich. Vor dem Hintergrund der Ergebnisse der Online-Umfrage ist zu vermuten, dass die Mehrzahl der Befragten nicht eine solche Bereitschaft für Fernwanderungen besitzen: Lediglich 18,7 % aller Umfrageteilnehmer waren, bezogen die Entfernung zwischen dem Studienort Dortmund und dem Wohnsitz in Folge des Berufseinstiegs, fernmobil (vgl. Kapitel 4.1.2). Die Mehrzahl der befragten Absolventen gehört somit eher in die Kategorie der *Nicht-Mobilen*. Sie werden durch die Interviewten P2 und P3 repräsentiert.

5. Was waren die entscheidenden Faktoren für die Wahl der Region beim Berufseinstieg?

Trotz der Unterschiede zwischen den vier Absolventen dominieren zwei Faktoren die Wohnstandortwahl: die sozialen Bindungen und das adäquate Stellenangebot. Lediglich für P4 haben soziale Bindungen überhaupt keine Rolle gespielt, weil er aus Mangel an Alternativen den Wohnstandort einzig nach verfügbaren Stellenangeboten gewählt hat.

Für die übrigen Befragten war die Standortentscheidung ein Kompromiss aus der Nähe zur Partnerin (Freundin bzw. Ehefrau) und einem interessanten Stellenangebot.

P1: *„Der erste Grund war ganz klar, dass das Unternehmen hier war. Und, eigentlich gibt es auch keine anderen....Ich hätte auch nach Braunschweig gehen können oder so. Aber was eher für Wolfsburg spricht, ist natürlich die Nähe zum Arbeitsplatz. Und der Hauptgrund, warum ich jetzt in Göttingen wohne, ist einfach der Arbeitsplatz meiner Partnerin. Sie promoviert in Göttingen. Und deswegen haben wir den Hauptwohnsitz in Göttingen."*

P2: *„Der entscheidende Grund war sicherlich Familie, also weil meine Frau hier arbeitet, und sie sich auch da nicht verändern wollte. Das war eigentlich der Hauptgrund, warum ich mich nur hier in der Region beworben hab. Einen zweiten und dritten Grund in dem Sinne gibt es eigentlich nicht."*

P3: *„Erstens meine existierenden sozialen Bindungen. Zweitens hatte ich während meines Studiums in Dortmund immer mehr Bezüge nach Hause, wo ich mich sehr wohl fühle. Das sind eigentlich die beiden Gründe. Der wichtigste Grund war mit einigem Abstand die Bequemlichkeit."*

P4: *„Wie gesagt, ich hatte keine großartige Wahl. Ich hatte bloß diese eine Stelle und bin dann deswegen hergezogen. Das war der einzige Grund."*

Dieses Ergebnis deckt sich mit den Ergebnissen des Online-Fragebogens. Auch dort wurden sozialen Bindungen zusammen mit den jobbezogenen Motiven mit einigem Abstand am häufigsten mit „sehr wichtig" oder „wichtig" bewertet. Bei der offenen Frage nach den drei entscheiden Gründen der Standortwahl wurden diese Motive ebenfalls besonders häufig genannt(siehe Kapitel 4.1.2.). Somit kann man an dieser Stelle von einer Bestätigung der Internetumfrageergebnisse sprechen. Der hohe Stellenwert von sozialen Bindungen im Online-Fragebogen gehört für die Befragten tatsächlich zu den wichtigsten Faktoren der Standortwahl. Vermutlich ist das der Hauptgrund dafür, dass der Großteil der Befragten in NRW geblieben ist, wenn man bedenkt, dass über 90 % der Befragten auch ursprünglich aus NRW kommen (vgl. Kapitel 4.1.2).

6. Prüfung Hypothese: Welche Standortfaktoren können dann ausschlaggebend für eine Standortentscheidung sein, wenn die harten Standortfaktoren mehrerer Standorte gleich bewertet werden.

Um diese Hypothese zu prüfen, wurde jeder Absolvent gefragt, wonach er seinen Standort auswählen würde, wenn er die Wahl zwischen zwei gleich guten Stellenangeboten hätte und wenn ihn die sozialen Bindungen nicht daran hindern würden, die Region zu wechseln − also wenn man die beiden wichtigsten harten Faktoren ausblenden würde.
Erneut lassen sich zwei Typen identifizieren. Für P1 und P4, die zuvor als „mobiler Typ" klassifiziert wurden, können weiche Standortfaktoren unter der hier aufgestellten Prämisse tatsächlich ausschlaggeben bei der Standortentscheidung sein. Für P2 und P3 spielen hingegen eher weitere harten Faktoren die entscheidende Rolle.

P1: *„Dann würde ich wirklich nach der Region gehen. Also dann würde ich näher an die Küste ziehen. Also Hamburg finde ich auf jeden Fall gut."*

P2: *„Dann würde ich sagen, das nächste, was auschlaggebend ist, ist wie interessant der Job ist."*

P3: *„Also, obwohl ich definitiv mal Lust hätte, eine andere Region zu sehen als Nordrhein-Westfalen, weil ich glaube, dass es da interessante Stellen gibt- also so Umgebung von Hamburg oder vielleicht auch Berlin, hätte bei mir letztlich doch die Bequemlichkeit gesiegt. Also wenn die*

Bedingungen gleich gewesen wären, wäre ich wahrscheinlich eher hier geblieben und hätte eine Stelle in Dortmund oder näherer Umgebung angenommen."

P4: „Dann würde ich natürlich nach der Region gehen und zwar wäre dann für mich vor allem die Größe der Stadt wichtig. Die Stadt muss eine gewisse Größe haben und es sollte vielleicht eine Universitätsstadt sein, damit es eine relativ große Szene von jungen Leuten gibt, wo ich mich wahrscheinlich am wohlsten fühlen würde. Das wäre auf jeden Fall ein Entscheidungskriterium."

Allgemein kann man also sagen, dass diese Hypothese nur für einen Teil der Zielgruppe verifiziert werden kann. Es kommt somit auf den persönlichen Typ an, ob weiche Standortfaktoren ausschlaggebend sind, wenn man die freie Wahl zwischen gleich guten Angeboten hat.

Interessant ist das Argument *„Bequemlichkeit"*, das von P3 genannt wurde. Dieser Absolvent erklärt, dass er aus Gründen der Bequemlichkeit die Region eher nicht wechseln würde. Im Interview erläutert er, was für ihn *„Bequemlichkeit"* bedeutet:

P3: „Ich bin ja während der ganzen Studienzeit am Wochenende immer nach Hause gekommen. Und so musste ich z.B. kein Konto wechseln und all so ein Kram. Ich musste mir auch keine neuen Ärzte suchen und so weiter. Also das ist ein Argument, was bei meinen Prioritäten mit Abstand vorne war. Weil einfach praktisch ist, wenn man so ein Hauptquartier hat, wo man einfach sein kann. Und wenn man das Bundesland wechselt, ist es komplizierter - man hat einen großen Organisationsaufwand – Ummeldungen und so ein Kram."

Bequemlichkeit meint hier die Möglichkeit, allgemein möglichst wenig Organisationsaufwand zu beitreiben, also ein praktisches, effizientes Handeln. Dies kann auf einen gewissen Pragmatismus und auf die Bodenständigkeit des Probanden hindeuten[45].

---

7. Welche Bedeutung hat der Faktor soziale Bindungen für die Wohnstandortwahl?

Die Bedeutung von sozialen Bindungen wird bereits bei der Beantwortung der fünften Frage ersichtlich: soziale Bindungen spielen eine erhebliche, bei zwei Befragten gar die entscheidende Rolle für die Wahl der Region. Hier soll etwas ausführlicher auf diesen Aspekt eingegangen werden.

Es zeigt sich, dass bei drei von vier Befragten die Nähe zur Familie bzw. zur Partnerin ihre Wohnstandortwahl maßgeblich bestimmt hat:

P1: „Und der Hauptgrund, warum ich jetzt in Göttingen wohne, ist einfach der Arbeitsplatz meiner Partnerin. Sie promoviert in Göttingen. Und deswegen haben wir den Hauptwohnsitz in Göttingen."

---

[45] Auch in einem der Experteninterviews werden die Absolventen der TU Dortmund als bodenständig charakterisiert (vgl. Interview Aigner).

P2: *„Der entscheidende Grund war sicherlich Familie, also weil meine Frau hier arbeitet, und sie sich auch da nicht verändern wollte. Das war eigentlich der Hauptgrund, warum ich mich nur hier in der Region beworben hab."*

P3: *„ [...].In diesem Umkreis zu bleiben ist mir schon wichtig gewesen, aber meiner Freundin noch mehr. Sie wäre nicht mitgezogen, weil sie ihren Job hier in der Region hat."*

Alle drei dieser Befragten haben ihren Wohnstandort so gewählt, dass eine räumliche Nähe zur Partnerin bzw. Ehefrau beibehalten werden kann. Dabei wird deutlich, dass in allen drei Fällen die Partnerin bereits berufstätig und zu einem Wohnortswechsel nicht bereit ist.

Ferner zeigt sich, dass in erster Linie um die Nähe zur Partnerin und nicht so sehr die Nähe zu Freunden oder Verwandten für die Befragten eine zentrale Rolle spielt. Die Nähe zu Verwandten oder zu Freunde wird von den Interviewten kaum oder nur bei zusätzlicher Nachfrage angesprochen.

Lediglich für P4, welcher zum Zeitpunkt des Berufseinstiegs ein Single war, spielte die Nähe zu Freunden und Verwandten eine gewisse, wenn auch keine wichtige Rolle:

P4: *„Es ist sicherlich ein Glücksfall, dass meine Stelle nicht so weit vom Ruhrgebiet entfernt ist, wo meine Familie wohnt und einige meiner Freunde. Aber wahrscheinlich wäre ich, wenn ich eine Stelle in einem weiter entfernten Ort bekommen hätte, da auch hingegangen."*

Dies lässt sich vor allem dadurch erklären, dass P4 im Gegensatz zu den übrigen Interviewten in der Einstiegsphase keine feste Beziehung hatte.

8. Welche Bedeutung haben weiche Standortfaktoren für die Wohnstandortwahl?

Die Bedeutung weicher Standortfaktoren geht in Ansätzen bereits aus der Beantwortung der sechsten Frage hervor. Weiche Faktoren spielen für alle Probanden eine untergeordnete Rolle. Sie sind den ausschlaggebenden Faktoren **Jobangebot** und **soziale Bindungen** nachgeordnet. Erst wenn diese Faktoren gegeben sind (eine Wahl von mehreren gleich guten Jobangeboten und ein weiterhin gegebene räumliche Nähe zur Partnerin), spielen weiche Faktoren eine Rolle und können die Wahl der Region beeinflussen, allerdings nur bei einem Teil der Befragten:

P1: *„Dann würde ich wirklich nach der Region gehen. Also dann würde ich näher an die Küste ziehen. Also Hamburg finde ich auf jeden Fall gut."*

Weshalb?

„Das sind einfach meine persönlichen Präferenzen. Ja, es ist der Faktor Wasser. Und auch der Menschenschlag dort gefällt mir besser."

P4: „Die Stadt muss eine gewisse Größe haben und es sollte vielleicht eine Universitätsstadt sein, damit es eine relativ große Szene von jungen Leuten gibt, wo ich mich wahrscheinlich am wohlsten fühlen würde. Das wäre auf jeden Fall ein Entscheidungskriterium."

P4: „Wobei, an Regionen mag ich da lieber Norddeutschland als den Süden, aber das wäre letztendlich nicht so wichtig. Ich könnte mir z.B. auch vorstellen, nach Karlsruhe zu gehen, weil es einfach eine Stadt ist, wo ich mich sehr wohl gefühlt habe. Da habe ich ein Praktikum gemacht und so Städte vor der Art würden mich auf jeden Fall reizen."

P4: „Ich finde es z.B. auf jeden Fall gut, dass man hier in Aschaffenburg am Main spazieren gehen kann. Und ich fände es noch schöner, z.B. am Hamburger Hafen spazieren zu gehen."

Man sieht, dass beide Befragte persönliche Präferenzen für bestimmte Regionen haben. Diese Präferenzen würden Ihre Standortwahl **dann** beeinflussen, **wenn** sie eine Wahl zwischen mehreren Stellenangeboten in verschiedenen Regionen hätten.

Es fällt auf, dass in diesem Falle Norddeutschland und insbesondere die Stadt Hamburg von Beiden favorisiert wird, und zwar aufgrund weicher Faktoren. Hamburg wird sinnlich mit „Küstennähe" bzw. „Hafen" assoziiert und dadurch als attraktiv empfunden. Daraus wird die Bedeutung weicher Faktoren deutlich: weiche Faktoren sind für die persönliche Bevorzugung bestimmter Städte und Regionen verantwortlich. Wenn man aus mehreren Stellenangeboten auswählen kann, können sie den Ausschlag für die Standortentscheidung geben. Allerdings ist bei den Absolventeninterviews klargeworden, dass man in der Realität als Absolvent kaum zwischen mehreren Jobs aussuchen kann und dass soziale Bindungen den Mobilitätsradius und damit die Regionswahl stark einschränken.

Somit spielen die weichen Faktoren für Wahl der Region der hier untersuchten Berufseinsteiger keine Rolle.

Bei der *intraregionalen* Standortwahl können weiche Faktoren dagegen eine große Rolle spielen, wie das folgende Zitat belegt:

P1: *„Dann würde ich wirklich Braunschweig bevorzugen eben weil die Stadt von etwas außerhalb gut erreichbar ist. Weil es einfach eine sehr viele schönere Innenstadt hat und eine schönere Stadt ist mit einem bedeutend besseren Kulturangebot als Wolfsburg... und weil sie einfach schöner und älter ist."*

Die intraregionale Wohnstandortwahl ist jedoch nicht Gegenstand dieser Arbeit und soll somit nicht weiter verfolgt werden.

> 9. Welche Kultur- und Freizeitangebote sowie Outdooraktivitäten sind für die Zielgruppe besonders wichtig?

Zunächst sollen hier die Aspekte **Kultur- und Freizeitangebote** behandelt werden, dann **Outdooraktivitäten** und anschließend der Faktor **Wassernähe**.

Kultur- und Freizeitangebote einer Region spielen grundsätzlich für alle Befragten eine gewisse Rolle. Deckungsgleich mit dem Online-Fragebogen hat für alle Befragten die **Klein- und Unterhaltungskultur** nach der Definition von Grabow et al. (1995)eine größere Bedeutung als die **klassische Kultur**. Sie schätzen vor allem Kneipen, Bars, Diskotheken, Clubs und eine Strassenszene als wichtiges Kulturangebot:

P1: *„[…]Also eine gewisse Musikszene auf jeden Fall.[…] Und was ich noch toll finde, sind irgendwelche Märkte, meinetwegen auch thematisch besetzt – wenn eine Stadt so was anbietet. Also Aktionen irgendwo."*

Meinst du damit z.B. Stadtfeste?

„Ja genau, sowas, in welcher Form auch immer. In Göttingen gibt es eine Nacht der Kunst. Da ist unheimlich viel los. Es ist viel Betrieb auf den Strassen- so Rockgruppen draußen; Man geht abends vor die Tür und sieht viele Leute auf den Straßen. Und man geht von einer Band zu anderen sozusagen- etwas ganz ganz Faszinierendes. Und das macht einfach auch nicht jede Stadt. Oder Hannover hat die Nacht der Museen – auch eine tolle Sache, bei der man die ganze Nacht ins Museum gehen kann und so. Etwas Außergewöhnliches."

P2: *„Also früher, zum Zeitpunkt des Berufseinstiegs da war das Nachtleben schon wichtig, z.B. Discos, Kneipen usw."*

P3: *„Zum einen sind das Bars und Kneipen, zum anderen Weggehmöglichkeiten im Sinne von Clubs, wobei die für mich heutzutage nicht mehr so wichtig sind vor ein paar Jahren, aber das spielt auf jeden Fall auch mit eine Rolle und prägt für mich auch das Flair der Stadt, auch wenn ich selber nicht so viel weggehe und eher in Kneipen und Bars gehe. Ich gehe auch mal gerne ins Theater bzw. in kleinere Kabaretts – und sowas gibt es ja auch hier."*

P3: *„Also das erstere, die Straßenkultur ist für mich schon das Wichtigere, weil ich das häufiger nutze."*

Nur die Antwort des Befragten P4 lässt sich keiner exakten Kategorie einordnen. Für ihn stehen keine bestimmten Kultur- und Freizeiteinrichtungen im Vordergrund, sondern die Möglichkeiten, gleichgesinnte Menschen kennenzulernen:

P4: *„Generell sind das Aktivitäten, bei denen man Menschen kennenlernen kann. Wo man andere kennenlernt, die in der gleichen Situation sind wie man selber ist – vielleicht neu in der Stadt sind und gemeinsame Interessen haben. Zum Beispiel Sprachkurse, oder Theatergruppen oder Gruppen, mit denen man gemeinsam ins Kino geht und sowas. Also generell Möglichkeiten, seinen Interessen nachzugehen und dabei Menschen kennenzulernen."*

Obwohl er Angebote der „Kleinkultur" nicht explizit hervorhebt, kann man davon ausgehen, dass auch für ihn Einrichtungen wie Kneipen oder Clubs von Bedeutung sind, weil diese eben jene Gelegenheiten bieten, die dieser Befragte in seinem Zitat benennt.

Bei den Interviews fällt mehrmals der Begriff „studentische Szene". Für zwei der Befragten ist das Vorhandensein von Studenten in einer Stadt relevant, weil sie ihrer Meinung nach ein kulturelles Angebot erzeugen, das hier als „studentische Szene" umschrieben wird. Gemeint sind zum einen der hohe Anteil von jungen Menschen, zum anderen bestimmte Kultureinrichtungen und ein Nachtleben. Aus diesem Grund werden Universitätsstädte als Wohnstandort bevorzugt:

P3: *„[...]dass man viele junge Menschen sieht, die am Wochenende Abends weggehen, egal ob man jetzt selber weggeht oder nicht – das prägt ja auch das Stadtfeeling. Oder auch, dass es eine Uni gibt und dass es deswegen Studenten gibt, die wiederum in Vierteln wohnen, in denen man sich auch wohler fühlt. Also so wie im Kreuzviertel zum Beispiel."*

Heißt das auch, der Anteil von jungen Menschen ist dir wichtig?

P3: *„Ja, das kann man wirklich sagen."*

P4: *„Die Stadt muss eine gewisse Größe haben und es sollte vielleicht eine Universitätsstadt sein, damit es eine relativ große Szene von jungen Leuten gibt, wo ich mich wahrscheinlich am wohlsten fühlen würde. Das wäre auf jeden Fall ein Entscheidungskriterium."*

P4: *„Faustzahl wäre vielleicht hunderttausend Einwohner. Wobei in Universitätsstädten ist einfach mehr in der Richtung los, auch wenn sie kleiner sind. Im Endeffekt spielt die Einwohnerzahl dann eine unwichtige Rolle."*

Dem Faktor **Outdooraktivitäten-Möglichkeiten** wird insgesamt weniger Bedeutung beigemessen als den oben genannten Freizeit- und Kulturangeboten. Dieser Faktor spielt kaum eine Rolle, da Outdooraktivitäten nach Auffassung der Befragten überall, also standortunabhängig ausgeübt werden können:

P1: *„ Ich denke, die hat man überall."* (die Möglichkeit, Outdooraktivitäten auszuüben, Anmerkung des Autors)

P3: *„Was Aktivitäten angeht: also die Möglichkeit, zu Radeln würde ich jetzt nicht als besonderes Angebot sehen. Radeln kann man praktisch überall, wo man eine schöne Umgebung hat, wo man es grün hat."*

Die Frage, **welche Outdooraktivitäten** für die Interviewten interessant sind, lässt sich nicht pauschal beantworten. Eine gemeinsame Schnittmenge von bestimmten Aktivitäten ist nicht feststellbar. Eine vermutete Bevorzugung von Küsten- oder Gebirgsregionen allein aufgrund bestimmter Outdooraktivitäten-Möglichkeiten liegt bei keinem der Befragten vor.

Es fällt jedoch auf, dass mehrere Befragte die Nähe zu Parks und sonstigen Grünflächen bevorzugen:

P1: *„Es ist das Gefühl, das man alles machen könnte. […] Und Parks und so weiter.[…]"*

P3: *„Also in dem Bereich ist es für mich am wichtigsten, das man schöne Parks hat."*

P3: *„Auf der anderen Seite will ich auch Wohnviertel, in denen ich meine Ruhe habe und kann aber auch in wenigen Fahrminuten in der Natur sein oder in einem Park oder sonstige Freizeitmöglichkeiten haben."*

Dagegen spielt die **Nähe zu Wasser** für zwei Interviewte als Standortfaktor eine nicht unerhebliche Rolle:

P1: *„Ja, die finde ich unheimlich wertvoll.* (die Nähe zu Wasserflächen, Anmerkung des Autors) *Ganz ohne See oder andere Wasserflächen – das ist total blöd."*

P4: *Das wäre auf jeden Fall ein Faktor. Ich finde es z.B. auf jeden Fall gut, dass man hier in Aschaffenburg am Main spazieren gehen kann. Und ich fände es noch schöner, z.B. am Hamburger Hafen spazieren zu gehen. Das wäre sicherlich nicht das einzige Auswahlkriterium, aber es wäre natürlich eines.*

Diese Bedeutung von Wasser deckt sich mit der Tatsache, dass beide der hier genannten Probanden die Stadt Hamburg als Wohnstandort attraktiv finden (siehe Frage 8).

Für die anderen beiden Befragten ist Nähe zu Wasser jedoch kein bedeutender Standortfaktor:

P3: *„Nicht so eine große Rolle würde ich sagen. Seen gibt es ja in der Umgebung von Dortmund, und ich nutze es auch mal gerne aus, aber das ist nicht so die große Priorität bei mir. "*

P2: *„Wasser ist mir völlig egal."*

Floridas These, dass Wassernähe für die *Kreative Klasse* als Standortfaktor besonders relevant ist, trifft auf die hier untersuchte Zielgruppe somit nicht allgemein zu. Ob man Wasserflächen eine besondere Bedeutung beimisst, ist bei den untersuchten Absolventen vielmehr von den persönlichen Erfahrungen und der regionalen Herkunft abhängig:
P1 stammt gebürtig aus Niedersachsen und es ist naheliegend anzunehmen, dass die relative Nähe zur Nordseeküste bzw. zu großen Flüssen seine Vorliebe für Wassernähe geprägt hat. P4, welcher seinen Berufseinstieg in Aschaffenburg am Main gemacht hat, schätzt wahrscheinlich Flüsse, gerade **weil** er in einer Stadt an einem größeren Fluss lebt.

4.2.3 Fazit aus den Ergebnissen der qualitativen Befragung von Absolventen

Diese Befragung hat viele Informationen geliefert, die die Online-Befragung nicht liefern konnte. Ihr Ziel – die Ergänzung dieser quantitativen Methode und die Klärung der bis dahin ungeklärter Fragen (siehe S. 99ff.) konnte erreicht werden.

Darüber hinaus haben die Interviews mit Absolventen deutlich gemacht, dass man bei der Zielgruppe grundsätzlich zwei Typen unterscheiden muss. Es gibt einen *nicht-mobilen,* eher bodenständigen Typ, für den die **räumliche Nähe zu angestammten sozialen Kontakten** oberste Priorität hat. Absolventen dieses Typs wollen in Ihrer Herkunftsregion bleiben und schränken bei der Jobsuche Ihren Suchradius so ein, dass sie den Wohnsitz nicht wechseln müssen. Es handelt sich um Personen, die in der Berufseinstiegsphase in einer festen Beziehung waren, zum Teil bereits verheiratet. Dieser Typ wird auch langfristig in der Region verbleiben und zwar aus pragmatischen Gründen („Bequemlichkeit") und aus sozialen Gründen (Familie, Freunde usw.).

Auf der anderen Seite gibt es einen *mobilen,* oder auch *fernmobilen* Typ. Seine oberste Priorität liegt nicht bei der räumlichen Nähe zum angestammten sozialen Netzwerk, sondern beim Faktor **Attraktivität des Stellenangebots.** Für einen interessanten Job wäre er bereit, auch in weitentfernte Regionen zu wechseln, wenn nötig auch ins Ausland. Absolventen diesen Typs können sowohl Singles als auch in einer festen Beziehung sein.

Weiche Standortfaktoren waren in der Berufseinstiegsphase für beide dieser Typen eher nebensächlich. Ausschlaggebend bei der Wohnstandortwahl waren ausschließlich **harte Faktoren.** Jedoch verändert sich diese Gewichtung bei der Betrachtung der langfristigen Wohnstandortwahl: Der *mobile* Typ kann es sich langfristig vorstellen, die Region zu wechseln und orientiert sich dabei stärker als beim Berufseinstieg auch an seinen persönlichen Präferenzen, die durch **weiche Standortfaktoren** bestimmt werden.

Der *nicht-mobile* Typ ist auch langfristig eher nicht dazu geneigt, seine angestammte Region zu wechseln. Auch wenn er zwischen mehreren Regionen auswählen könnte, würde der Faktor **soziale Bindungen** auch weiterhin seine Standortentscheidung determinieren, weiche Faktoren würden dabei weiterhin nur nachgeordnet sein.

Es lässt sich nicht genau sagen, in welchem quantitativen Verhältnis die beiden Typen zu einander stehen. Die Ergebnisse des Online-Fragebogens deuten jedoch darauf hin, dass die Mehrzahl der in dieser Arbeit untersuchten Absolventen dem *nicht-mobilen* Typ angehört.

Die Entwicklung von Handlungsempfehlungen für den Untersuchungsraum kann nicht ohne die Berücksichtigung dieser Typisierung erfolgen.

Schließlich muss gesagt werden, dass unabhängig vom Typ die Standortpräferenzen des Partners der Absolventen eine nicht unerhebliche Rolle bei der Wohnstandortwahl spielen. Erst wenn auch der Partner bereit ist, mitzuziehen, kann ein Wechsel in eine entferntere Region vorgenommen werden. Eine Stadt oder Region muss somit den Ansprüchen beider Beziehungspartner gerecht werden, um den Absolventen zum Umzug zu bewegen bzw. in einer Region zu halten.

Im Folgenden wird die zweite qualitative Methode – die Experteninterviews mit Arbeitgebern und ihre Ergebnisse dargelegt.

4.3 Experteninterviews mit Arbeitgebern

Die Experteninterviews stellen die zweite qualitative Methode dieser Arbeit dar und dienen ebenfalls als Ergänzung zum Online-Fragebogen. Sie wurden etwa zeitgleich mit der ersten qualitativen
Befragung durchgeführt. Welche Ziele diese Interviews verfolgen und wie man dabei methodisch
vorgegangen ist, wird im folgenden Kapitel genauer erläutert.

4.3.1 Methodisches Vorgehen

Festlegung von Befragungszielen

Es werden zwei Experteninterviews mit wichtigen Arbeitgebern durchgeführt welche schwerpunktmäßig die befragten Absolventen einstellen. Auf diese Weise soll auch die Sicht der Arbeit-
geberseite hinsichtlich der Wohnstandortmotive der Absolventen eingefangen werden. Es wird
dadurch erwartet, ein vollständigeres Bild von den Standortpräferenzen der Absolventen zu erhalten. Zudem ist anzunehmen, dass größere, bundesweit vertretene Unternehmen einschätzen
können, inwieweit es regionale Unterschiede bei der Bewerbungshäufigkeit gibt und inwieweit
das auf Unterschiede bei der Faktorausstattung der Regionen zurückzuführen ist. Die Unterneh-
mensbefragung bietet schließlich die Möglichkeit, die Hypothese zu überprüfen „Besonders
nachgefragte hochqualifizierte Arbeitskräfte können sich ihren Job und damit auch ihren Wohnstandort relativ frei aussuchen" vgl. Kapitel 2.5). Wie standortunabhängig sind junge Absolventen
ausgehend von der Arbeitsmarktlage in Deutschland wirklich?

Nicht zuletzt können Geschäftsführer in Ihrer Rolle als potentielle Arbeitgeber der untersuchten
Zielgruppe einschätzen, was getan werden sollte, um mehr hochqualifizierte Arbeitskräfte für den
Betrachtungsraum zu interessieren. Eine höhere Verfügbarkeit von hochqualifizierten Arbeitskräf-
ten in der Region ist auch in ihrem Interesse. Somit können sie wertvolle Informationen für die
Handlungsempfehlungen am Schluss der Arbeit liefern.

Wahl der Befragungsmethode

Die Befragung der Arbeitgeber erfolgt entsprechend der mündlichen Befragung der vier Absolventen über ein mündliches, leitfadengestütztes Interview[46] (vgl. Kapitel 4.2.1). Der Unterschied zu
den Absolventeninterviews ist die Kommunikationsart: die Unternehmensbefragungen wurden
nicht telefonisch, sondern persönlich durchgeführt. Inwieweit sich dieser Umstand auf die Ergebnisse der Gespräche ausgewirkt hat, ist nicht bekannt.

Wahl der Interviewpartner

Mit 57 % war die Mehrzahl der Online-Umfrageteilnehmer Informatiker. Andere Berufsgruppen
waren entsprechend unterrepräsentiert (siehe Kapitel 4.1.2). Aus diesem Grund fiel die Wahl der
Interviewpartner auf Vertreter der Dortmunder IT-Branche. Zwei Experten auf diesem Gebiet
nahmen schließlich an der Befragung teil:

---

[46] Die vollständigen Interviewleitfäden der beiden Experteninterviews befinden sich in Anhang 5 und 6

1. Dirk Löhn, Vorstandsmitglied des regionalen IT-Branchenverbandes *Networker-Westfalen* und Geschäftsführer der Dortmunder IT-Firma *Locatech* mit rund 40 Mitarbeitern.

2. Kerstin Aigner, Chefin der Personalabteilung der *Materna GmbH* – Dortmunds größtem IT-Arbeitgeber mit 800 Mitarbeitern in Dortmund und rund 500 weiteren Mitarbeitern an weiteren Niederlassungen in ganz Europa.

Beide Gesprächspartner sind aufgrund Ihres Berufsprofils Experten auf dem Gebiet der Dortmunder IT-Branche. Durch die unterschiedliche Positionen und auch Größen der Unternehmen, für die beide Gesprächspartner tätig sind, wird erhofft, ein möglichst breites Spektrum an Informationen und Ansichten über die Wohnstandortwahl der zu untersuchenden Absolventen zu erhalten.

Entwicklung des Interviewleitfadens

Der Interviewleitfaden wird nach der gleichen Methode entwickelt wie bereits der Leitfaden für die qualitativen Absolventeninterviews (siehe Kapitel 4.2.1). Auch hier werden Themenkomplexe gebildet, die für eine grobe Vorstrukturierung der Interviews sorgen sollen. Diese Komplexe werden im Folgenden kurz dargestellt. Es sei angemerkt, dass sich der Leitfaden für das Interview mit dem ersten Experten leicht von dem des zweiten Experten unterscheidet, da die Gesprächspartner aufgrund ungleicher Tätigkeiten an unterschiedlichen Unternehmen über ein unterschiedliches Expertenwissen verfügen (s.o.). Der Übersicht halber werden die einzelnen Fragen daher nicht vollständig dargestellt. Es werden lediglich die Ziele der einzelnen Themenkomplexe kurz beschrieben.

Einstiegsfragen

Die Einstiegsfragen sind einfache Fragen über das jeweilige Unternehmen, welche die Gesprächspartner zur weiteren Teilnahme motivieren sollten. Es handelt sich um explorative Fragen zu den beschäftigten Arbeitskräften und ihrer regionalen Herkunft. Diese Fragen sind für die Einschätzung der Bedeutung hochqualifizierter Arbeitskräfte für die Unternehmen relevant.

Themenkomplex Arbeitsmarkt

In diesem Komplex soll die Hypothese geprüft werden, inwieweit die untersuchte Zielgruppe sich die Stellenangebote frei aussuchen kann. Ferner soll über einige explorative Fragen die Situation auf dem IT-Arbeitsmarkt der Region geklärt und die künftige Entwicklung des Arbeitskräftebedarfes eingeschätzt werden. Diese Einschätzung ist für die spätere Entwicklung der Handlungsempfehlungen relevant: Erst wenn bekannt ist, wie sich der Arbeitskräftebedarf künftig entwickelt und in welchen Bereichen der genau Bedarf besteht, können sinnvolle Handlungsempfehlungen für den Raum Dortmund abgeleitet werden.

Themenkomplex Standortfaktoren

Hier sollen die Standortfaktoren der Zielgruppe aus Unternehmenssicht ermittelt werden. Es wird erhofft, dass die Gesprächspartner aufgrund ihrer langjährigen Erfahrung mit Bewerbern gut einschätzen können, worauf es den Absolventen bei der Standortwahl vor allem ankommt. Dabei soll auch die Hypothese überprüft werden, ob weiche Standortfaktoren für die Bewerber ebenso bedeutend sind wie harte.

Themenkomplex Handlungsempfehlungen
Da es sich bei den Gesprächspartner um Experten und nicht um Betroffene handelt, werden sie in diesem Komplex gefragt, was man tun könnte, um mehr Absolventen in den Raum Dortmund locken bzw. dort halten zu können. Es wird erhofft, dass beide Experten aufgrund Ihres Expertenwissens auf dem Gebiet der Dortmunder IT-Branche darauf eine objektive und kompetente Antwort haben.

Sonstige Fragen (Eventualfragen)
Am Ende des Interviews ist Raum für eventuelle Zusatzfrage. Die Fragen werden nur gestellt, wenn sich dafür eine Gelegenheit bietet und Antworten darauf nicht bereits vorher gefallen sind. Interessanten Eventualfragen sind z.B. die Frage, wie sich die Experten den überraschend hohen Verbleib der befragten Absolventen im Ruhrgebiet erklären oder warum Absolventen der TU Dortmund den Berufseinstieg fast nie im Ausland machen.
Solche Eventualfragen müssen nicht zwingend am Schluss gestellt werden. Sie können jederzeit zwischen die Schlüsselfragen eingeschoben werden, wenn sie durch einen bestimmten Gesprächsverlauf interessant und passend erscheinen. Auf diese Weise kann der bei Leitfadeninterviews notwendige „ungezwungene" und „freie" Gesprächsfluss gewährleistet werden. (vgl. Mayer2008:46ff; Schnell et al. 2005:387).

Auswertungsmethode
Die Auswertung der Experteninterviews wird nach der gleichen Methode wie die Auswertung der Absolventeninterviews durchgeführt (vgl. Kapitel 4.3.1). Auch hier kommt eine vereinfachte Variante der *qualitativen Inhaltsanalyse* zum Einsatz, da es sich lediglich um zwei relativ kurze Transkripte handelt, die keine umfangreiche Extraktion erfordern, um die gewünschten Ziele zu erreichen[47].

Die Untersuchungsfragen
Durch die Experteninterviews sollen folgenden Untersuchungsfragen beantwortet werden:
1. Wie wichtig ist für die IT-Unternehmen der Region die Verfügbarkeit von jungen hochqualifizierten Arbeitskräften? Wie hoch ist der Akademikeranteil an allen Beschäftigten an Dortmunder IT-Unternehmen?
2. Welche Faktoren spielen bei der Wohnstandortwahl von Absolventen die wichtigste Rolle?

---

[47] Die wortgetreu transkribierten Texte befinden sich in Anhang 5 und 6.

3. Welches Gewicht haben für die Wohnstandortwahl weiche Faktoren im Verhältnis zu den harten Faktoren wie z.B. Lohnniveau oder Karrieremöglichkeiten?

4. Inwieweit ist das Ruhrgebiet im Vergleich zu anderen Regionen bei den Bewerbern benachteiligt?

5. Wie ist generell das Verhältnis zwischen Angebot und Nachfrage von offenen Arbeitsstellen für Informatiker? (Prüfung Hypothese: Zielgruppe kann sich den Job und die Region relativ frei aussuchen.)

6. Wie wichtig sind für die Präferenzen der Bewerber unternehmensbezogene Faktoren wie Größe, Image und Bekanntheit des Unternehmens?

7. Gibt es aktuell Probleme, genügend Hochqualifizierte Bewerber zu finden und falls ja, inwieweit stellt das ein Problem für Ihr Unternehmen dar? Und gibt es in der Region einen branchenspezifischen Fachkräftemangel?

8. Wie wird sich der Fachkräftebedarf in der Dortmunder IT-Branche in Zukunft entwickeln?

9. Was sollte getan werden, um mehr Fachkräfte für das Ruhrgebiet zu interessieren und den Absolventenverbleib zu erhöhen?

Die Extraktion

Wie schon in Kapitel 4.2.1 wird auch bei der Auswertung der Experteninterviews auf die Zwischenschritte der Datenaufbereitung und-Sortierung nach Kategorien verzichtet. Es werden auch hier die Kernaussagen der Interviewpartner wörtlich dargestellt und anschließend direkt ausgewertet. Im folgenden Kapitel werden nun die Ergebnisse der Experteninteriews ausführlicher vorgestellt.

4.3.2 Ergebnisse der Experteninterviews

Bei der Präsentation der Ergebnisse werden die Interviewpartner der Übersicht halber nur mit Ihren Nachnamen abgekürzt, also „Löhn" und „Aigner."

1. Wie wichtig ist für die IT-Unternehmen der Region die Verfügbarkeit von jungen hochqualifizierten Arbeitskräften? Wie hoch ist der Akademikeranteil an allen Beschäftigten an Dortmunder IT-Unternehmen?

An den Aussagen der Interviewpartner erkennt man, dass die Dortmunder IT-Unternehmen mehrheitlich Akademiker beschäftigen:

Löhn: *„Ich habe keine genaue Zahl im Kopf aber bei Locatech sind es bestimmt 60 % Akademiker."*

Aigner: *„Er liegt bei etwas mehr als 80 %."* (Der Akademikeranteil, Anmerkung des Autors)

Daran wird deutlich, dass die Verfügbarkeit hochqualifizierter Arbeitskräfte ein enorm wichtiger Standortfaktor für die IT- Branche sein muss. Dies wird später von Aigner bestätigt:

Aigner: *„Das ist auf jeden Fall einer der zentralen Standortfaktoren für Materna."*

2. Welche Faktoren spielen bei der Wohnstandortwahl von Absolventen die wichtigste Rolle?

Obwohl es unterschiedliche Aussagen der beiden Experten zu dieser Frage gibt, lässt sich eine gemeinsame Schnittmenge feststellen. Beide zählen die **Art der beruflichen Tätigkeit**, also die Aufgaben im Job zu den wichtigsten Faktoren der Informatiker in der Phase des Berufseinstiegs: Löhn: *„Was ich meine ist die Art der Tätigkeit, also die konkrete Art der Projekte, die man macht. Weil das etwas ist, was man später in seinen Referenzen angeben kann und weil es auch einfach sehr unterschiedliche Aufgaben gibt und da hat jeder Bewerber ganz bestimmte Schwerpunkte, was er machen möchte."*

Aigner: *„ Es gibt sicherlich Personen, die schauen als erstes auf das Gehalt, aber es gibt mehr und mehr Absolventen, die auf die Tätigkeit oder auf die spannenden Aufgaben als erstes gucken, oder auf die Weiterentwicklungsperspektiven."*

Löhn begründet die große Bedeutung dieses Faktors damit, dass man als Berufseinsteiger als erstes die einschlägige Berufserfahrung sammeln will um später anderen Arbeitgebern Referenzen vorzeigen zu können. Darum ist die konkrete Art der Tätigkeit für sie besonders wichtig.
Löhn sieht ferner auch die **Größe und Bekanntheit des Unternehmens** als besonders relevant bei der Standortwahl der Absolventen an:

Löhn: *„Uniabsolventen neigen dazu, zu denken: Mensch, ein großes Unternehmen als Berufseinstieg- bestimmt nicht schlecht! Also das Unternehmen und seine Bekanntheit ist mit Sicherheit ein Faktor. Wenn ich an meine eigene Zeit zurückdenke, oder am meine Kommilitonen: wenn ich die Möglichkeit hab, zu Accenture zu gehen oder zu SAP oder so was, dann ist das als Berufseinstieg was anderes als wenn ich zu der Firma abc mit drei Mitarbeitern gehe."*
Löhn: *„ [...] Und aus Sicht von Studenten ist es schon so, dass große Namen viel wert sind."*

Seiner Meinung ist Dortmund aus diesem Grund im Nachteil gegenüber Standorten, an denen bekannten Konzerne wie Microsoft oder SAP ihren Sitz haben, weil es hier an solchen Konzernen fehlt.
Zwar sagt er außerdem, dass es auch Absolventen gibt, die mittelständische Unternehmen als Berufseinstieg schätzen, weil diese auch einige Vorteile gegenüber Konzernen hätten. Seiner Aussage zufolge möchte aber die Mehrheit der Informatiker den Berufseinstieg bei einem bekannten Großunternehmen machen.

Schließlich sei noch erwähnt, dass Frau Aigner die meisten Dortmunder Absolventen als *„boden-ständig"* charakterisiert:

Aigner: „[...]die Dortmunder oder die Westfalen schätze ich eher als bodenständig ein. Das heißt sie bleiben doch gerne in der Region."

Aus dieser Aussage kann man schließen, dass für die Absolventen mit Herkunft in der näheren Umgebung die **räumliche Nähe zur Heimat und zur Familie** eine besonders große Rolle bei der Standortwahl spielt. Das kann wiederum gleichgesetzt werden mit dem Faktor **soziale Bindungen**, der sich bereits bei der Online-Befragung als einer der wichtigsten Standortfaktoren herausstellte (vgl. Kapitel 4.1.3). Aigners Beschreibung ist insofern treffend, als die Mehrzahl der Befragten ursprünglich aus der näheren Umgebung von Dortmund kommt (vgl. Kapitel 4.1.3).

3. Welches Gewicht haben für die Wohnstandortwahl weiche Faktoren im Verhältnis zu den harten Faktoren wie z.B. Lohnniveau oder Karrieremöglichkeiten?

Beide Interviewpartner sind der Ansicht, dass die Wohnstandortwahl der Absolventen grundsätzlich auch durch weiche Faktoren beeinflusst wird. Ihre Rolle bei der Standortwahl wird von ihnen jedoch insgesamt nicht als zentral eingeschätzt. Dennoch wird der weiche Faktor **Image der Region** von beiden als zentraler Grund dafür genannt, warum es kaum Informatiker aus anderen Regionen und Ländern gibt, die im Raum Dortmund arbeiten bzw. arbeiten möchten:

Löhn: „Und Bewerber von außerhalb, wenn man mal guckt, wo wollen sie hin? Dann gehen sie vielleicht eher nach München, oder eher in irgendeine gute Region, vielleicht auch nach Berlin als dass sie sagen: Mensch, nach Dortmund, da wollt ich immer schon mal hin!

Löhn: „Für Jemanden in München hat der IT -Standort Dortmund immer noch nicht den Stellenwert, den es haben müsste. Die Innenwahrnehmung und die Außenwahrnehmung von dem, was man hier wirklich geboten kriegt –die weichen einfach sehr stark von einander ab. Ich glaube was die Leute dazu verleitet, sich für einen Standort zu entscheiden, neben der reinen Stelle, sind weiche Faktoren: Hab ich hier ein gutes Lebensumfeld? Kann ich abends ausgehen? Das macht es aus. Und da ist die Wahrnehmung einfach nicht gut genug, dass die Leute erkennen: Mensch, diese Region ist toll!

Aigner: „Dass in Dortmund die IT-Unternehmen sitzen, dass ist glaube ich nicht so in den Köpfen der Leute so fest verankert. Das hängt sicherlich auch damit zusammen, dass in Dortmund nicht die Global Player sitzen, sondern dass Dortmund sehr sehr mittelständisch geprägt ist. Dass es hier unglaublich spannende Firmen und unglaublich viele Arbeitsplätze im IT-Sektor gibt, das müsste auch an anderen Universitäten außerhalb von Dortmund bekannter gemacht werden."

Beide sehen die aktuelle **Außenwahrnehmung** der Region Dortmund als Defizit an, der behoben werden muss. Außenstehende hätten eine realitätsferne Vorstellung von der Region und verglichen mit bekannteren Metropolen eine unzureichende Kenntnis vom Raum Dortmund.

Ursächlich für dieses Image nach Außen ist ihrer Ansicht nach u.a. das Fehlen von bekannten Großunternehmen. Die Dortmunder Unternehmenslandschaft besteht aus mittelständischen Unternehmen. Auch Materna, Dortmunds größtes IT-Haus mit insgesamt über 1300 Beschäftigten ist ein Mittelständler, der nicht mit Konzernen wie Microsoft vergleichbar ist. Ein weiterer Grund für dieses Image sei die mangelnde Bekanntheit des Kultur- und Freizeitangebots Dortmunds und seiner Umgebung – also eine **falsche Einschätzung** seiner Ausstattung mit weichen Standortfaktoren. Dadurch werde der IT-Standort Dortmund im Vergleich zu deutschen Konkurrenzregionen als wenig attraktiv betrachtet.

> **4. Inwieweit ist das Ruhrgebiet im Vergleich zu anderen Regionen bei den Bewerbern benachteiligt?**

Diese Frage wurde je nach Gesprächspartner unterschiedlich formuliert. Dirk Löhn, welcher als Vorstandsmitglieder eines regionalen Branchennetzwerkes eher ein Experte auf dem Gebiet der IT-Standortes Dortmund ist, wurde gefragt, wie gut der Standort Dortmund im Wettbewerb um hochqualifizierte Arbeitskräfte aufgestellt ist.

Kerstin Aigner, eher eine Expertin auf dem Gebiet der bundesweiten Nachwuchsrekrutierung für alle deutschen Materna-Niederlassungen, wurde gefragt, inwieweit es Unterschiede bei der regionalen Verteilung der Bewerbungshäufigkeiten gibt. Über diese Information könnte man Rückschlüsse auf die Attraktivität des Standortes Dortmund im Vergleich zu Konkurrenzstandorten ziehen.

Dirk Löhn sieht eine Benachteiligung der Region, allerdings nur in der bereits angesprochenen **Außenwahrnehmung**. Arbeitskräfte, welche die Region Dortmund bereits kennen, weil sie hier studiert oder ihren Berufseinstieg gemacht haben, finden die Region grundsätzlich attraktiv. Für Absolventen von außerhalb, die diese Region hingegen nicht kennen, ist der Raum Dortmund im Nachteil gegenüber Regionen, die ein besseres **Image** haben. Als Beispiel nennt Löhn die Standorte München und Berlin:

Löhn: *„ In der Wahrnehmung, die wir haben, aus Gesprächen mit anderen Unternehmen und auch aus eigener Erfahrung kann ich sagen- klar, wenn man hier in der Region als Unternehmer sitzt dann findet man natürlich auch die Region toll. Ich lebe das ja auch aus hier. Man muss aber in der Wahrnehmung unterscheiden zwischen Bewerbern aus der Region und Bewerbern von außerhalb. Und Bewerber von außerhalb, wenn man mal guckt, wo wollen sie hin - dann gehen sie vielleicht eher nach München, oder eher in irgendeine gute Region, vielleicht auch nach Berlin als dass sie sagen: Mensch, nach Dortmund, da wollt ich immer schon mal hin! Das ist die Wahrnehmung der Region, das ist ein weicher Faktor, der sehr mit dem Image der Region zu tun hat."*

Das Problem besteht für Löhn somit nicht in der schlechteren Ausstattung des Standortes Dortmund mit bestimmten Faktoren, sondern darin, dass das Bild der Region in der **Außenwahrneh-**

mung verzerrt ist, wie bereits auf den vorigen Seiten deutlich wurde. Hier hat Dortmund eindeutige Standortnachteile gegenüber Konkurrenzstandorten.

Kerstin Aigner konnte zu der Frage nach den regionalen Unterschieden der Bewerbungshäufigkeiten keine Aussagen machen, da die deutschen Materna-Niederlassungen außerhalb Dortmunds einen anderen Stellenwert und Bekanntheitsgrad haben als die Hauptniederlassung in Dortmund. Materna-Filialen in München oder Berlin seien sehr klein und bei den Bewerbern kaum bekannt, wodurch die meisten sich für die Zentrale in Dortmund bewerben würden.

> **5. Wie ist generell das Verhältnis zwischen Angebot und Nachfrage von offenen Arbeitsstellen für Informatiker?**

Die Gesprächspartner sind der Auffassung, dass man bei der Einschätzung der Arbeitsmarktsituation unterscheiden muss zwischen der aktuellen Lage und den Jahren zuvor. Beide bestätigten, dass IT-Unternehmen aufgrund der aktuellen Wirtschaftskrise deutlich weniger Neueinstellungen vornehmen als noch vor einem Jahr. Die jetzige Arbeitskräftenachfrage sei nicht vergleichbar mit der ständig steigenden Nachfrage der Vergangenheit:

Löhn: *„Und die Schwäche der anderen Unternehmen spüren auch wir. In der aktuellen Lage würde ich sagen, ist es nicht so, dass ein Bewerber zwischen mehreren Stellenangeboten aussuchen kann."*

Aigner: *„Jetzt im Moment, wo alle Unternehmen etwas zögerlich einstellen, ist es so, dass wir recht gute Bewerbungen bekommen, auch gerade von Absolventen und es ist entspannter als letzes Jahr[...].*

Beide differenzieren ferner zwischen „guten" und „weniger guten" Absolventen: Die Frage, wie gut die Chancen auf dem Arbeitsmarkt sind und ob man zwischen mehreren Jobangeboten auswählen kann, hänge von den Qualitäten der einzelnen Bewerber ab:

Löhn: *„Wobei man bei Absolventen auch differenzieren muss: diejenigen, die sich über das reine Studium hinaus mit Unternehmen bekanntmachen, und auch wirkliche aktiv Netzwerke knüpfen, die werden in aller Regel den Job aussuchen können und die müssen auch nicht unbedingt Bewerbungen schreiben – das ist meine Erfahrung. Und diejenigen, die einfach vier oder fünf Jahren studieren und sich dann sagen: ja dann schreib ich mal eine Bewerbung- die haben es schwerer. Weil es ja nicht nur auf die passende Kombination ankommt, sondern das ist ja noch viel viel mehr."*

Aigner: *„Und es ist so, dass gute Absolventen der Informatik mehrere Angebote vorliegen haben und dann für sich die Entscheidung treffen- was ist mir wichtig?"*

Beide Experten sind sich somit einig darüber, dass man als „guter" Absolvent der Informatik grundsätzlich also auch in der aktuellen Wirtschaftskrise zwischen mehreren Stellenangeboten auswählen kann. Wenn man von der Krise absieht, schätzen sie das generelle Verhältnis zwischen Angebot und Nachfrage von offenen Stellen für Informatiker als günstig ein. Somit hat ein Informatikabsolvent generell die Wahl zwischen mehreren offenen Stellen. Diese Arbeitsmarktsituation wird sich laut der Experten in Zukunft noch weiter zugunsten der Absolventen verändern, da sie langfristig betrachtet mit einem Fachkräftemangel rechnen (siehe Frage 8).

> **6. Wie wichtig sind für die Präferenzen der Bewerber unternehmensbezogene Faktoren wie Größe, Image und Bekanntheit des Unternehmens?**

Diese Frage wurde bereits bei der Auswertung der 2.Frage beantwortet Die Größe und Bekanntheit gehört bei Informatikern in der Berufseinstiegsphase zu den wichtigsten Standortfaktoren (siehe S. 123).

> **7. Gibt es aktuell Probleme, genügend hochqualifizierte Bewerber zu finden und falls ja, inwieweit stellt das ein Problem für Ihr Unternehmen dar? Und gibt es in der Region einen branchenspezifischen Fachkräftemangel?**

Wie bereits bei Frage 5 angedeutet, ist die Arbeitsmarktlage aufgrund der aktuellen Krise, die im Jahr 2009 begann, eine andere als in den Jahren zuvor. Alle Unternehmen sind zurückhaltender bei Neueinstellungen und der Fachkräftebedarf ist gesunken. Dementsprechend machen beide Experten deutlich, dass es derzeit keinen Fachkräftemangel im IT-Sektor gibt. Sie heben aber auch hervor, dass es zuvor sehr wohl einen breiten Fachkräftemangel gab:

Löhn: *„Zurzeit sind die meisten Unternehmen sehr zurückhaltend, was Neueinstellungen eingeht. Dementsprechend kann zurzeit kein Arbeitskräftemangel bei den meisten Unternehmen konstatiert werden. Der Fachkräftebedarf ist sehr stark geprägt durch die wirtschaftliche Lage."*
Aigner: *„Also den Fachkräftemangel haben wir letzes Jahr akut gespürt. Jetzt im Moment, wo alle Unternehmen etwas zögerlich einstellen, ist es so, dass wir recht gute Bewerbungen bekommen, auch gerade von Absolventen und es ist entspannter als letzes Jahr."*
Eng verbunden mit der Frage nach dem aktuellen Fachkräftebedarf ist die Frage nach der zukünftigen Entwicklung des Fachkräftebedarfes. Diese Frage wird als nächstes behandelt.

> **8. Wie wird sich der Fachkräftebedarf in der Dortmunder IT-Branche in Zukunft entwickeln?**

Die Experten sind sich einig darüber, dass in Zukunft ein deutlicher Anstieg des Fachkräftebedarfes im IT-Sektor und damit auch ein Fachkräftemangel zu erwarten ist:

Löhn: *„Aber ich denke, dass der Bedarf und der Fachkräftemangel in Zukunft wieder eintreten wird, weil die IT eine Branche ist, die anderen Unternehmen hilft, ihre Unternehmensprozesse zu* *optimieren und wettbewerbsfähiger zu werden. Und ihr Bedarf an solchen Dienstleistungen wird wieder deutlich steigen. Das heißt in Zukunft werden wir wieder Arbeitskräftemangel haben, davon bin ich überzeugt."*

Aigner: „[...]*aber wir sehen den Fachkräftemangel ganz klar in den nächsten Jahren wachsen."*

Aigner verdeutlicht ferner, dass die Materna GmbH am Standort Dortmund langfristig mehr Arbeitskräfte benötigen wird:

Aigner: *„Ich glaube, langfristig gesehen wird der Bedarf steigen. Langfristig wollen auch wir weiter wachsen, das ist ganz klar."*

Löhn hebt hervor, dass gerade der Bedarf an hochqualifizierten Arbeitskräften zunehmen wird:

Löhn: *„Aber all das, was nah beim Kunden, nah beim Prozess geschieht- das wird in Deutschland mit Sicherheit zunehmen. Dort wird der Bedarf an akademischen Fachkräften langfristig klar ansteigen."*

Diese Aussagen machen deutlich, dass für den Betrachtungsraum ein klarer Handlungsbedarf besteht. Die Dortmunder IT-Unternehmen werden langfristig mehr junge Akademiker anwerben müssen, um ihren Wachstumstrends gerecht zu werden. Inwieweit der zunehmende Bedarf auch in Zukunft weiterhin vor allem durch Absolventen der Ruhr-Hochschulen gedeckt werden kann, lässt sich schwer sagen. Angesichts der demografischen Entwicklung des Ruhrgebiets wird es immer wichtiger, junge Absolventen in der Region zu halten und zusätzlich auch Arbeitskräfte von außerhalb für den Raum Dortmund zu gewinnen. Wie das erreicht werden kann, wird bei der nächsten Frage näher behandelt.

9. Was sollte getan werden, um mehr hochqualifizierte Fachkräfte für das Ruhrgebiet zu interessieren und den Absolventenverbleib zu erhöhen?

Beide Experten sehen den größten Handlungsbedarf im Bereich **Image der Region.**

Ihre Handlungsempfehlungen gehen dahin, den Ruf und die Bekanntheit der Region, insbesondere bezogen auf ihr IT-Cluster, zu verbessern.

Löhns Vorschläge beziehen sich auf Studierende von außerhalb. Man müsse mehr Maßnahmen ergreifen, damit ausländische Studenten bereits in Ihrer Studienzeit auf die Dortmunder Hochschulen aufmerksam und zu einem Studium in Dortmund motiviert werden. Hierzu schlägt er attraktive internationale Programme vor, mit denen Studierende nach Dortmund gelockt werden können. Dies sollen Programme sein, die ein Praktikum an Dortmunder Unternehmen einschließen und die Studenten dadurch auch nach Beendigung des Studiums stärker an den Standort gebunden werden können:

Löhn: *„Das* (ein guter Ruf, Anmerkung des Autors) *kriegt man am einfachsten, indem man durch attraktive Programme Leute anlockt. Wenn sie dann erst mal hier sind, findet sie es in der Regel auch gut. Wenn sie dann wieder nach Hause fahren und weitererzählen, wie gut es war, dann entwickelt sich so etwas. Das ist aber ein Prozess, der über viele Jahre geht."*

Löhn: *„Sie haben ja selber gesagt, dass über 60 % der Studierenden nach Studienende im Ruhrge-biet bleiben. Daran sieht man ja: wenn man erst einmal hier war, hat man eine hohe Akzeptanz für die Region und bleibt gerne hier. Und was kann man da mehr machen? Da würde ich vorschlagen, dass man frühzeitig als Unternehmer einen Draht zu den Studierenden aufbaut, damit sie die Un-ternehmen kennenlernen und so frühzeitig Bindungen entstehen. Und daraus entstehen dann wie-der Arbeitsverhältnisse und dann bleiben die Leute auch hier."*

Löhn hebt hervor, dass der hohe Verbleib von Absolventen im Ruhrgebiet darauf hinweist, dass die Menschen gerne in der Region bleiben, wenn sie diese erst einmal kennengelernt haben. Folg-lich sieht er den Handlungsbedarf eher bei der **aktiven Anwerbung von (angehenden) Akademi-kern aus anderen Regionen** als bei der Rekrutierung von Absolventen aus der Region. Denn Ab-solventen mit Herkunft im Ruhrgebiet bleiben aufgrund Ihrer Heimatverbundenheit ohnehin zu-meist in der Region und suchen vor allem dort nach Stellenangeboten (vgl. Kapitel 4.1.2). Löhn schlägt hierfür des Weiteren vor, auch den **Ruf der TU Dortmund** weiter zu verbessern, da Studenten Ihren Studienort stark nach dem Ruf der Hochschule auswählen würden. Als Best-Practice-Beispiel führt er die RWTH Aachen auf, die sich für einige technische Fächer eine exzel-lente Reputation und eine internationale Bekanntheit erarbeitet hat:

Löhn: *„Die RWTH Aachen hat schon immer einen guten Ruf gehabt – Maschinenbau, Elektrotech-nik...Und wenn ich Elektrotechnik studiere und ich möchte an die beste Uni dann brauche ich gar nicht überlegen – dann weiß ich - ich muss nach Aachen. Diesen Ruf aufzubauen, dauert lange Zeit und ich denke das ist eine sehr wichtige Sache."*

Schließlich sieht Löhn die Ansiedlung eines Großen IT-Unternehmens in Dortmund als mögliche Maßnahme, um das Images des Betrachtungsraumes zu verbessern:

Löhn: *„Schön wäre natürlich, wenn sich ein Großes IT-Haus für den Standort Dortmund entschei-den würde."*

Auch Aigner schlägt imageverbessernde Maßnahmen vor. Sie sieht den Handlungsbedarf ähnlich wie Löhn bei der Studierendenseite, allerdings sollten Ihrer Meinung weniger die Unternehmer Maßnahmen ergreifen, sondern andere Akteure wie z.B. die Hochschulen:

Aigner: *„Also ich glaube, als Unternehmen kann man da eher wenig tun. Als Student, der eine Uni aussucht fragt man sich, was für einen Ruf hat sie, was bietet sie, und dann geht man dahin[...] Ich stelle immer wieder fest: der IT-Standort Dortmund ist nicht so sehr in den Köpfen. Da ist sicherlich noch mehr Marketing für die Region gefragt. Dieses Bild, was immer noch in den Köpfen herrscht, „dreckiges Ruhrgebiet"- daran muss noch verstärkt gearbeitet werden."*

Aigner: *„[...]Dass es hier unglaublich spannende Firmen und unglaublich viele Arbeitsplätze im IT-Sektor gibt, das müsste auch an anderen Universitäten außerhalb von Dortmund bekannter gemacht werden."*

Nachdem die Ergebnisse der Experteninterviews dargelegt wurden, kann nun zum Fazit dieses Kapitels übergegangen werden. Dort werden die wichtigsten Resultate kurz zusammengefasst.

4.3.3 Fazit aus den Ergebnissen der Experteninterviews

In diesem Kapitel werden zunächst die Ergebnisse im Bezug auf die zentrale Fragestellung dieser Arbeit zusammengefasst. Anschließend werden die aus den Interviews gewonnenen Informationen über den IT-Standort Dortmund wiedergegeben, welche für die Handlungsempfehlungen relevant sind (siehe Kapitel 5). Schließlich werden die Handlungsempfehlungen, die die Experten für den Raum Dortmund abgegeben haben, kurz dargelegt.

Standortfaktoren der Absolventen der TU Dortmund

Bezogen auf die zentrale Fragestellung dieser Arbeit haben die Experten folgendes geäußert: Harte, jobbezogene Faktoren hätten für Berufseinsteiger insgesamt einen höheren Stellenwert als weiche. Die **Art der beruflichen Tätigkeit** sowie die **Größe und Bekanntheit des Unternehmens** seien dabei die wichtigsten Standortfaktoren für die untersuchten Berufseinsteiger. Die meisten Absolventen aus dem Raum Dortmund gelten für sie als **bodenständig** und wollen daher die räumliche Nähe zur Heimat und zur Familie sowie zu Freunden auch nach Beendigung des Studiums beibehalten. Somit gehört der Faktor **soziale Bindungen** neben jobbezogenen Faktoren auch nach Ansicht der Experten zu den bedeutendsten Motiven ihrer Wohnstandortwahl. Aus diesen Gründen verbleibt die Mehrheit der Absolventen der TU Dortmund in der Region.

Standortfaktoren der Absolventen von Außerhalb

Beide Experten sind der Auffassung, dass Informatikabsolventen der TU Dortmund nach dem Studium vorzugsweise in der Region Dortmund verbleiben, da sie mit der Region insgesamt zufrieden und verbunden seien. Das Problem wird aus diesen Gründen nicht bei der Bindung von Absolventen der TU Dortmund gesehen. Vielmehr besteht das Problem darin, dass es kaum Absolventen aus anderen Regionen gibt, die in der IT-Region Dortmund arbeiten. Als Ursache hierfür geben beide Experten das schlechte Image des Raums Dortmund an. Das **Image der Region nach Außen** ist somit der entscheidende Faktor, der darüber entscheidet, wie viele Absolventen von außerhalb für den Raum Dortmund gewonnen werden können.

Informationen über den IT-Standort Dortmund

Das Dortmunder IT-Cluster ist durch mittelständische Unternehmen geprägt. Die meisten IT-Unternehmen haben zwischen 5-und 50 Mitarbeitern. Nur wenige Unternehmen wie *Materna* und *Adesso* haben deutlich mehr als 200 Mitarbeiter. Große und weltbekannte IT-Konzerne wie z.B. *Microsoft* sind nicht vorhanden.

Die Beschäftigten der Dortmunder IT-Branche kommen zum überwiegenden Teil aus der näheren Umgebung. Die akademischen Arbeitskräfte haben zumeist an den Hochschulen in der Region studiert. Beschäftigte mit Herkunft außerhalb des Landes NRW oder aus dem Ausland gibt es kaum. Die Experten begründen das damit, dass Absolventen aus anderen Regionen lieber in bekanntere und subjektiv betrachtet attraktivere Räume ziehen als in den Raum Dortmund. Der Anteil hochqualifizierter Arbeitskräfte an allen Beschäftigten ist bei den Dortmunder IT-Unternehmen sehr hoch. Dadurch gehört die Verfügbarkeit von akademischen Arbeitskräften zu den wichtigsten Standortfaktoren der IT-Betriebe im Untersuchungsraum.

Die Arbeitskräftenachfrage in der Dortmunder IT-Branche ist derzeit aufgrund der Wirtschaftskrise zurückgegangen. Sie wird aber langfristig voraussichtlich deutlich ansteigen: So will Dortmunds größtes IT-Unternehmen *Materna* langfristig wachsen und weitere Arbeitsplätze am Standort Dortmund schaffen.

Handlungsempfehlungen der Experten

Den Handlungsbedarf sehen die Experten, bedingt durch den steigenden Fachkräftebedarf, vor allem bei der stärkeren Anwerbung von (angehenden) Absolventen von Außerhalb, da die Dortmunder Absolventen auch ohne Anreize bevorzugt im Ruhrgebiet verbleiben.

Als Strategie, wie man mehr Absolventen von außerhalb nach Dortmund locken könnte, sehen beide Experten die Verbesserung des **Image der Region nach außen**. Dafür schlagen sie unterschiedliche Maßnahmen vor.

Mit diesem Abschnitt ist der empirische Teil abgeschlossen. Aufgrund des großen Umfangs der empirischen Untersuchung werden im nächsten Kapitel die wichtigsten Ergebnisse der drei Untersuchungsmethoden im Bezug auf die zentrale Fragestellung kurz zusammengefasst.

4.4 Gesamtfazit der Untersuchung von Standortfaktoren

Eine zentrale Erkenntnis der empirischen Untersuchung ist, dass der Handlungsbedarf im Raum Dortmund neben dem Halten von Absolventen der TU Dortmund vor allem darin besteht, mehr (angehende) Absolventen aus anderen Regionen anzuziehen. Die Absolventen der TU Dortmund sowie (angehende) Absolventen von außerhalb werden weiter in je zwei Gruppen unterteilt. Insgesamt werden so **vier unterschiedliche Zielgruppen** identifiziert, deren Faktoren der Wohnstandortwahl in diesem Kapitel skizziert werden sollen.

In Kapitel 4.4.1 erfolgt eine Zusammenfassung der Standortfaktoren der untersuchten Absolventen der TU Dortmund- dem eigentlichen Untersuchungsgegenstand. In Kapitel 4.4.2 werden, soweit wie man es aus den Ergebnissen ableiten kann, die Standortfaktoren von Studenten und Absolventen aus anderen Regionen kurz skizziert.

4.4.1 Die Standortfaktoren von Absolventen der TU Dortmund

Die Untersuchung der Wohnstandortwahl von Absolventen der TU Dortmund macht deutlich, dass für sie nur wenige der aus der Theorie abgeleiteten Standortfaktoren eine wichtige Rolle spielen (vgl. Tabelle 4). In der folgenden Grafik sollen diese Faktoren und ihre Hierarchie veranschaulicht werden.

Sie ist eine grobe Darstellung der Bedeutung der Faktoren, die für die 144 befragten Absolventen insgesamt eine Rolle spielen.

Abbildung 34: Hierarchie der wichtigsten Standortfaktoren

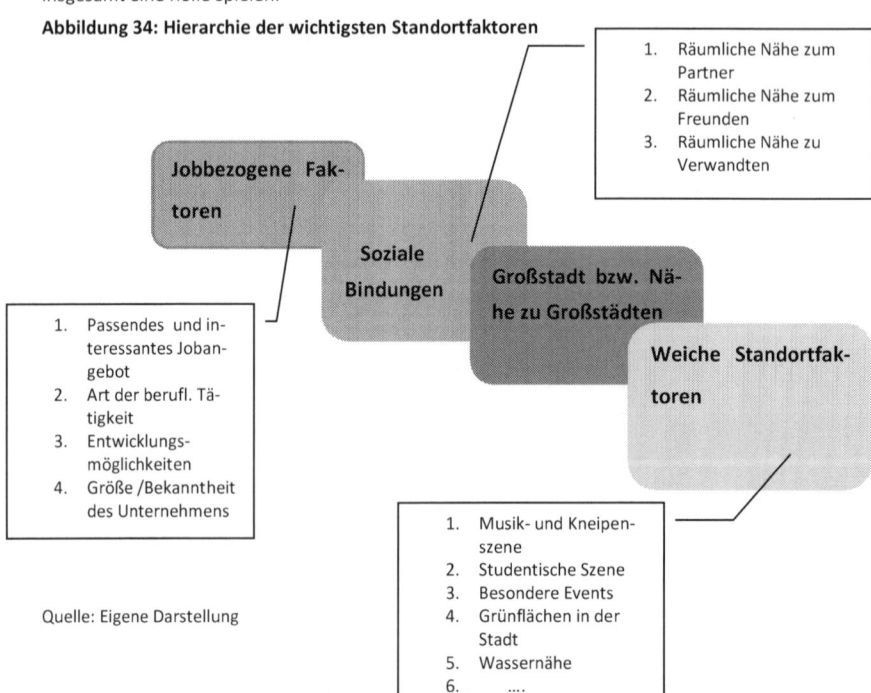

Jobbezogene Faktoren

Soziale Bindungen

Großstadt bzw. Nähe zu Großstädten

Weiche Standortfaktoren

1. Räumliche Nähe zum Partner
2. Räumliche Nähe zum Freunden
3. Räumliche Nähe zu Verwandten

1. Passendes und interessantes Jobangebot
2. Art der berufl. Tätigkeit
3. Entwicklungsmöglichkeiten
4. Größe /Bekanntheit des Unternehmens

1. Musik- und Kneipenszene
2. Studentische Szene
3. Besondere Events
4. Grünflächen in der Stadt
5. Wassernähe
6. ....

Quelle: Eigene Darstellung

Die Überlappung der Felder suggeriert, dass es aufgrund der unterschiedlichen Präferenzen der Befragten Schnittmengen zwischen den Feldern gibt. So sind z.b. die jobbezogenen Faktoren für die meisten der Befragten die bedeutendsten Standortmotive. Für einen Teil von Ihnen sind jedoch die sozialen Bindungen wichtiger, wodurch die jobbezogenen Faktoren an die zweite Stelle rücken bzw. gleichwertig sind. Ähnlich verhält es sich mit allen anderen abgebildeten Faktoren. Angesichts der Hierarchie in Abbildung 37, die für die Mehrzahl der untersuchten Absolventen gilt, wird aufgestellte Hypothese „Besonders nachgefragte hochqualifizierte Arbeitskräfte wählen den Wohnstandort nicht nach vorhandenen Jobangeboten sondern nach regionalen Präferenzen aus" widerlegt. Die Hypothese „Weiche Standortfaktoren spielen bei der Wohnstandortwahl hochqualifizierter Arbeitskräfte eine mindestens genau so wichtige Rolle wie harte" muss ebenfalls widerlegt werden.

Die obige Darstellung bezieht sich auf die Gesamtheit der befragten Absolventen. Im Zuge der empirischen Untersuchung ist deutlich geworden, dass wegen der Inhomogenität der Befragten eine weitere Differenzierung der Probanden nötig ist. Unter ihnen wurden zwei grobe Typen identifiziert, die Ihre Wohnstandortwahl nach unterschiedlichen Gesichtspunkten vornehmen (vgl. Kapitel 4.1.2). Dementsprechend werden im Folgenden zwei unterschiedliche Hierarchien der Standortfaktoren dargelegt.

1. Die Mobilen

Für die Wohnstandortwahl der Mobilen zählt zuerst das Vorhandensein attraktiver und inhaltlich passender Stellenangebote. An zweiter Stelle steht eine Vielzahl weicher Faktoren. Unter ihnen ist vor allen das Vorhandensein einer studentischen Szene gefragt, die für gutes Kulturangebot wie z.B. Kneipen oder Clubs und ein interessantes Nachtleben sowie einen hohen Anteil an junger Bevölkerung sorgen. Des Weiteren sind gut erreichbare Grünflächen in der Stadt, die stadtnahe Freizeitaktivitäten ermöglichen, sowie die Nähe zu Wasserflächen von Bedeutung. Erst an dritter Stelle stehen bei der Wohnstandortwahl der Mobilen (sofern vorhanden) die räumliche Nähe zum Partner sowie ggf. zu Freunden und Verwandten (siehe Abbildung 38). Wenn der Faktor attraktives Stellenangebot an mehreren Standorten gegeben ist, dann können weiche Faktoren bei den Mobilen den Ausschlag für die Standortentscheidung geben. Insofern kann die Hypothese „Wenn die Bewertung harter Standortfaktoren mehrerer Standorte gleich ist, dann geben weiche Standortfaktoren den Ausschlag für die Standortentscheidung der Hochqualifizierten" zumindest für die *Mobilen* bestätigt werden.

Abbildung 35: Hierarchie der Standortfaktoren der *Mobilen*

Attraktivität des
Stellenangebots

Weiche Faktoren:
studentische Szene,
Kulturangebote, Grünflächen
Bevölkerungsstruktur

Räumliche Nähe zum Partner (und ggf. zu
Freunden und Verwandten)

Quelle: Eigene Darstellung

2.Die Immobilien

Im Gegensatz zu den Mobilen zählt in der Faktorenhierarchie der Immobilen als erstes die räumliche Nähe zum Partner. Dann folgt die Nähe zu Freunden oder Verwandten. Erst wenn diese Faktoren gegeben sind, wird die Attraktivität des Stellenangebots in die Standortentscheidung einbezogen und steht damit auf dem dritten Platz. Weiche Standortfaktoren spielen für die Immobilen, im Gegensatz zu den Mobilen, keinen Rolle und tauchen dadurch nicht in der Pyramide auf (siehe Abbildung 39). Weiche Faktoren spielen für sie auch dann keine Rolle, wenn sie die Wahl zwischen mehreren gleich attraktiven Stellenangeboten an unterschiedlichen Standorten haben. In dieser Situation würde die räumliche Nähe zum Partner sowie zu Freunden und Verwandten den Ausschlag für die Wohnstandortwahl geben.

Abbildung 36: Hierarchie der Standortfaktoren der *Immobilen*

Räumliche Nähe zum Partner

Räumliche Nähe zu Freunden und Verwandten

Attraktivität des Stellenangebots

Quelle: eigene Darstellung

4.4.2 Standortfaktoren von (angehenden) Absolventen von außerhalb

Die Untersuchung ergab, dass der größere Handlungsbedarf neben dem Halten von Absolventen der Hochschulen im Raum Dortmund vor allem bei der **Anwerbungen Studierende und Absolventen von außerhalb** besteht (Kapitel 4.3.2). Damit sind alle Personen mit Herkunft außerhalb des Landes NRW gemeint, die **nicht** an der TU Dortmund studieren bzw. studiert haben.

Ihre Standortanforderungen wurden in dieser Arbeit nicht untersucht, da sie nicht zur Untersuchungsgruppe gehörten. Jedoch können aus den beiden Experteninterviews einige allgemeine Anhaltspunkte über die Standortfaktoren dieser Gruppe abgeleitet werden. Dabei muss zwischen Studierenden und Absolventen unterschieden werden:

Studierende von außerhalb

- Ruf und Bekanntheit der Hochschule
- Praktikamöglichkeiten an interessanten oder namhaften Unternehmen
- Ruf und Bekanntheit der Stadt
- interessante Studien- und Traineeprogramme für Studenten
- Bekanntheit des Kultur- und Freizeitangebots

Absolventen von außerhalb

- Ruf und Bekanntheit der Region als starker Wirtschafts- und Unternehmensstandort
- Bekanntheit der Unternehmen
- Große Arbeitgeberauswahl
- Spannende und interessante Jobmöglichkeiten
- Ruf und Bekanntheit der Region insgesamt

- Bekanntheit des Kultur- und Freizeitangebots

Abschließend soll festgehalten werden, dass es insgesamt **vier Zielgruppen** mit jeweils unterschiedlichen Standortansprüchen gibt.

Im nächsten Kapitel werden auf der Grundlage der Untersuchungsergebnisse Handlungsfelder entwickelt, auf denen im Kapitel 5 die Handlungsempfehlungen aufgebaut werden.

4.5 Handlungsfelder zur Anziehung und Bindung von Absolventen im Raum Dortmund

Nachdem im vorigen Kapitel dargestellt wurde, welche Standortfaktoren welche Rolle für die Zielgruppe spielen, ist eine Grundlage für die Entwicklung von Handlungsempfehlungen für den Raum Dortmund gegeben. In Kapitel 4.4. ist deutlich geworden, dass es je nach der Zielgruppe ganz unterschiedliche Standortanforderungen gibt. Somit ist es erforderlich, zunächst alle Handlungsbedarfe vorzustellen: Um Empfehlungen geben zu können, muss erst einmal verdeutlicht werden, für wen und in welchen Bereichen Handlungsbedarf im Raum Dortmund besteht.

Im Zuge der Analyse haben sich insgesamt vier Gruppen herauskristallisiert, die jeweils unterschiedlichen Standortanforderungen besitzen und Ihren Wohnstandort nach unterschiedlichen Gesichtspunkten aussuchen (vgl. Kapitel 4.4). Dementsprechend erfolgen die Handlungsempfehlungen getrennt nach diesen Gruppen. Sie sollen in Tabelle 13 veranschaulicht werden:

Tabelle 13: Handlungsbedarf nach Gruppen

	Absolventen der TU Dortmund (Zielgruppe der empirischen Untersuchung)		Personen von außerhalb der Region (In- und Ausland)	
Gruppe	-Immobile Absolventen	-Mobile Absolventen	-Abiturienten -Studierende	-Absolventen
Handlungs-bedarf?	Nein	Ja	Ja	Ja

Quelle: Eigene Darstellung

Absolventen der TU Dortmund

Die untersuchte Zielgruppe aus Absolventen der TU Dortmund untergliedert sich in einen *immobilen* und einen *mobilen Typ* (vgl. Kapitel 4.4).

Für die *immobilen Absolventen*, die den Großteil der untersuchten Berufseinsteiger bilden, besteht **kein Handlungsbedarf** im Betrachtungsraum, da sie auch nach Berufseinstieg ihren Wohnsitz im Raum Dortmund oder in seiner der näheren Umgebung behalten. Ihr Verbleib in der Region ist zum größten Teil auch langfristig gesichert, ohne dass es dazu zusätzlicher Anreize bedarf.

Dadurch müssen die Akteure im Raum Dortmund **keine weiteren Maßnahmen** ergreifen, um Ihren Verbleib zu erhöhen.

Anders verhält es sich mit den *mobilen Absolventen*. Für ein attraktives und interessantes Stellenangebot sind sie stets bereit, den Raum Dortmund und auch das Land NRW zu verlassen. Einem adäquaten Jobangebot könnten sie in jede deutsche und europäische Region folgen - vorausgesetzt die Stelle und das Unternehmen entspricht ihren Vorstellungen. Langfristig betrachtet sind zu weiteren Stellen – und Ortswechseln bereit. In diesem Fall entscheidet nicht ausschließlich nur der Faktor Stellenangebot, sondern eine Vielzahl persönlicher Präferenzen über die Wahl der Region. Diese Präferenzen werden bestimmt durch eine Vielzahl weicher Standortfaktoren: Ein abwechslungsreiches kulturelles Angebot mit Kneipen, Konzerten, Straßenfesten und einer jungen, studentischen Szene zählt ebenso hierzu wie das Vorhandensein stadtnaher Grün- und Erholungsflächen aber auch Wasserflächen, an denen man wohnen und flanieren kann (vgl. Kapitel 4.2.2). Der Verbleib der mobilen Absolventen im Raum Dortmund ist nicht gesichert. Wenn keine zusätzlichen Maßnahmen getroffen werden, wandern diese Absolventen in der Berufseinstiegsphase tendenziell in Regionen ab, die eine größere Auswahl an interessanten Stellenangeboten und namhaften Unternehmen vorweisen können. Im Wettbewerb um diese *Mobilen* kann der Raum Dortmund mit Konkurrenzstandorten nicht mithalten, da er, zumindest im IT-Bereich, keine bekannten Konzerne wie Siemens oder Microsoft beherbergt. Der Handlungsbedarf liegt somit im Bereich der **Akquisition großer Unternehmen,** was von Dirk Löhn jedoch als sehr schwierig angesehen wird (vgl. Interview Löhn). Da langfristig betrachtet für die Mobilen auch **weiche Faktoren** in den Vordergrund treten, müssen auch Maßnahmen im Bereich der besseren Ausstattung mit diesen getroffen werden, um die *Mobilen* halten zu können.

Personen von außerhalb der Region

Neben der eigentlichen Untersuchungsgruppe dieser Arbeit besteht ein großer Bedarf bei der stärkeren Anwerbung von Akademikern bzw. angehenden Akademikern von außerhalb. Dabei müssen diese Personen nach beruflicher Stellung weiter unterteilt werden in Abiturienten und Studierenden (angehende Akademiker) sowie in Absolventen (Akademiker).

Diese Gruppen haben häufig ein falsches Bild oder eine unzureichende Kenntnis der Region Dortmund, wie aus den Experteninterviews deutlich wurde (vgl. Kapitel 4.3). Daher setzen alle Handlungsempfehlungen zur Anwerbung sowohl von Akademikern als auch von angehenden Akademikern in dem Bereich **Image und Bekanntheit der Region** an.

Für Abiturienten bzw. Studierende spielen dabei vor allem der Ruf und die Bekanntheit der Hochschule eine Rolle, für Absolventen sind es eher der Ruf und die Bekanntheit der ansässigen Unternehmen bzw. Unternehmenscluster.

Nachdem nun die Handlungsbedarfe dargestellt wurden, kann zu Handlungsempfehlungen für den Raum Dortmund übergegangen werden. Dort werden die hier skizzierten Maßnahmen für die drei Zielgruppen, für die Handlungsbedarf identifiziert wurde, ausführlicher formuliert. Es sei an diese Stelle angemerkt, dass alle Maßnahmen nur so ausführlich dargestellt werden, wie es die Untersuchungsergebnissen   erlauben,   aus   denen   sie   abgeleitet   werden.

TEIL C: HANDLUNGSEMFPEHLUNGEN

5.Handlungsempfehlungen für den Raum Dortmund zur Anziehung und Bindung von Absolventen

Entsprechend dem Ziel dieser Arbeit sollen die nun folgenden Handlungsempfehlungen einen Beitrag dazu leisten, den Verbleib von Absolventen der TU Dortmund zu erhöhen bzw. mehr Absolventen und Studierende von Außerhalb für den Raum Dortmund zu gewinnen.

Sie richten sich im Wesentlichen an vier Akteure des Untersuchungsgebietes, die aufgrund des in Kapitel 4.4 ermittelten Handlungsbedarfes hierfür zweckmäßig sind.

1. **Kommunale Akteure wie z.B. die Wirtschaftsförderungsabteilungen der Städte bzw. Kreise im Untersuchungsraum**
2. **Ansässige technologieorientierte Unternehmen mit einem hohen Bedarf an Ingenieuren und Informatikern**
3. **Die TU Dortmund**

Zur besseren Übersichtlichkeit werden die Handlungsempfehlungen nach diesen Akteuren getrennt dargestellt. Ferner wird nach den drei Gruppen differenziert, für die in Kapitel 4.5 Handlungsbedarfe identifiziert wurden (siehe Tabelle 13).

5.1 Empfehlungen für kommunale Akteure im Raum Dortmund

Da die Stadt Dortmund das bedeutendste Zentrum des Betrachtungsraumes ist und die höchste Konzentration von technologieintensiven Betrieben beherbergt, sind die Empfehlungen in diesem Kapitel in erster Linie an die Stadt Dortmund gerichtet.

Zielgruppe: Mobile Absolventen der TU Dortmund
Mobile Absolventen der TU Dortmund sind in der Berufseinstiegsphase primär an attraktiven Stellenangeboten interessiert und sind bereit, in die Region zu gehen, die die interessantesten Stellen bieten. (siehe Abbildung 38). Sie bevorzugen dabei häufig große und namhafte Unternehmen, die im Raum Dortmund fehlen. Eine Ansiedlung von Großunternehmen im Raum Dortmund wird als sehr schwierig und somit als weniger realistisch erachtet(vgl. Interview Löhn). Einzelne Kommunen sind für sich allein genommen aufgrund des harten Wettbewerbs um die großen Konzerne

nicht imstande, ein derartiges Ziel zu erreichen. Die Ansiedlung von Konzernen wäre eher eine Aufgabe auf der Ebene der Metropole Ruhr oder des Landes NRW. Daher soll diese Maßnahme an dieser Stelle nicht weiter verfolgt werden.

Langfristig betrachtet bestimmen weichen Faktoren die Wohnstandortwahl verstärkt die Wohnstandortwahl der *Mobilen* (siehe Kapitel 4.5). Folgende weiche Faktoren sind den *Mobilien* besonders wichtig:

1. **Studentische Szene mit einem entsprechenden Kultur- und Freizeitangebot**
2. **Gut erreichbare, stadtnahe Grünflächen**
3. **Nähe zu Wasserflächen**

Im Folgenden wird die aktuelle Ausstattung des Raums Dortmund mit diesen Faktoren dargestellt (Ist-Zustand) und mit den von der jeweiligen Zielgruppe nachgefragte, hier dargestellten Faktoren verglichen. Aus diesem Vergleich werden anschließend Handlungsempfehlungen abgeleitet.

Faktor: Studentische Szene mit einem entsprechenden Kultur- und Freizeitangebot

Ist- Zustand:

Eine lebendige studentische Szene findet in Dortmund aufgrund der deutlichen räumlichen Trennung von Universität und City nur eingeschränkt statt. Größere, studentisch geprägte Szeneviertel sind nur in Ansätzen vorhanden wie z.B. das Kreuzviertel im der südwestlichen Innenstadt(vgl. Kapitel 3.3). Hinzu kommt eine räumliche Streuung von studentischen Kneipen oder Clubs über verschiedene Stadtviertel der Innenstadt, die das Entstehen eines lebhaften Szeneviertels wie etwa die Kölner Südstadt erschweren. Auch eine räumliche Ballung von Diskotheken lässt Dortmund derzeit vermissen. Dies liegt u.a. auch an dem geringen Studentenanteil an der Gesamtbevölkerung: nur etwa jeder zweite der rund 22.000 Dortmunder Studenten wohnt in Dortmund selbst (vgl. Kapitel 3.3).

Empfehlungen:

Die Ballung studentischer Kultureinrichtungen kann erhöht werden, wenn mehr Studierende motiviert werden, in bestimmten Innenstadtviertel Dortmunds wohnen. Dies kann z.B. durch die Einrichtung günstiger innenstadtnaher Studentenwohnheime bzw. Umnutzung vorhandener, leerstehender Wohnungen realisiert werden. Darüber hinaus wäre es für Studenten interessant, leestehende Gebäude für kulturelle Aktivitäten frei nutzen zu können (wie z.B. Musikproberäume). Dadurch könnte der Studentenanteil in bestimmten Vierteln erhöht und das Entstehen von studentischen Vierteln gefördert werden. Solche Studentische Viertel würden wiederum weitere Milieugruppen anziehen, welche ähnlichen Wert auf großes und vielfältiges Kultur -und Freizeitangebot legen – und so als Katalysator wirken. Durch den relativ hohen Anteil leerstehender Gebäude (sowohl Wohnungen als auch Gewerbe) in einigen Innenstadtquartieren besteht in diesem Bereich noch viel Entwicklungspotenzial. In einigen Teilen der nördlichen Innenstadt zeichnen sich bereits jetzt Ansätze solcher Veränderungsprozesse ab.

Faktor: Gut erreichbare, stadtnahe Grünflächen

Ist-Zustand:

Dortmund hat mit 45 % einen sehr hohen Grünflächenanteil. Eine Reihe von großen Parkanlagen mit vielfältigen Freizeitmöglichkeiten durchzieht das Stadtgebiet. Mit dem Westpark, dem Fredenbaumpark sowie dem Stadewäldchen gibt es auch innenstadtnahe, gut erreichbare Grünanlagen. Darüber hinaus existieren einige größere Waldgebiete in der näheren Umgebung der Stadt(vgl. Kapitel 3.3).

Empfehlungen:

Der Raum Dortmund ist derzeit gut versorgt ist mit gut erreichbaren, stadtnahen Grünflächen, die vielfältige Freizeitaktivitäten ermöglichen. Weitere Maßnahmen sind in diesem Bereich somit nicht mehr erforderlich.

Faktor: Nähe zu Wasserflächen

Ist-Zustand:

Mit der Emscher verfügt der Raum Dortmund über einen kleinen Fluss – der allerdings im Zuge der Industrialisierung zu einem Abwasserkanal ungenutzt wurde. Der Zugang zur Emscher (visuell und physisch) wurde stark eingeschränkt. Eine Renaturierung und Öffnung des Emschergebiets wird derzeit umgesetzt. Die Nutzung des Emschergebiets als Erholungsfläche, insbesondere der visuelle Zugang, ist zum jetzigen Zeitpunkt nur sehr eingeschränkt möglich. Neben der Emscher befindet sich der Dortmund- Ems-Kanal- ein schiffbarer Kanal im Raum Dortmund, der für einige Wassersportaktivitäten und als Flaniermöglichkeit genutzt werden kann. Seine periphere Lage und relativ schlechte Erreichbarkeit erschwert jedoch diese Nutzungen (vgl. Kapitel 3.3). Lediglich an seinem Anfang im Dortmund Hafen ist er gut erreichbar. Weitere Wasserflächen wie z.B. der Hengsteysee sind wegen der ungünstigen Lage ebenfalls schlecht erreichbar (vgl. Kapitel 3.3).Innerstädtische Wasserflächen, die auch in fußläufiger Entfernung von der City erreichbar wären, lassen sich in Dortmund vermissen. In Dortmund- Hörde, rund 3 km südöstlicher der Innenstadt entsteht in den nächsten Jahren ein künstlicher, 24 Hektar großer See („Phoenix-See"). Mit seiner Fertigstellung wird nach jetzigem Stand 2011 gerechnet (vgl. Website Ruhr Nachrichten).

Empfehlungen:

Mit dem Phoenix-See erhält Dortmund eine große und leicht zugängliche Wasserfläche, die zudem relativ innenstadtnah gelegen ist. Für die studentischen Innenstadtbewohner von Dortmund ist der Dortmund-Ems-Kanal aufgrund der größeren Innenstadtnähe (Bereich Hafen) insgesamt interessanter. Das Hafenviertel hätte durch die unmittelbare Nähe zum Kanal das Potential, sich zu einem neuen studentischen Szeneviertel zu entwickeln –durch Umnutzung einiger leersehender Gebäude am Wasser für kulturelle Zwecke sowie durch und eine bessere Anbindung des Hafens an die angrenzende Innenstadt. Die Eröffnung einer großen Strandbar mit Blick auf das Hafenbecken „SOLENDO" vor einigen Jahren beweist, dass im Hafenviertel Entwicklungsmöglichkeiten für ein kultur- und erlebnisinteressierte Milieus bestehen.

5.2 Empfehlungen für ansässige Unternehmen und die TU Dortmund

Zielgruppe: Mobile Absolventen der TU Dortmund

Für die mobilen Absolventen steht in der Berufseinstiegsphase die **Attraktivität des Stellenangebots** der wichtigste Faktor der Wohnstandortwahl (vgl. Abbildung 38).

Ist-Zustand:

Obwohl im Raum Dortmund großer Konzerne fehlen, verfügt es über ein großes Cluster an mittelständischen IT-, MST – und Logistikunternehmen Die Region gehört derzeit zu den größten IT-Standorten Deutschlands (vgl. Kapitel 3.2). Die Zahl an interessanten und attraktiven Arbeitsmöglichkeiten ist hoch (vgl. Interview Aigner). Die durchschnittlichen Einstiegsgehälter für Ingenieure sind im nationalen Vergleich relativ hoch (vgl. Kapitel 3.2). Nachteilig für Absolventen ist jedoch die Tatsache, dass Dortmund mittelständisch geprägt ist und die Unternehmen dadurch vielen Absolventen eher unbekannt sind (vgl. Interview Aigner).

Empfehlungen:

Da es im Untersuchungsraum nicht an zahlreichen, attraktiven Jobmöglichkeiten für Ingenieure und Informatiker mangelt, diese aber häufig unbekannt sind, müssen Wege gesucht werden, die Unternehmen unter den Absolventen der TU Dortmund bekannter zu machen. Kontakte zwischen Absolventen und Unternehmen sollten bereits in der Studienphase intensiviert werden, damit angehende Absolventen stärker an ansässige Unternehmen gebunden werden können. Dadurch wird der Verbleib von mobilen Absolventen im Raum Dortmund gefördert. Die Wahrscheinlichkeit, dass ein Absolvent die Region verlässt, sinkt, wenn er bereits im Studium persönliche Kontakte zu regionalen Arbeitgebern geknüpft hat. Der Kontaktaufbau zu ansässigen Unternehmen kann z.B. über Firmenkontaktmessen erfolgen, welche sich auf die Vorstellung von ansässigen Unternehmen fokussieren. Generell begünstigt eine stärkere Kooperation zwischen der TU Dortmund und den Unternehmen das Entstehen solcher Kontakte. Als Beispiel sei nur auf die Möglichkeit verwiesen, als Universität jedem Student Praktikumsplätze zu garantieren, wie das an privaten Universitäten oder im US-amerikanischen Raum verbreitet ist.

Zielgruppe: Abiturienten und Studierende von außerhalb + Absolventen von außerhalb

Über die Standortfaktoren dieser beiden Zielgruppen konnte aus der Untersuchung nur wenig abgeleitet werden, da sie nicht zur Untersuchungsgruppe gehörten. Es ist lediglich bekannt, dass sich diese Gruppe dann für den Standort Dortmund entscheidet, wenn das **Außenimage der Hochschule und der Region** verbessert und deren **Bekanntheit** erhöht wird (vgl. Interview Löhn und Aigner).

Ist-Zustand:

Das Image sowie die Bekanntheit der TU Dortmund und des Raums Dortmund wurde in dieser Arbeit nicht untersucht. Lediglich die Experteninterviews lieferten hierzu einige grobe Auskünfte. Aus Ihnen ging folgendes hervor (vgl. Kapitel 4.3.2.):

1. Die TU Dortmund ist in anderen Regionen relativ unbekannt. Das liegt auch daran, dass die Hochschule bei angehenden Ingenieuren keinen so exzellenten Ruf hat wie etwa die RWTH Aachen (vgl. Kapitel 3.3).

2. Das Außenimage der Region ist schlecht. Das Bild vom Ruhrgebiet wird häufig durch alte Vorstellungen eines dreckigen, industriell geprägten Raumes bestimmt. Ein großes Kultur- und Freizeitangebot wird von Außenstehenden im Raum Dortmund daher nicht vermutet.

3. Eine große Zahl von IT- Logistik und MST Unternehmen im Raum Dortmund wird, bedingt durch das verzerrte Außenimage und das Fehlen großer Unternehmen von Außenstehen- den ebenfalls nicht vermutet.

Empfehlungen:

Die TU Dortmund benötigt einen besseren Ruf, um überregional stärker wahrgenommen zu wer- den. Die RWTH Aachen ist vor allem aufgrund des exzellenten Rufs einiger weniger Fakultäten unter Studienanfängern überregional bekannt. Das Aachener Modell könnte für die TU Dortmund als Vorbild gelten. Eine gezielte und konsequente Förderung einiger „Flagschiffe" der Universität wie z.b. der Fakultät Informatik könnte langfristig auch der TU Dortmund einen Ruf verschaffen, der sie überregional bekannter macht. Die Umbenennung in „Technische Universität" im Jahr 2007 unterstützt bereits diese Maßnahme, da sie das technische Profil der Universität stärker herausstellt.

Die TU Dortmund und ansässige Unternehmen könnten im Rahmen einer Kooperation interessan- te Austauschprogramme für Studierende aus anderen Regionen und dem Ausland anbieten- z.b. Programme, die sowohl Studium als auch vergütete Praktika an regionalen Unternehmen umfas- sen. Das wäre für diese Zielgruppe eine attraktive Gelegenheit, die Region Dortmund kennenzu- lernen. Ansässige Unternehmen, die im Zeitalter der Globalisierung zunehmend an fremdsprach- kundigen, internationalen Fachkräften interessiert sind, könnten von solchen Programmen profi- tieren. Zugleich würden so mehr Studenten von außerhalb in die Region gelangen und ein positi- veres Image nach Hause tragen und damit auch die Bekanntheit Dortmunds steigern – was wid- derrum auch Absolventen von außerhalb auf den Raum Dortmund aufmerksam machen würde. So können sich selbst verstärkende Prozesse in Gang gesetzt werden, die langfristig das Image der Region verbessern können.

Studierende von außerhalb würden später als potentielle Arbeitskräfte den steigenden Akademikerbedarf decken können, wenn es gelingt, sie von der Attraktivität der Region zu über- zeugen.

Allgemein sollten die Unternehmen des Untersuchungsraums aktiv auch an Hochschulen anderer Regionen für Praktikums- und Einstiegsmöglichkeiten im Raum Dortmund werben- was auch Ab- solventen von außerhalb ansprechen würde. Die TU Dortmund könnte ebenfalls überregionale Marketingaktivitäten betreiben und z.B. in überregionalen Massenmedien für sich werben.

Diese Empfehlungen sollen nicht weiter vertieft werden, da zu wenig über die Standortpräferen-zen von (angehenden) Studierenden und Absolventen von außerhalb bekannt ist. Eine ausführli-chere Betrachtung von Studierenden und Absolventen von außerhalb kann nur im Rahmen einer weiteren Arbeit geleistet werden. Somit sind die Handlungsempfehlungen der Arbeit an dieser Stelle abgeschlossen. Mit einem Fazit und einem anschließenden Ausblick wird die vorliegende Arbeit abgeschlossen.

6.Fazit und Ausblick

Die Untersuchung der Wohnstandortfaktoren ausgewählter Absolventen der TU Dortmund hat unerwartete Ergebnisse geliefert. Trotz ausgezeichneter Berufsaussichten, die diesen Menschen mehr räumliche Wahlfreiheit erlaubt als vielen anderen Bewerbern, treffen sie ihre Standortwahl zumeist nach wenigen, eher pragmatischen Gesichtspunkten.

Für die Mehrzahl der untersuchten Berufseinsteiger waren die **Attraktivität des Stellenangebots und insbesondere der Tätigkeit**, sowie **räumliche Nähe zu sozialen Kontakten, insbesondere zum Partner** die entscheidenden Faktoren bei der Standortwahl. Andere Faktoren spielten für sie eine weitaus geringere Rolle. **Weiche Standortfaktoren** waren für die große Masse der Befragten unbedeutend. Insgesamt wählen die Befragten die Region also nach harten Faktoren aus. Damit wurde die Hypothese, dass weiche Faktoren eine mindestens genauso große Rolle spielen wie harte, widerlegt. Auch die Hypothese, nachgefragte Absolventen wählen ihren Wohnstandort primär nach persönlichen Präferenzen, kann dadurch nicht bestätigt werden.

Diese Gewichtung hatte offensichtliche Auswirkungen auf die räumliche Mobilität der Befragten. Es hat sich gezeigt, dass die Meisten auch nach dem Berufseinstieg im Land NRW verblieben sind, **weil** sie die räumliche Nähe zu ihren sozialen Kontakten beibehalten wollten - welche bei den allermeisten Befragten in der Nähe des Studienortes lagen. Damit hat die Untersuchung deutlich gemacht, dass die von Charles Landry als „mobile Eliten" bezeichnete jungen Akademiker im Falle der untersuchten Absolventen der TU Dortmund gar nicht mobil sind. Ihr räumlicher Mobilitätsgrad muss nach der Klassifizierung durch Mohr (2002) in über 60 % der Fälle als *Nicht-Mobilität* eingestuft werden. Der Anteil an *Fernmobilität* oder internationale Wanderungen ist bei ihnen gering. Das kann zum Teil damit begründet werden, dass die untersuchten Absolventen ihren Job nicht wie angenommen relativ frei aussuchen können.

Dadurch kann im Falle der untersuchten Ingenieure und Informatiker nicht von dem befürchteten „Brain-Drain", also einer Abwanderung der klugen Köpfe aus der Region gesprochen werden. Das Ruhrgebiet kann den Großteil dieser Akademiker halten. Dabei war nicht nur die *realisierte Mobilität*, sondern auch die *Mobilitätsbereitschaft* schwach ausgeprägt. Nur wenige der untersuchten Berufseinsteiger waren in der Berufseinstiegsphase bereit, die Region zu verlassen, in der sie während ihrer Studienzeit wohnten und können als *mobil* gelten. Der Großteil hat von vornherein nur in dem um dieses Gebiet pendelbaren Umkreis nach Stellen gesucht und wird als *nicht-mobil* angesehen.

Diese Tatsache wirft die Frage nach der eigentlichen Problematik neu auf. Aktuell können die wissensintensiven Betriebe im Raum Dortmund ihren Bedarf an hochqualifizierten Arbeitskräften mit Humankapital aus der näheren Umgebung decken – also mit Absolventen der Hochschulen im Raum Dortmund. Jedoch besteht in der langfristigen Perspektive vor dem Hintergrund der demografischen Entwicklung **zusätzlich** auch ein **Bedarf an Absolventen von außerhalb**, um einen breiten Fachkräftemangel zu verhindern.

Momentan ist der Raum Dortmund jedoch weit davon entfernt, ein beliebter Standort für akademische Arbeitskräfte von Außerhalb zu sein. Im internationalen Wettbewerb um (angehende) Akademiker kann die TU Dortmund kaum mit renommierteren und international bekannteren Hochschulen wie der RWTH Aachen oder der TU München mithalten – zum einem wegen mangelnder Bekanntheit, zum anderen auch, weil Dortmund in der Außenwahrnehmung nach wie vor mit einem negativen und veralteten Image einer Montanregion zu kämpfen hat, der keine hohe Lebensqualität oder ein studentisches Flair zugetraut wird.

Auch im Wettbewerb der Unternehmen um die begehrten Ingenieure, Informatiker und Naturwissenschaftler vermag es der Raum Dortmund nicht, viele Arbeitskräfte von außerhalb des Landes NRW anzuziehen. Während Absolventen der TU Dortmund gerne in der Region verbleiben, ziehen es Absolventen anderer Regionen lieber vor, in die für multinationale Konzerne berühmte Regionen wie München oder Stuttgart zu gehen, als in den mittelständisch geprägten Raum Dortmund.

Somit besteht der Handlungsbedarf eindeutig bei der **stärkeren Anwerbung von Akademikern und angehenden Akademikern von außerhalb.** Ein breiter Fachkräftemangel hätte gravierenden Folgen für die Wettbewerbsfähigkeit der Dortmunder IT-, Logistik- und MST Branche – da diese auf hochqualifizierte Arbeitskräften angewiesen sind. Deswegen müssen die Akteure im Raum Dortmund frühzeitig Maßnahmen ergreifen, um mehr Hochqualifizierte von Außerhalb für den Standort Dortmund zu interessieren. Diese Maßnahmen sollten sowohl auf die Anwerbung von Studierenden als auch auf die Anwerbung von Absolventen gerichtet sein. Da sich diese Arbeit nicht mit den Absolventen aus anderen Regionen beschäftigt hat, konnte sie nur wenig darüber sagen, was getan werden kann, um diese anzuziehen. Fest steht jedoch, dass der Raum Dortmund für die meisten (angehenden) Ingenieure, die hier studieren bzw. arbeiten, durchaus als attraktiv und lebenswert gilt. Das eigentliche Problem ist nicht das Fehlen interessanter Jobmöglichkeiten, auch nicht das Kultur- und Freizeitangebot. Das zentrale Problem ist, das die Region in der Außenwahrnehmung nicht dem tatsächlichen Ist-Zustand entspricht. Verzerrte und häufig falsche Vorstellungen vom Ruhrgebiet tragen mit dazu bei, dass es kaum Ingenieure und Informatiker in Dortmund gibt, die nicht aus der näheren Umgebung kommen. Somit bestehen die Empfehlungen für die Akteure im Raum Dortmund darin, imageverbessernde Maßnahmen einzuleiten, die explizit an (angehende Studenten) und Akademiker von außerhalb gerichtet sind und sie auf diesem Wege in den Raum Dortmund locken können. Jeder neugewonnene Akademiker von außerhalb ist wiederum ein Katalysator für das Außenimage der Region.

Die Ergebnisse dieser Arbeit reichen jedoch nicht aus, um fundierte Aussagen über die Standortpräferenzen von Studenten und Absolventen aus anderen Regionen zu machen, da diese nicht im Mittelpunkt standen. Dies wäre ein Anreiz für weiterführende wissenschaftliche Arbeiten.

Die Absolventenbefragung dieser Arbeit hatte zu über 90 % Teilnehmer mit Herkunft in NRW. Dadurch fielen die Bewertungen der Befragten anderer Herkunft zu wenig ins Gewicht. Die Verallgemeinerbarkeit auf die Grundgesamtheit aller ausgewählten Absolventen sollte daher mit Vorsicht betrachtet werden. In diesem Zusammengang wäre es interessant, eine vergleichbare Befragung durchzuführen, deren Stichprobe zur Hälfte aus heimischen und zur Hälfte aus zugereisten Absolventen der TU Dortmund besteht. Auf diese Weise können verlässlichere Aussagen darüber getroffene werden, inwieweit auch der Verbleib von zugereisten Absolventen in der Region gesichert ist und welche Unterschiede zu den Absolventen aus NRW existieren. Generell sollte bei weiterführenden Arbeiten zu diesem Thema mit größeren und repräsentativeren Stichproben gearbeitet werden, um eine belastbare Grundlage für Handlungsempfehlungen zu haben.

Schließlich sei noch angemerkt, dass die Hypothese, dass der Erst-Jobs häufig darüber entscheidet, wo man längere Zeit verbleibt, widerlegt wurde. Ein Jobwechsel ist bei den betrachteten Absolventen der TU Dortmund keine Seltenheit. Langfristig gesehen können sich Teile der Befragten grundsätzlich vorstellen, auch die Region (erneut) zu wechseln. Dann können auch die weichen Standortfaktoren bei der Standortwahl eine größere Rolle spielen. Möglicherweise ist die räumliche Mobilität der „Young Professionals", also junger Absolventen mit Berufserfahrung, höher als die der Berufseinsteiger. Inwieweit das tatsächlich der Fall ist und ob es die „mobile Eliten", die sich Ihren Wohnstandort nach „Gutdünken" aussuchen können, unter den deutschen Absolventen wirklich gibt- und was das für die Städte bedeutet - das sind Fragen, die nur im Rahmen weiterer Studien beantwortet werden können. Hier besteht noch großer Forschungsbedarf.

Quellenverzeichnis

Literaturquellen

Atteslander, Peter (1998): Methoden der empirischen Sozialforschung. 8., bearb. Aufl., 91. - 93 Tsd. Berlin: de Gruyter (Sammlung Göschen, 2100).

Bellmann/ Velling (2002): Arbeitsmärkte für Hochqualifizierte. Institut für Arbeitsmarkt- und Berufsforschung der Bundesanstalt für Arbeit (Hg.). Nürnberg (Beträge zur Arbeitsmarkt- und Berufsforschung).

Birg, Herwig (1993): Ursachen der Wanderung im Hinblick auf die Eigendynamik und die Wechselwirkungen der internationalen und interregionalen demo-ökonomischen Prozesse. In: Raumforschung und Raumordnung, Jg. 51, H. 5, S. 241–247.

Blindert, Ute (2008): ZukX Ingenieure. Magazin für Absolventen. Ausgabe II/WS 08/09. Online verfügbar unter http://www.zukx.de/, zuletzt geprüft am 09.08.2009.

Blotevogel, Hans Heinich (2007) in: dortmund-project: Dortmund muss mit seinen Pfunden wuchern. Pressemitteilung vom 21.12.2007. Dortmund. Online verfügbar unter http://www.dortmund-project.de/de/presse/presse_detail.jsp?cid=1010340110373.

Boulhol, Hervé (2009): THE EFFECTS OF POPULATION STRUCTURE ON EMPLOYMENT AND PRODUCTIVITY. Herausgegeben von Organisation for Economic Co-operation and Development(OECD). Organisation for Economic Co-operation and Development(OECD). Paris. (ECONOMICS DEPARTMENT WORKING, 684). Online verfügbar unter http://www.oecd.org/eco/working_papers, zuletzt geprüft am 10.07.2009.

Briedis, Kolja (2007): Übergänge und Erfahrungen nach dem Hochschulabschluss. Ergebnisse der HIS-Absolventenbefragung des Jahrgangs 2005. Herausgegeben von HIS-Hochschul-Informations-System GmbH. Hannover.

Bundesamt für Bauwesen und Raumordnung -BBR (2006): Raumordnungsprognose 2020/2050. CD-ROM. BBR (Hg.). Bonn: Selbstverlag des BBR.

DeJong, Gordon F.; Gardner, Robert W. (1981): Migration decision making. Multidisciplinary approaches to microlevel studies in developed and developing countries. New York, NY: Pergamon

Press.

Deutsches Institut für Wirtschaftsforschung (DIW) (2006): Wochenbericht. Nr. 11/ 2006. Herausgegeben von Deutsches Institut für Wirtschaftsforschung (DIW). Berlin.

Diekmann, Andreas (2007): Empirische Sozialforschung. Grundlagen, Methoden, Anwendungen. 17. Aufl., Orig.-Ausg. Reinbek bei Hamburg: Rowohlt-Taschenbuch-Verl.

Diller, Christian (1991): Weiche Standortfaktoren. Zur Entwicklung eines kommunalen Handlungsfeldes ; das Beispiel Nürnberg. Berlin.

Eisenmenger, Matthias; Pötzsch, Olga; Sommer, Bettina (2006): Bevölkerung Deutschlands bis 2050. – 11. koordinierte Bevölkerungsvorausberechnung. Herausgegeben von Statistisches Bundesamt. Wiesbaden.

Feuerstein, Thomas (2008): Entwicklung des Durchschnittsalters von Studierenden und Absolventen an deutschen Hochschulen seit 2000. Herausgegeben von Statistisches Bundesamt. Wiesbaden. (Auszug aus Wirtschaft und Statistik).

Fischer, Georg; Siebern-Thomas, Frank (2004): Arbeit und Arbeitsmärkte im Zeitalter wissensbasierter Wirtschaft und Gesellschaft: Gibt es noch einen nationalen Arbeitsmarkt. In: Hönekopp, Elmar;

Jungnickel, Rolf et al: Internationalisierung der Arbeitsmärkte. Herausgegeben von Institut für Arbeitsmarkt- und Berufsforschung der Bundesagentur für Arbeit(IAB). Nürnberg: Institut für Arbeitsmarkt-und Berufsforschung der Bundesagentur für Arbeit (IAB), S. 35–59.

Florida, Richard (2002): The rise of the creative class. And how it's transforming work, leisure, community and everyday life. [Nachdr.]. New York, NY: Basic Books.

Florida, Richard; Tinagli, Irene (2004): Europe in the Creative Age. Herausgegeben von Demos. London.

Franz, Peter (1984): Soziologie der räumlichen Mobilität. Eine Einführung. Frankfurt/Main: Campus-Verl.

Fritsch, Michael; Stützer, Michael (2006): Die Geografie der Kreativen Klasse in Deutschland. TECHNISCHE UNIVERSITÄT BERGAKADEMIE FREIBERG, FAKULTÄT FÜR WIRTSCHAFTSWISSEN-

SCHAFTEN. Freiberg. (Freiberger Arbeitspapiere, 11).

Geißler, Rainer (2006): Die Sozialstruktur Deutschlands. Zur gesellschaftlichen Entwicklung mit einer Bilanz zur Vereinigung. 4., überarbeitete und aktualisierte Auflage. Wiesbaden: VS Verlag für Sozialwissenschaften / GWV Fachverlage GmbH Wiesbaden (Springer-11776 /Dig. Serial]).

Georg, Werner (1998): Soziale Lage und Lebensstil. Eine Typologie. Opladen: Leske + Budrich.

Gläser, Jochen; Laudel, Grit (2009): Experteninterviews und qualitative Inhaltsanalyse als Instrumente rekonstruierender Untersuchungen. Grundlegung einer allgemeinen Theorie der räumlichen Mobilität und Analyse des Mobilitätsverhaltens der Bevölkerung in den Kieler Sanierungsgebieten. 3., überarb. Aufl. Geographisches Institut der Universität Kiel (Hg.). Wiesbaden: VS Verlag für Sozialwissenschaften / GWV Fachverlage GmbH Wiesbaden.

Grabow, Busso; Henckel, Dietrich; Hollbach-Grömig, Beate (1995): Weiche Standortfaktoren. Stuttgart, Berlin: Kohlhammer [u.a.].

Han, Petrus (2005): Soziologie der Migration. Erklärungsmodelle, Fakten, politische Konsequenzen, Perspektiven ; 17 Tabellen und 9 Übersichten. 2., überarb. und erw. Aufl. Stuttgart: Lucius & Lucius.

Häußermann, Hartmut; Siebel, Walter; Wurtzbacher, Jens (2004): Stadtsoziologie. Eine Einführung. Frankfurt/MainCampus-Verl.

Heissmeyer, A.; Herr, A.; Özglü, E.; Plewniua, U.; Röll, T.; Siedenburg, B. et al. (2007): Amüsieren geht über Studieren. In: Fokus-Magazin, H. 47, S. 58–76.

Helbrecht, Ilse; Meister, Verena (2007): Engpassfaktor Humankapital. Strategien der Bremer Wirtschaftsförderung zur Attraktion von Hochqualifizierten als Standortvoraussetzung der Hich-Tech-Industrie. Forstar Gutachten Nr.4. Uni Bremen Institut für Geographie; Forschungsistitut Stadt und Region (ForStaR) (Hg.). Bremen: Eigenverlag der Universität Bremen.

Hippmann, Hans-Dieter (1983): Binnenfernwanderungen und Arbeitskräftenachfrage. eine empirische Analyse für die Bundesrepublik Deutschland. Günter Marchal und Hans-Jochen Matzenbacher Wissenschaftsverlag (Hg.). Krefeld.

Hönekopp, Elmar; Jungnickel, Rolf et al (2004): Internationalisierung der Arbeitsmärkte. Institut für Arbeitsmarkt- und Berufsforschung der Bundesagentur für Arbeit(IAB) (Hg.). Nürnberg: Institut für Arbeitsmarkt-und Berufsforschung der Bundesagentur für Arbeit (IAB).

Hradil, Stefan (1987): Sozialstrukturanalyse in einer fortgeschrittenen Gesellschaft. Von Klassen u. Schichten zu Lagen u. Milieus. Opladen: Leske + Budrich.

Hradil, Stefan; Schiener, Jürgen (2001): Soziale Ungleichheit in Deutschland. 8. Aufl., Nachdr. Wiesbaden: VS Verl. für Sozialwiss.

Insitut der deutschen Wirtschaft Köln (2009): Informationsdienst des Instituts der deutschen Wirtschaft Köln, Jg. 35, 19. März 2009. Herausgegeben von Insitut der deutschen Wirtschaft Köln. Köln. Online verfügbar unter http://www.iwkoeln.de/Portals/0/PDF/iwd12_09.pdf, zuletzt geprüft am 30.07.2009.

Janssen, Manfred (2000): Mobilität und regionalökonomisches Entwicklungspotenzial. Höherqualifizierte Arbeitnehmer und Existenzgründer aus der deutsch-niederländischen Grenzregion. Leske + Budrich (Hg.). Opladen: Leske + Budrich.

Killisch, Winfried F. (1979): Räumliche Mobilität. Grundlegung einer allgemeinen Theorie der räumlichen Mobilität und Analyse des Mobilitätsverhaltens der Bevölkerung in den Kieler Sanierungsgebieten. Geographisches Institut der Universität Kiel (Hg.). Kiel: Selbstverlag des Geographischen Instituts der Universität Kiel.

Klaus J. Beckmann, Stefan Köhler (1989): Wanderungsverhalten junger Ausbildungsabsolventen in abwanderungsgefährdeten Räumen Baden Würtembergs. Institut für Städtebau und Landesplanung Universität Karlsruhe (Hg.). Karlsruhe.

Klöpper Vera und Weber, Anna (2007): Generationsübergreifende Mobilitätsbiographien. Diplomarbeit an der Fakultät Raumplanung. Fakultät Raumplanung, Universitt Dortmund (Hg.). Dortmund.

Krätke, Stefan (2008): "Creative cities" and the rise of the dealer class. Herausgegeben von Stefan Krätke. Presentation to the conference "The Right to City. Prospects for Critical Urban Theoriy and Practice.". Berlin. Online verfügbar unter http://www.kraetke.privat.t-online.de/Dealer%20class%20presentation.pdf,

(zuletzt zugegriffen am 07.07.2009)

Kröhnert, Steffen; Medicus, Franziska; Kringholz, Reiner (2006): Die demographische Lage der Nation. Wie zukunftsfähig sind Deutschlands Regionen. Herausgegeben von Berlin-Institut für Bevölkerung und Entwicklung. Online verfügbar unter http://www.berlin-institut.org/fileadmin/user_upload/Studien/Demografische_Lage_dt_Kurzfassung_Webversion.pdf (zuletzt geprüft am 27.07.2009.)

Landry, Charles (2006): The creative city. A toolkit for urban innovators. Reprinted. London: Comedia; Earthscan Publ.

Landry, Charles (2007): "Eine neue Ikone". Der Britische Soziologe Charles Landry über Konkurrenz unter den Städten Europas und die kreative Klasse. In: Der Spiegel, H. 34, S. 102.

Lepsius, Rainer M. (1979): Soziale Ungleichheit und Klassenstrukturen in der Bundesrepublik Deutschland. Lebenslagen, Interessensvermittlung und Wertorietierungen. In: Wehler, Hans Ulrich (Hg.): Klassen in der europäischen Sozialgeschichte. Göttingen: Vandenhoeck & Ruprecht,, S. 166–209.

Manderscheid, Katharina (2004): Milieu, Urbanität und Raum. Soziale Prägung und Wirkung städtebaulicher Leitbilder und gebauter Räume. 1. Aufl. Wiesbaden: VS Verl. für Sozialwiss.

Mayer, Horst Otto (2008): Interview und schriftliche Befragung. Entwicklung, Durchführung und Auswertung. 4., überarb. und erw. Aufl. München: Oldenbourg.

Mohr, Henrike (2002): räumliche Mobilität von Hochschulabsolventen. In: Bellmann/ Velling: Arbeitsmärkte für Hochqualifizierte. Herausgegeben von Institut für Arbeitsmarkt- und Berufsforschung der Bundesanstalt für Arbeit. Nürnberg (Beträge zur Arbeitsmarkt- und Berufsforschung), S. 249–277.

Niebuhr, Annekatrin/ Stiller Silvia (2004): Zur Bedeutung von Standortfaktoren: Was macht einen Standort attraktiv für qualifizierte Arbeitskräfte und Kapital. In: Hönekopp, Elmar; Jungnickel, Rolf et al: Internationalisierung der Arbeitsmärkte. Herausgegeben von Institut für Arbeitsmarkt- und Berufsforschung der Bundesagentur für Arbeit(IAB). Nürnberg: Institut für Arbeitsmarkt-und Berufsforschung der Bundesagentur für Arbeit (IAB), S. 233-254

Otte, Gunnar (2004): Sozialstrukturanalysen mit Lebensstilen. Eine Studie zur theoretischen und methodischen Neuorientierung der Lebensstilforschung. 1. Aufl. Wiesbaden: VS Verl. für Sozialwiss.

Petz, Ursula von (2003): Räumliche Szenarien für die Ruhrstadt 2030. Dortmund: IRPUD.

Prossek, Achim (2000): Mittelmaß – Sehnsucht – Metropolenentwürfe: Image und Selbstver-
ständnis im Ruhrgebiet. Eröffnungsvortrag auf dem Kongress "OUT 4 – Popkultur, Ruhrgebiet,
Internet", Oberhausen, 12.11.99. Herausgegeben von Technische Universität Dortmund. Dortmund.   Online   verfügbar   unter   http://www.raumplanung.uni-
dortmund.de/rlp/Personal/Prossek/original/out04-doku-prossek.pdf.
(zuletzt zugegriffen am 25.07.2009)

Ravenstein, Ernest Geoge (1997): Die Gesetze der Wanderung I und II. In: Szell, Gyorgy: Regionale
Mobilität. Herausgegeben von Gyorgy Szell. München: Nymphenburger Verlagshandlung, S. 41–
94.

Rolfes, Manfred (1996): Regionale Mobilität und akademischer Arbeitsmarkt. Hochschulabsolventen beim Übergang vom Bildungs- in das Beschäftigungssystem und ihre potentielle und realisierte Mobilität. Osnabrück: Rasch (Osnabrücker Studien zur Geographie, 17).

Schäfers, Bernhard (1998): Handwörterbuch zur Gesellschaft Deutschlands. Opladen: Leske +
Budrich.

Schätzl, Ludwig (2008): Wirtschaftsgeographie 1. 9. Aufl., unveränd. Nachdr. Paderborn u. a.:
Schöningh (UTB Geographie, Wirtschaftswissenschaften, 782).

Schneider, Nicole; Spellerberg, Annette (1999): Lebensstile, Wohnraumbedürfnisse und räumliche
Mobilität. Opladen: Leske + Budrich.

Schnell, Rainer; Hill, Paul B.; Esser, Elke; Schnell-Hill-Esser (2005): Methoden der empirischen Sozialforschung. 7., völlig überarb. und erw. Aufl. München: Oldenbourg.

Schreyer, Franziska (2009): Jetzt erst recht! Interview: Berufsforscherin Dr. Franziska Schreyer. In:
Audimax Ingenieur, Jg. 4, S. 54. Online verfügbar unter http://www.audimax.de/de/ing/news-
artikel/article/3/jetzt-erst-r.html?no_cache=1&cHash=926d3fb50a,   (zuletzt   geprüft   am
23.05.2009).

Schumann, Jochen (1992): Grundzüge der mikroökonomischen Theorie. 6., überarb. und erw.
Aufl. Berlin: Springer.

Stadt Dortmund, Fachbereich Statistik (2008): Jahresbericht Lebensraum Dortmund. Herausgegeben von Fachbereich Statistik der Stadt Dortmund. Dortmund. (Nr. 185).

Sternberg, Rolf (1998): Technologiepolitik und High-Tech Regionen. Ein internationaler Vergleich. 2., veränd. Aufl. Münster: Lit.

Szell, Gyorgy (1997): Regionale Mobilität. Szell, Gyorgy (Hg.). München: Nymphenburger Verlagshandlung.

Täubner, Mischa (Januar 2009): Akademiker auf der Sonnenseite des Arbeitsmarktes. In: Frankfurter Allgemeine Hochschulanzeiger, Ausgabe 100, Januar 2009, S. 10–14.

Technische Universität Dortmund (2007): Statistisches Jahrbuch der Universität Dortmund. Herausgegeben von Dezernat für Hochschulplanung und Controlling. Dortmund. Online verfügbar unter: http://www.tu-dortmund.de/uni/Uni/Zahlen__Daten__Fakten/Statistik/Jahrbuch_2007.pdf, zuletzt geprüft am 09.08.2009.

Thießen, Friedrich u. a. (Hg.) (2005): Weiche Standortfaktoren. Erfolgsfaktoren regionalen Wirtschaftsentwicklung. Interdisziplinäre Beiträge zur regionalen Wirtschaftsforschung. 1 Bände. Berlin: Duncker & Humblot (Heft 541).

Thomsen, Jan; Söhnke, Wilbrand (1999): Parkraumbewirtschaftung an der Universität Dortmund. Eine Untersuchung zu den räumlichen Auswirkungen. Institut für Raumplanung (Hg.). Dortmund: Institut für Raumplanung (Arbeitspapier, 171).

Thünen, Johann Heinrich von; Lehmann, Herrmann (1990): Der isolierte Staat in Beziehung auf Landwirtschaft und Nationalökonomie. [Nachdr. d. 2. Aufl. von 1842]. Berlin: Akad.-Verl.

Wagner, Michael (1987): Bildung und Migration. In: Raumforschung und Raumordnung, Jg. 45, H. 3, S. 97–106.

Wagner, Michael (1989): Räumliche Mobilität im Lebensverlauf. Eine empirische Untersuchung sozialer Bedingungen der Migration. Stuttgart: Enke.

Weber, Alfred (1922): Über den Standort der Industrie. 1. Teil. Reine Theorie des Standorts. 2. Aufl. Tübingen: Mohr Verlag.

Wehler, Hans Ulrich (Hg.) (1979): Klassen in der europäischen Sozialgeschichte. Göttingen:

Vandenhoeck & Ruprecht,

Woll, Artur (2008): Wirtschaftslexikon. 10., vollst. neubearb. Aufl., Jub.-Ausg. München: Oldenbourg.

Ziesemer, Alexander (2004): Strategische Stadtentwicklungsplanung im Ruhrgebiet. Eine Analyse am Beispiel der Städte Duisburg und Dortmund. Dortmund: Dortmunder Vertrieb für Bau- und Planungsliteratur.

Zimmermann, Gunter (1998): Räumliche Mobilität. In: Schäfers, Bernhard: Handwörterbuch zur Gesellschaft Deutschlands. Opladen: Leske + Budrich, S. 514–524.

Zuber, Helene (2007): Was Städte sexy macht. In: Der Spiegel, H. 34, S. 98–112.

Internetquellen

Website Bundesministerium des Inneren (BMI)

http://www.bmi.bund.de/cln_095/DE/Themen/PolitikGesellschaft/DemographEntwicklung/Altern/altern_node.html

Thema Demographische Entwicklung

(Zuletzt zugegriffen am 15.07.2009)

Website Statistik der Bundesagentur für Arbeit

1) http://www.pub.arbeitsagentur.de/hst/services/statistik/interim/grundlagen/glossare/static/pdf/ast-glossar.pdf

   Glossar Arbeitsmarktstatistik (zuletzt zugegriffen am 14.06.2009)

2) http://www.pub.arbeitsagentur.de/hst/services/statistik/000000/html/start/karten/aloq_kreis.html

   Arbeitslosenquoten Juni 2009 -Länder und Kreise (zuletzt zugegriffen am 15.07.2009)

Website Landesamt für Datenverarbeitung und Statistik Nordrhein-Westfalen (LDS NRW)

1) Anteil von Personen im erwerbsfähigen Alter NRW

2) Wanderungssaldo bei den 20 bis 25-Jährigen und 25- bis 30 Jährigen in den Städten Dortmund, Bochum, Essen und Duisburg

3)Prognose der demographische Entwicklung im Ruhrgebiet 2025

4) http://www.it.nrw.de/statistik/a/daten/amtlichebevoelkerungszahlen/rp9_dez08.html

Amtliche Bevölkerungszahlen, Bevölkerung im Regierungsbezirk Arnsberg

(zuletzt zugegriffen am 8.07.2009)

Website Statistisches Bundesamt

http://www.destatis.de/jetspeed/portal/cms/Sites/destatis/Internet/DE/Content/Statistiken/Bev

oelkerung/EheschliessungenScheidungen/Tabellen/Content50/Eheschlie_C3_9FungenScheidunge

n.psml

Eheschließungen und Ehescheidungen

Website RVR-Datenbank 1

http://www.rvr-online.de/publikationen/downloads/klima-4/bindata/BildStud_07_TabNeu.pdf

Studierende an Hochschulen WS 2007/2008

Website RVR-Datenbank 2

http://www.ruhrgebiet-

regionalkun-

de.de/zukunftsperspektiven/demografischer_wandel/Demografischer_Wandel_im_Ruhrgebiet.p

hp?p=5,1

Demographischer Wandel

Website Sinus-Institut

www.sinus-sociovision.de

(zuletzt zugegriffen am 16.03.2009)

Website *dortmund-project*

www.dortmund-project..de

Website TU Dortmund

http://www.tu-dortmund.de/uni/Uni/Zahlen__Daten__Fakten/index.html

Zahlen Daten und Fakten

Website Trendence Institut

http://www.trendence.de/wissenswertes.html?&tx_ttnews[tt_news]=187&tx_ttnews[backPid]=3

0&cHash=bcd3def5e1

Absolventenbarometer 2008, IT Edition

Website Spiegel Online/ Unispiegel 1

Eliteuniversitäten

Website Spiegel Online/ Unispiegel 2

Einstiegsgehälter von Geisteswissenschaftler

Website WirtschaftsWoche

http://www.wiwo.de/technik/internetnutzung-in-deutschland-auf-hohem-niveau-270859/

Erhebung: Internetnutzung in Deutschland auf hohem Niveau

(zuletzt zugegriffen am 21.05.2009)

Website Networker Westfalen e.V.

http://www.mybird.de/structure_mybird/main.asp?G=121558&A=1&S=ChOMqY334671s77377yg

kz1s0r01757m75SJngkk1IwW1124343m08&N=121748&ID=-1&P=&O=&L=1031

Beschreibung der IT-Region Dortmund (zuletzt zugegriffen am 1.06.2009)

Website Stadt Dortmund

http://www5.dortmund.de/index.php?smi=2.11&pid=1164

(Zuletzt zugegriffen am 22.07.2009)

Website Universitätsallianz Metropole Ruhr

http://www.uamr.de/

(Zuletzt zugegriffen am 21.07.2009)

Website Geoserver LDS NRW

http://www.geoserver.nrw.de/verbund.html

(zuletzt zugegriffen am 14.05.2009)

Website Bundesministeriums für Familie, Senioren, Frauen und Jugend

http://www.bmfsfj.de/bmfsfj/generator/Publikationen/genderreport/3-erwerbseinkommen-von-
frauen-und-maennern.html

Gender Datenreport. Erwerbseinkommen von Frauen und Männern

(zuletzt zugegriffen am 25.07.2009)

Website ZukX Magazin für Absolventen

http://www.zukx.de/geld/gehalt/einstiegsgehalter-fur-
ingenieure/?searchterm=einstiegsgeh%C3%A4lter

Einstiegsgehälter für Ingenieure

(zuletzt zugegriffen am 25.07.2009)

Website Ingenieurskarriere.de

http://www.ingenieurkarriere.de/_library/pdf/Gehaltsbrosch%FCre_A5_INTERNET2008.pdf

Einstiegsgehälter für Ingenieure

(zuletzt zugegriffen am 9.08.2009)

Statistisches Landesamt Berlin

http://www.statistik-berlin.de/framesets/berl1.htm

Statistiken: Hochschulen

(zuletzt zugegriffen am 26.07.2009)

Website Unipark

http://www.unipark.info/1-0-home.htm

(zuletzt zugegriffen am 31.07.2009

Website Ifo Institut

http://www.cesifo-group.de/portal/page/portal/ifoHome/a-
winfo/d6zeitreihen/15reihen/_reihenkt

Ifo Konjunkturtest: das Ifo Geschäftsklima für die Gewerbliche Wirtschaft (seit Januar 1991)

(zuletzt zugegriffen am 31.07.2009)

Website Hochschul-Informations-System GmbH (HIS)

http://www.his.de/abt2/ab22/aktuell/abs18

Absolventenpanel Prüfungsjahrgang 2005

(zuletzt zugegriffen am 8.08.2009)

Website Deutsche Forschungsgemeinschaft (DFG)

Exzellenzinitiative des Bundes *und der Länder* zur *Förderung von Wissenschaft und Forschung an deutschen Hochschulen*

Website Ruhr Nachrichten

http://www.ruhrnachrichten.de/lokales/dolo/sueden/Dortmunder-Sueden%3Bart2575,480159

Phoenixsee Flutung: erst im Herbst 2010

Anhang

Anhang 1: Fragebogen der schriftlichen Absolventenbefragung

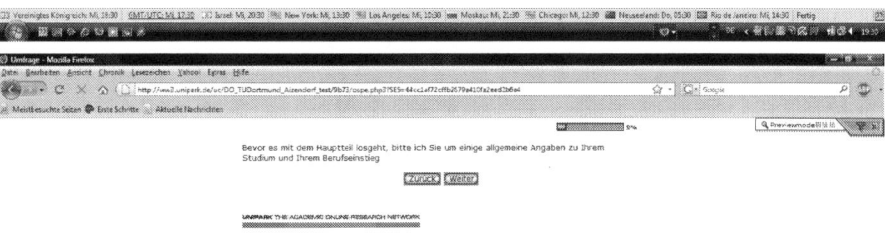

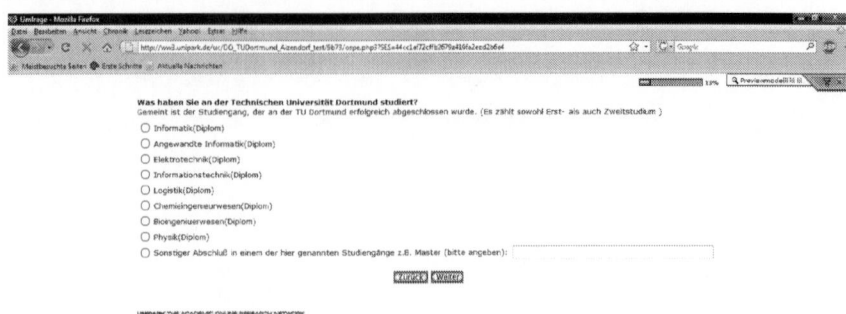

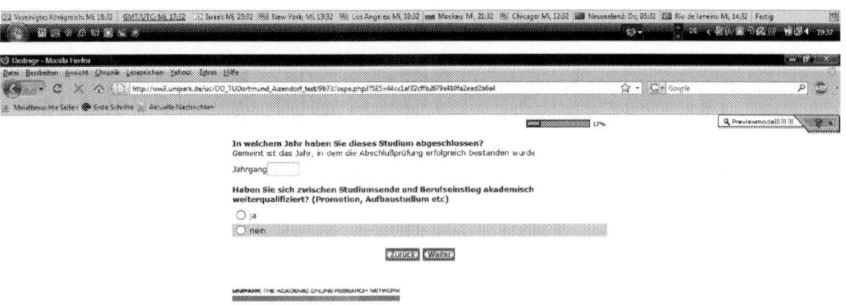

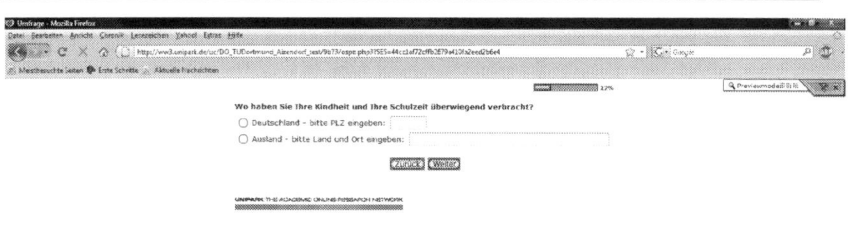

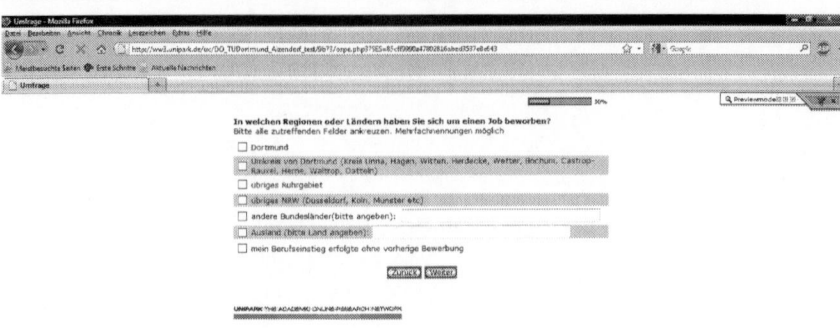

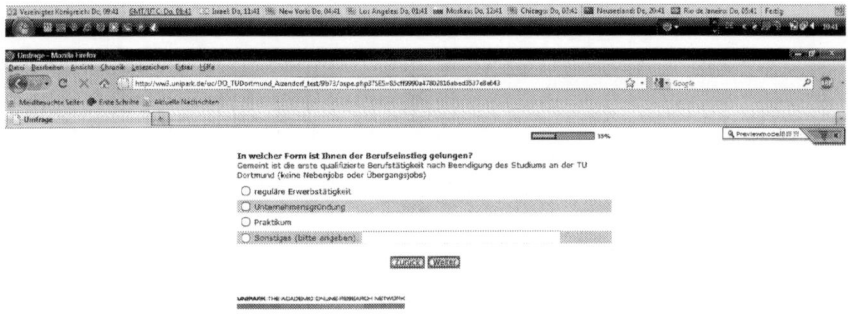

Anhang 1

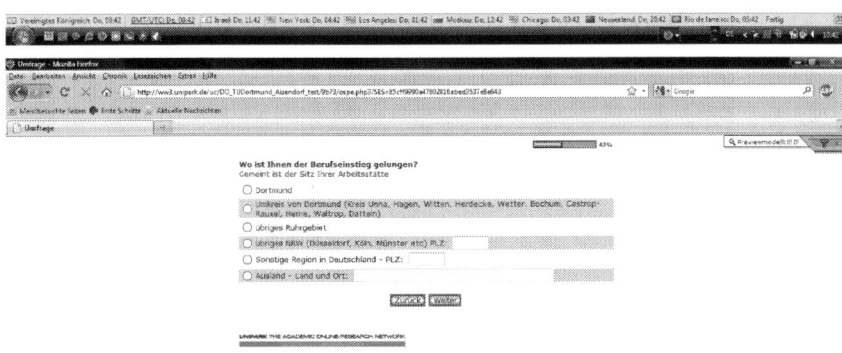

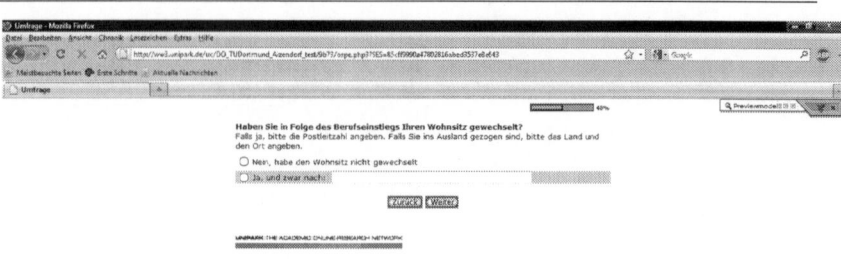

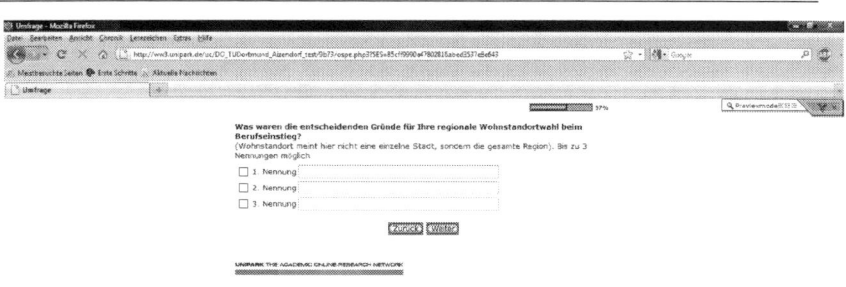

Wie wichtig ist oder war für Ihre regionale Wohnstandortwahl...
(Mit Wohnstandort ist hier die gesamte Region gemeint z.B. Rhein-Ruhr, Rhein-Main, Großraum München usw)

	sehr wichtig	wichtig	teils wichtig	unwichtig	völlig unwichtig
Gehaltshöhe	○	○	○	○	○
Verfügbarkeit adäquater Stellenangebote	○	○	○	○	○
Große Auswahl potentieller Arbeitgeber in der Region	○	○	○	○	○
Verfügbarkeit eines Technologieparks und Technologiezentrums	○	○	○	○	○
Verfügbarkeit großer oder bekannter Unternehmen (über 250 Mitarbeiter)	○	○	○	○	○
Arbeitsplatzsicherheit	○	○	○	○	○
berufliche Entwicklungsmöglichkeiten z.B. Aufstiegsmöglichkeiten	○	○	○	○	○
Höhe der Lebenshaltungskosten	○	○	○	○	○
überregionale Verkehrsanbindung (z.B. Straßenanbindung; Flughafen; Fernbahnhof)	○	○	○	○	○
Aus- und Weiterbildungsmöglichkeiten	○	○	○	○	○
persönliche Kontakte zu Arbeitgebern bzw. Firmenmitarbeitern vor Ort	○	○	○	○	○
Vorhandensein oder Nähe von Großstädten	○	○	○	○	○
räumliche Nähe zum Partner/zur Partnerin und ggf. zu meinen Kindern	○	○	○	○	○
räumliche Nähe zu Freunden und Verwandten	○	○	○	○	○

‹Zurück Weiter›

UNIPARK: THE ACADEMIC ONLINE RESEARCH NETWORK

Und wie wichtig waren bei Ihrer regionalen Wohnstandortwahl Aspekte der räumliche Lage und zwar...

	sehr wichtig	wichtig	teils wichtig	unwichtig	völlig unwichtig
Geographische Lage der Region	○	○	○	○	○
Erreichbarkeit anderer attraktiver Räume in der Umgebung (Städte, Landschaften, Sehenswürdigkeiten...)	○	○	○	○	○
Nähe zu Wasser (Fluss, See, Meer)	○	○	○	○	○
Nähe zu Bergen	○	○	○	○	○
Klima (Sonnenscheindauer, Temperaturen etc)	○	○	○	○	○
Luft- und Wasserqualität	○	○	○	○	○

Und Aspekte des Images...

	sehr wichtig	wichtig	teils wichtig	unwichtig	völlig unwichtig
Das Image (Ruf) des Unternehmenstandortes	○	○	○	○	○
Das Image (Ruf) der gesamten Region	○	○	○	○	○
Bekanntheitsgrad des Unternehmenstandortes	○	○	○	○	○
Bekanntheitsgrad der gesamten Region	○	○	○	○	○
Unverwechselbarkeit des Unternehmenstandortes /der gesamten Region	○	○	○	○	○

‹Zurück Weiter›

UNIPARK: THE ACADEMIC ONLINE RESEARCH NETWORK

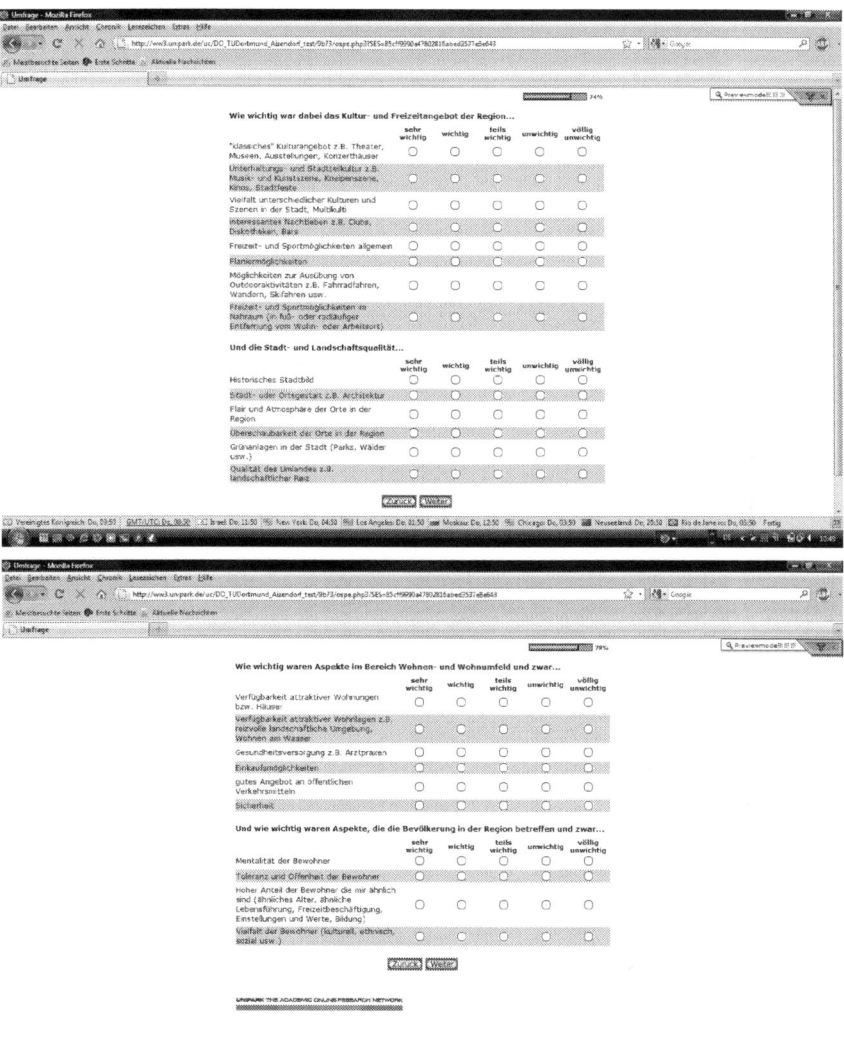

Anhang 1

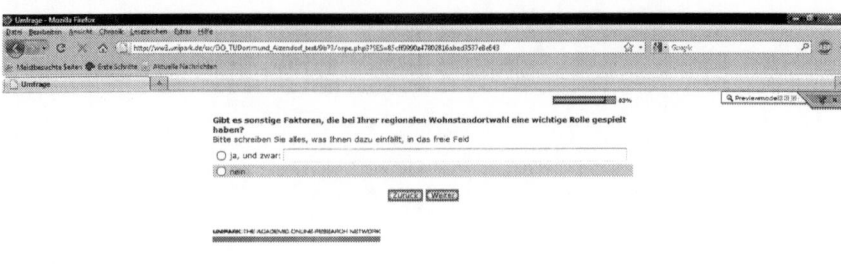

Anhang 1

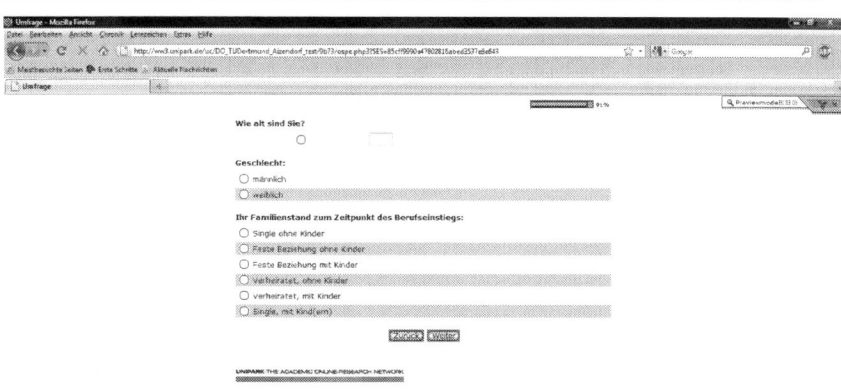

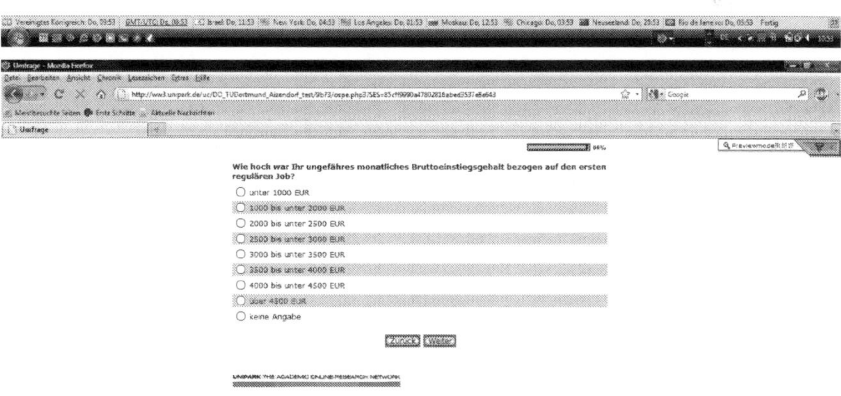

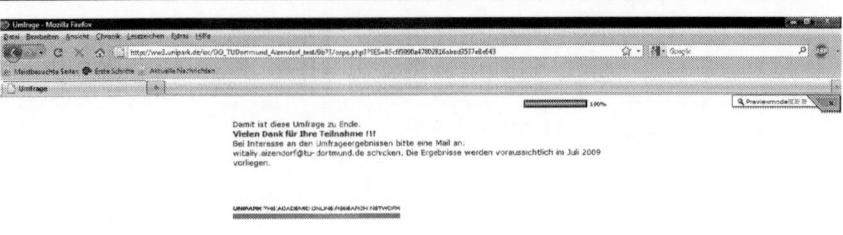

Damit ist diese Umfrage zu Ende.
Vielen Dank für Ihre Teilnahme !!!
Bei Interesse an den Umfrageergebnissen bitte eine Mail an.
witaliy.aizendorf@tu-dortmund.de schicken. Die Ergebnisse werden voraussichtlich im Juli 2009
vorliegen.

Anhang 2: Antworten auf die offene Frage des Fragebogens nach den

entscheidenden Gründen für die Wohnstandortwahl beim

Berufseinstieg (Frage 11)

1. Nennung (Teil 1)	1. Nennung (Teil 2)	1. Nennung (Teil 3)
Attraktives Promotionsstudiumprogramm	Lebensqualität	Art der Arbeitsstelle
Bequemlichkeit	soziale Kontakte	Familie
Freizeitwert	bestehender Wohsitz	Nähe zum Arbeitsplatz
Erreichbarkeit zum Arbeitsplatz	Nähe zum Arbeitsplatz	Entfernung zum Arbeitsplatz
Karrieremöglichkeiten	gute Verkehrsanbindung per Bahn / Auto	Nähe zum Arbeitsplatz
Exellentes Stellenangebot	arbeitsweg	Die sich mir bietende Arbeitsstelle
gute Verkehrsanbindung zur Arbeitsstelle	Die Arbeitsstelle lag in dieser Stadt.	Kurze Wege
Bin in Dortmund geblieben.	Arbeitsort des Partners	Familiäre Gründe: meine Frau arbeitet in Osnabrück
Beziehung	Nähe zum Arbeitsplatz	Bis zur 2Stunden Fahrt zur Arbeit waren dann doch zu viel
Nähe zu Familie und Freunden	Standort der Arbeitsstelle im Ruhrgebiet	Großstadtadtmosphäre
Freundeskreis	Vorhandenes Wohneigentum	gewohntes Umfeld
pendelbarer Bereich, 110km	Freunde	Arbeitsstätte
attraktivität des Jobangebots	Nähe zum Arbeitsplatz	Interessanter Job
Familie	Entfernung	Städtische Infrastruktur Dortmund
Infrastruktur (Bahnhof in der Nähe)	Ich kannte die Umgebung und hatte Kontakte	Privatleben
Wunschtätigkeit	Nähe zur Arbeitsstelle (Promotion an der TU Dortmund)	Attraktivstes Jobangebot
Nähe zur jetzigen Arbeitsstelle	Erreichbarkeit der Arbeitsstelle	starker Wirtschaftsstandort
Interessesantes Berufsangebot	Da bleiben, wo ich bin.	Berufsschwerpunkt
Schöne Umgebung	Nähe zum Arbeitsplatz	Die einzige Stelle, die mir angeboten wurde, war in dieser Region
private Gründe, Freundeskreis...	gutes Jobangebot	Kurzer Weg zur Arbeitsstelle
Familie und Freunde	persönliche Bindungen	Tätigkeit mit vielen Auslandseinsätzen
Arbeitsort	Keine Stelle gefunden	Bequemlichkeit
Der Job selbst	Einsatzgebiet für den Job	Firma befindet sich dort

gute Verkehrsanbindung	Freunde und Familie	Meine Frau wollte nicht umziehen.
Nahe an der Universität	Nähe zur Arbeit	Charmante Stadt
viele Arbeitgeber	Entfernung zum Arbeitsplatz	Entfernung zum Arbeitsplatz höchstens 20 km
Jobbeschreibung	in der Heimatstadt zu bleiben	Nähe zu einer Stadt
Soziales Netzwerk	Job	Nähe zum Job
Gemeinsame Wohnung mit der Freundin	Familie und Freunde	Familie
Wohne noch im Haus der Eltern	Ich wollte in meiner Heimatstadt bleiben	Familie
Nähe Arbeitsplatz	Familie - ich wohne wieder bei Osnabrück	kurzer Weg zur Arbeit
Nähe zur Arbeit	Entwicklung im Ruhrgebiet in den letzten Jahren	Freundeskreis und Familie in DO + Umgebung
Interessantes Jobangebot	Bundesweite Berufseinsätze, daher kein Umzug notwendig	berufliche Möglichkeiten
ÖPNV	mein Mann arbeitete auch hier	Nähe zum Arbeitsplatz
Nähe zum Arbeitsplatz	Sitz des Unternehmens	Nähe zum Arbeitsplatz
Nähe zur eigenen Arbeitsstätte	Umfeld	Gutes Angebot für ersten Job
Nähe zur Arbeitsstelle	Nähe zum Arbeitsplatz	Familie
Die Arbeitsstelle	Nähe zum Arbeitsplatz	interessanter Arbeitsplatz
Nähe zur Arbeitsstätte	Beruf meiner Frau	Interesse an Land und Leute
Nähe zum Arbeitgeber	Nähe zur Arbeitsstätte	Bequemlichkeit
Die Wohnstandort war mir nicht wichtig. Ich habe die beste Arbeitsstelle ausgesucht.	Tätigkeit	soziales Umfeld
Nähe zum Arbeitsplatz	Familie	Kurze Entfernung zur Arbeitsstätte
Arbeitsplatznähe	Attraktivität des Jobs	Arbeitsplatz der Frau
		zentrale Lage in NRW

2. Nennung (Teil 1)	2. Nennung (Teil 2)	2. Nennung (Teil 3)
Gute Universität	Rückkehr "in die Heimat"	starke Logistik-Region
Jobsituation	Job	Familie und Freunde
Wohnqualität	Arbeitsstelle der Freundin	Nähe zum Ruhrgebiet (andere große Städte)
Ausland - Neue Erfahrungen	Freizeitmöglichkeiten	Potentielle Arbeitgeber
Gute Bezahlung	Der Weg für tägliches Pendeln war zu weit.	Großstadtleben
kulturelles Angebot im Ruhrgebiet	Standort des Arbeitgebers	Freunde
Traumtätigkeit	Stadtnähe	Privates Umfeld
ehrenamtliche Aktivitäten	Bekannte	Meine Familie und meine Freunde leben wei-

		terhin in Duisburg.
Frau arbeitete in Do	Beibehaltung des aktuellen Lebensumfeldes	Familie in der Nähe
Ausgebauter ÖPNV	Erreichbarkeit von Familie und Freunden	Miete sollte möglichst niedrig sein
Lebensmittelpunkt der letzten 25 Jahre	Mit Freundin zusammenziehen	Nähe zur Universität
Nähe zur Familie	Freunde, die in dieser Stadt wohnen	Raus aus dem Studentenwohnheim
Familie in der Nähe	neues Erleben	Arbeitsplatz meiner Frau auch in DO
verhältnismäßig günstig zu leben	Bekanntheit	Verdienstmöglichkeiten
Großstadt	Familie und Freunde	Ruhige Lage
Günstige und gute wohnung	fühle mich in Dortmund wohl	Relative Nähe zur "Heimat"
vertrautes Umfeld	Nähe zu den Freunden und Bekannten	Job / Nebenjob
Berufliche Aussichten	gute Versorgungslage	Wohnort in Nähe Arbeitsplatz
Nähe Innenstadt	Nähe zum Hauptwohnsitz Dortmund	Einzige Möglichkeit für einen qualifizierten Einstieg
z.Z. noch die Möglichkeit etwas rumzukommen	Nähe zu Freunden, Verwandten	Freundin wohnt hier
Bekanntenkreis	hohe Lebensqualität	Erreichbarkeit der Arbeitsstätte
Arbeitsort des Partners	Region	Wohnung bekommen (in Zürich und Region nicht so leicht)
Lebenshaltungskosten	Gute Verkehrsanbindung	Wohnumfeld
	Ambiente	Attraktivität der Stadt
	Nähe zum Meer	Familie
		Großstadt

3. Nennung (Teil1)	3. Nennung (Teil 2)	3. Nennung (Teil 3)
Lebensqualität	gute ÖPNV-Anbindung	Duisburg ist gut angebunden an ÖPNV und Autobahnen, so dass ich sicher war, in pendelbarer Entfernung auch wieder neue Arbeit zu finden. Habe ich auch,

		jetzt bin ich in Düsseldorf beschäftigt.
Erstklassige Freizeitmoeglichkeiten	Infrastruktur	Firma in der Nähe
Erst Probezeit dann Auszug aus Elternhaus	Nähe zur Familie	Schönes Umfeld, Natur
Infrastruktur Ruhrgebiet	Standortwechsel ist spannend	Nähe zum Arbeitgeber
allg. Wohlfühlen in Do	bestehende Freundschaften	viele IT-Firmen in DO
muss nicht umziehen	Lebensmittelpunkt	Lebensqualität
Nähe ÖPNV	Kultur- und Unterhaltungsangebot	Freundes-/Bekanntenkreis
Kosten der Wohnung	Attraktivität der Stadt	Wohnort in ländlicher Umgebung
Nähe zur Familie und Freunden	Nähe zur Heimat und zum Freundeskreis	Interessante Aufgabe
Freunde	Eltern wohnen hier	Großstadt
WG Dichte	Mietkosten	Infrastruktur
Kulturelles Angebot	Nähe zu Freunden	

Anhang 3: Ausschnitt aus einem Fragebogen der REWE Marktforschung

Quelle: REWE   Marktforschung   2009

Anhang 4: Leitfaden und Transkripte der Interviews mit vier Absolventen

Interview-Leitfaden

Schwarz= Schlüsselfragen

Grün= Eventualfragen

Phase des Übergangs zwischen Studium und Beruf

1. Inwieweit konnten Sie sich ihren Wunschjob und Ihre Wunschregion frei aussuchen? Aus wie vielen Stellenangeboten konnten Sie gleichzeitig etwas auswählen? *(Für Hypothese: „Zielgruppe kann sich den Job und die Region relativ frei aussuchen")*

2. Dauer des Überganges bis zum Berufseinstieg (Explorative Frage)

3. Hatten Sie das Gefühl, in bestimmten Regionen ist es einfacher, an adäquate Stellen zu kommen, weil es vergleichsweise weniger Bewerber gibt? Oder ist das eher unternehmensabhängig? (Explorative Frage)

4. Bereits in der Bewerbungsphase regionale Präferenzen, oder überall beworben, wo interessante Jobangebote bestanden? Und wie viele Bewerbungen in welche Regionen? *(für meine Hypothese: Zielgruppe wählt den Wohnstandort nicht nach vorhandenen Jobangeboten sondern nach regionalen Präferenzen aus- daher nicht da wo man als erstes einen Job findet, sondern da wo man wohnen will, zieht man hin)*

Berufseinstieg

5. Wie schätzen Sie die Bedeutung des Erst-Jobs für die Karriere und die dauerhafte Wohnstandortwahl ein? *(Prüfung Hypothese: der Erstjob entscheidet häufig über den Ort, wo man längere Zeit verbleibt, weil die räumliche Mobilität nach der Berufseinstiegsphase immer weiter abnimmt)*

6. Wunsch-Region vs. Ist-Region: Inwieweit entsprach die Region, wo der Berufseinstieg gelang, der Region, wo Sie ursprünglich auch hinwollten? *(Prüfung Hypothese: Zielgruppe wählt den Wohnstandort nicht nach vorhandenen Jobangeboten sondern nach regionalen Präferenzen aus dh. Nicht da wo man einen Job findet, sondern da wo man wohnen will, zieht man hin)*

7. War das erste Arbeitsverhältnis befristet? (explorative Frage, relevant für das Standortwahlverhalten)

8. Wie häufig haben Sie Jobs gewechselt, bis Sie „sesshafter" geworden sind? Ist es in ihrem Beruf üblich, in den ersten 5 bis 10 Jahren den Job mehrfach zu wechseln?

9. Mobilitätsbereitschaft: wie stark war sie bei der Suche nach dem Erstjob? (Daher, wie weit waren Sie räumlich gesehen bereit, für Ihren Erstjob zu gehen und warum? (z.B. NRW-weit, bundesweit, europaweit, weltweit)

(Beantwortung der Frage, warum nur so wenige der befragten Absolventen aus dem Ruhrgebiet bzw. aus NRW abwandern)

Wohnsitzwechsel

10. Wie schnell nach dem Berufseinstieg haben Sie Ihren Wohnsitz gewechselt? *(relevant zur Einschätzung der Mobilitätsbereitschaft)*

11. Falls nicht gewechselt: aus welchen Gründen nicht? Oder haben Sie es bald vor? (siehe oben)

12. *Haben Sie mehrmals Ihren Wohnsitz in den Jahren nach dem Berufseinstieg gewechselt? Aus welchen Gründen? (siehe oben)*

13. Die Frage nach den entscheidenden Gründen für die Wohnstandortwahl wurde im Fragebogen oft missverstanden. Mit Wohnstandort war nicht der einzelne Ort oder Ortsteil gemeint, sondern die Region wie Rhein Ruhr oder Rhein Main. Dh. nochmal die Frage: was waren für Sie die entscheidenden Faktoren für die Wahl der Region beim Berufseinstieg?

14. Angenommen, sie haben zwei gleich gute Stellenangebote mit gleichen Aufstiegsmöglichkeiten, Gehältern usw.: nach welchen Kriterien entscheiden Sie sich dann für eine Stelle? (Prüfung Hypothese: weiche Standortfaktoren können dann ausschlaggebend für eine Standortentscheidung sein, wenn die harten Standortfaktoren mehrerer Standorte gleich bewertet werden)

15. *Das Gehaltsniveau taucht nur selten unter den drei entscheiden Gründen auf. Ist dieser Faktor auch für Sie weniger wichtig? Aus welchen Gründen?*

Gewichtung der Standortfaktoren

16. Wie schätzen Sie die Bedeutung von sozialen Bindungen (Partner, Freunde, Familie) als Standortfaktor bzw. als mobilitätshemmender Faktor ein?

17. *Wäre sie eher bereit, Ihre Region zu wechseln, wenn Sie diese Bindungen nicht hätten?*

18. *Welche Rolle hat für Sie die regionale Herkunft gespielt? Wollten Sie sich nicht zu weit von der Heimat entfernen?*

19. Weiche Faktoren: welche Kultur- und Freizeitangebote genau sind am wichtigsten für Sie?

20. Falls im Ruhrgebiet geblieben: wie schätzen Sie das Kultur- und Freizeitangebot dieser Region ein? Wie zufrieden sind Sie damit?

21. Falls abgewandert: aus welchen Gründen? Inwiefern war das Freizeit- und Kulturangebot dafür mitverantwortlich?

22. Welche Outdooraktivitäten-Möglichkeiten in einer Region sind für Sie wichtig?

Sonstiges (nur Eventualfragen)

21. *Falls Herkunft in NRW: Die Online-Befragung ergab, dass Absolventen mit der Herkunft NRW (und das waren die meisten) zu 77 % in NRW geblieben sind. Im Ruhrgebiet sind 61 % aller dieser Absolventen verblieben. Diese Zahl ist weit höher als vermutet. Wie erklären Sie sich diese Tatsache?*

22. *Falls Herkunft außerhalb NRW: Auch von den Personen mit Herkunft außerhalb NRW sind immer noch über 50 % im Ruhrgebiet verlieben. Wie erklären Sie sich das?*

23. *Die Umfrage ergab ferner, dass nur 4 % aller Befragten einen Berufseinstieg im Ausland gemacht hat. Dabei locken die angloamerikanischen Länder oder die Schweiz häufig mit deutlich besseren Verdienstmöglichkeiten und Berufsaussichten. Warum gehen Ihrer Meinung nach trotzdem nur so wenige Absolventen der TU Dortmund ins Ausland?*

Interviewtranskripte

Tranksript des telefonischen Interviews mit einem Absolventen
Studiengang: Logistik
Absolventenjahrgang: 2005
Herkunftsort: Nähe Hannover
Aktueller Wohnsitz: Göttingen

1.Themenkomplex: Phase des Übergangs zwischen Studium und Beruf

In der Literatur heißt es oft, als Ingenieur kann man heutzutage zwischen 3 oder 5 Stellenangeboten gleichzeitig aussuchen. Wie war das in deiner Situation? Inwieweit konntest du wirklich aus mehreren Stellenangeboten gleichzeitig aussuchen?

Ich hatte am Ende wirklich zwei Stellenangebote vor mir liegen. Ich hatte insgesamt drei oder vier Bewerbungen geschrieben und hatte also zwei Angebote gekriegt. Die Stelle jetzt in Wolfsburg hat sich aus Praktikum und Diplomarbeit ergeben. Und die andere Stelle, da hatte ich mich also richtig beworben. Da war ich empfohlen worden und ging dann ins Vorstellungsgespräch und dann hab ich auch einen Vorschlag am Ende bekommen. Also, war kein Problem. Und damals 2005 war die Lage auch absolut gut.

Wo hast du dich beworben?

Also bei VW in Wolfsburg, dann bei Siemens in München und Conti, da hatte ich auch noch einen Blick darauf geworfen...Könnten also auch nur drei Bewerbungen gewesen sein.

Du hast dich aber von vornherein nicht in NRW beworben. Hattest du somit bereits vorher regionale Präferenzen für bestimmte Regionen?

Nee, da bin ich ganz nach Interesse gegangen. Also VW – machte für mich einfach riesen Sinn. Siemens hatte einfach ein ganz tolles Traineeprogramm...Und...Ja, ich wollte einfach auch in einen großen Konzern, wo die auch ein gutes Einstiegsprogramm haben.

Und hatten auch regionale Präferenzen irgendwie Rolle für dich gespielt? Wenigstens unterbewusst?

Naja, unterbewusst vielleicht. Ich wäre lieber in den Norden gegangen (Norddeutschland, Anmerkung des Autors). Aber ich wäre auch nach München gegangen, wenn mir Siemens ein Angebot gemacht hätte.

Du bist also mehr nach Unternehmen gegangen als nach Region?

Ja, das kann man so sagen.

2.Themenkompex: Berufseinstieg

Nun habe ich bei der Online-Umfrage immer nach dem Erstjob gefragt. Darin liegt das Problem, denn viele wechseln auch. Wie schätzt du die Bedeutung des Erst-Jobs für die Karriere und die dauerhafte Wohnstandortwahl ein? Kann man sagen, der Erstjob ist vielleicht gar nicht so wichtig für die dauerhafte Standortwahl?

Das kann man so nicht sagen. Es kommt immer darauf an wo der Job ist. Es ist eine Sache, die sehr viel davon abhängt, inwieweit man gebunden ist und ob der Partner auch dahinzieht und ob er dort auch einen Job hat. Also es ist sehr viel davon anhängig ob man alleine ist oder nicht.

Und wie war das in deinem Fall? War der erste Job bei dir schon dafür verantwortlich, dass du dort in Niedersachsen geblieben bist?

Ich bin auch nicht mehr dort ansässig, wo ich angefangen habe, in Wolfsburg. Ich hatte schon innerhalb von VW gewechselt. Aber ich hab hier in Göttingen immer noch das Zimmer von der Diplomarbeitszeit. Und was die Wohnortwahl angeht, könnt ich hier jederzeit weg. Das wäre überhaupt kein Problem. Also von daher, dem Thema Erstjob würde ich überhaupt keine große Bedeutung beimessen. Ich glaube es gibt andere Leute die legen wesentlich mehr wert darauf, in einer bestimmten Region verankert zu sein. Ich gehe da wirklich mehr nach Unternehmen. Also ich möchte im Gegenteil sogar ins Ausland gehen mit dem Unternehmen oder woanders hin an irgendeinen anderen Standort.

Das wäre auch schon die nächste Frage, nach der Mobilitätsbereitschaft: wie weit wolltest du räumlich bei der Suche nach dem Erstjob gehen? Hast du gesagt, ich suche überall wo es interessant ist - Bundesweit, weltweit?

Es ist so: ich habe einen Job gesucht bei VW bzw. ich habe vorher ein Traineeprogramm bei VW gemacht, eben weil ich wusste, dass ich 15 Monate rund um die Welt geschickt werde.

Also ich war teilweise hier in Wolfsburg, ich war in Kassel vier Wochen, ich war sieben Wochen in Tschechien, ich war ein Monat in Bratislava und ich war drei Monate in Brasilien. Ich hab mir diesen Job ausgesucht, weil ich da genau diese Möglichkeit gehabt habe.

3.Themenkomplex: Wohnsitzwechsel

Wie schnell hast du dem Berufseinstieg haben Sie Ihren Wohnsitz gewechselt?

Naja, ich bin entgeltlich auch nicht richtig hier angekommen. Ich habe hier einfach nur ein Zimmer in einer WG. Also ich wohne eigentlich nach wie vor voll in Göttingen, wo ich auch meine Diplomarbeit geschrieben habe.

Hast du eigentlich dauerhaft vor, in diesem Unternehmen (VW, Anmerkung des Autors) zu bleiben?

An und für sich schon, ja. Und ab Herbst/ Winter dieses Jahres wird meine Freundin fertig mit Ihrer Promotion und dann werden wir versuchen, hier in der Region wirklich etwas Permanenteres zu finden. Und dann werden wir versuchen, hier aus der WG herauszukommen und uns etwas Größeres suchen.

Die offene Frage nach den entscheidenden Gründen für die Wohnstandortwahl wurde im Fragebogen oft falsch verstanden. Mit Wohnstandort war nicht der einzelne Ort oder Ortsteil gemeint, sondern die Region wie Rhein Ruhr oder Rhein Main. Deswegen nochmal die Frage: was waren für dich die drei entscheidenden Gründe für die Wahl der Region beim Berufseinstieg, also für Wolfsburg?

Der erste Grund war ganz klar, dass das Unternehmen hier war. Und eigentlich gibt es auch keine anderen….Also ich hätte auch nach Braunschweig gehen können oder so. Aber was eher für Wolfsburg spricht, ist natürlich die Nähe zum Arbeitsplatz. Und der Hauptgrund, warum ich jetzt in Göttingen wohne, ist einfach der Arbeitsplatz meiner Partnerin. Sie promoviert in Göttingen. Und deswegen haben wir den Hauptwohnsitz in Göttingen. Die Überlegung war - wir gehen entweder nach Wolfsburg oder wir ziehen nach

Göttingen. Und die ersten 15 Monate bei VW war ich ohnehin unterwegs und deswegen habe ich gesagt, ich fahre montags nach Wolfsburg und komme Freitags zurück.

Angenommen, du hast zwei gleich gute Stellenangebote mit gleichen Entwicklungsmöglichkeiten, Gehältern usw. und deine Partnerin würde auch mitziehen - nach welchen Kriterien entscheidest du dich dann für eine Stelle?

Dann würde ich wirklich nach der Region gehen. Also dann würde ich näher an die Küste ziehen. Also Hamburg finde ich auf jeden Fall gut.

Weshalb?

Das sind einfach meine persönlichen Präferenzen. Ja, es ist der Faktor Wasser. Und auch der Menschenschlag dort gefällt mir besser.

4.Themenkomplex: Gewichtung der Standortfaktoren

Ich möchte jetzt näher auf die Faktoren Kultur und Freizeit eingehen. Haben diese Faktoren für dich irgendeine Rolle beim Berufseinstieg gespielt oder sind sie eher sekundär?

Also im Moment sind sie vollkommend sekundär. Langfristig überlegen wird schon, wo wir hinziehen. Angenommen ich arbeite weiterhin in Wolfsburg, dann käme in Frage, - in Braunschweig zu wohnen, in Wolfsburg zu wohnen; es ginge aber auch Hannover, es ginge auch Berlin. Das wäre alles noch OK, um ohne Auto zur Arbeit zu kommen. Dann würde ich wirklich Braunschweig bevorzugen eben weil die Stadt von etwas außerhalb gut erreichbar ist. Weil es einfach eine sehr viele schönere Innenstadt hat und eine schönere Stadt ist mit einem bedeutend besseren Kulturangebot als Wolfsburg... und weil sie einfach schöner und älter ist. Und weil da auch der Großteil der Bekannten und Freunde wohnt. Also das soziale Umfeld dort wäre ein ganz anderes.

Inwieweit spielen dabei auch Outdooraktivitäten-Möglichkeiten oder generell Sport- und Freizeitmöglichkeiten eine Rolle für dich?

Ich denke, die hat eigentlich man überall.

Und wie sieht es mit dem Thema Kultur/ kulturelles Angebot aus? Hat das Ihre Standortwahl beeinflußt – also z.B. die Verfügbarkeit einer Kulturszene, einer Gastronomieszene usw.?

Ja, das geht damit Hand in Hand irgendwo. Das ist ein wichtiger Faktor, mit Sicherheit. Also ich möchte nicht irgendwo ab vom Schuss wohnen, wo gar nichts ist, also wo man nicht ausgehen kann und so. Doch doch, das ist schon wichtig.

Und welche Faktoren im Kulturbereich sind für Sie besonders wichtig? Also welche Sparten? Z.B die Verfügbarkeit von Museen, Austellungen, Nachtleben...

Es ist nicht die Verfügbarkeit. Es ist das Gefühl, das man alles machen könnte. Also eine gewisse Musikszene auf jeden Fall. Schön ist es, auch wenn ich es nicht häufig nutze, ein Theater in der Nähe zu haben. Und Parks und so weiter. Und was ich noch toll finde, sind irgendwelche Märkte, meinetwegen auch thematisch besetzt – wenn eine Stadt so was anbietet. Also Aktionen irgendwo.

Meinst du damit z.B. Stadtfeste?

Ja genau, sowas, in welcher Form auch immer. In Göttingen gibt es eine Nacht der Kunst. Da ist unheimlich viel los. Es ist viel Betrieb auf den Strassen- so Rockgruppen draußen; Man geht abends vor die Tür und sieht viele Leute auf den Straßen. Und man geht von einer Band zu anderen sozusagen- etwas ganz Faszinierendes. Und das macht einfach auch nicht jede Stadt. Oder Hannover hat die Nacht der Museen – auch ne tolle Sache, bei der man die ganze Nacht ins Museum gehen kann und so. Etwas Außergewöhnliches. **Also Sachen, die es nicht überall gibt, Stichwort Unverwechselbarkeit? Kommt es dir darauf an?** Ja genau.

Welche Bedeutung hat für dich die Nähe zu Wasser/Wasserflächen?
Die finde ich unheimlich wertvoll. Ganz ohne See oder andere Wasserflächen – das ist total blöd.

War das auch ein Faktor, der deine Entscheidung für die jetzige Region mit beeinflusst hat?
Nein, also im Moment noch nicht. Also im Moment war es wirklich nur die Arbeit.

Aber langfristig beabsichtigst du schon, deinen Wohnort auch nach diesem Gesichtspunkt auszuwählen?
Ja, langfristig ist das auf jeden Fall ein Faktor, der für mich eine Rolle spielt. Auch über die Wahl des Ortsteils, also wo innerhalb der Stadt ich mich niederlasse.

Transkript des telefonischen Interviews mit einem Absolventen

Studiengang: Informatik

Absolventenjahrgang: 2004

Herkunftsort: Essen

Aktueller Wohnsitz: Dortmund

1.Themenkomplex: Phase des Übergangs zwischen Studium und Beruf

In der Literatur heißt es oft, als Ingenieur oder Informatiker kann man heutzutage zwischen 3 oder 5 Stellenangeboten gleichzeitig aussuchen. Wie war das in deiner Situation? Inwieweit konntest du wirklich aus mehreren Stellenangeboten gleichzeitig aussuchen, bezogen auf die Zeit des Berufseinstiegs?
Klar, Stellenangebote gab es relativ viele, auf die ich mich auch bewerben konnte. Das auf jeden Fall. Ich hab dann sieben oder acht Bewerbungen geschrieben und es gab zwei Bewerbungsgespräche. – Eine Absage und das zweite war dann eine Zusage. Das heißt an konkreten Stellenangeboten hatte ich nur eine. Aber ich habe dann auch nicht weiter gesucht.
Hast du dich räumlich nur in der Region Dortmund beworben?
Ja, nur in der Region hier. Ich wollte in der Umgebung bleiben.
Und wie weit ging dein Radius, also wie weit wolltest du räumlich maximal gehen bei der Stellensuche?
100 km Umkreis.

2.Themenkompex: Berufseinstieg

Ich habe im Fragebogen ja immer nach dem Erstjob gefragt. Wie schätzt du die Bedeutung des Erstjobs in deiner Branche für die Karriere und die Wohnortwahl ein? Ist es so, dass der Erstjob gar nicht so entscheidend ist für den Ort, wo man länger bleibt?
Es kommt immer darauf an, wie man das selber handhabt. Man hat ständig die Möglichkeit, den Job zu wechseln. Wenn man das oft macht, dann ist der erste Job wahrscheinlich gar nicht so wichtig. Wobei natürlich schon, die Erfahrung, die man bei ersten Job sammelt, gilt als erste Qualifikation im Berufsleben. Wenn man die in seinen Lebenslauf schreibt, dann hat das schon Gewicht. Ich würd sagen es ist mittelwichtig.
Wo hast du den Ersteinstieg gemacht?

In Dortmund.

Hast du zwischendurch gewechselt?

Ich bin immer noch da, wo ich nach dem Studium angefangen habe.

4.Themenkomplex: Gewichtung der Standortfaktoren

Die offene Frage nach den entscheidenden Gründen für die Wohnstandortwahl wurde im Fragebogen oft falsch verstanden. Mit Wohnstandort war nicht der einzelne Ort oder Ortsteil gemeint, sondern die Region wie Rhein Ruhr oder Rhein Main. Deswegen möchte ich dich nochmals fragen: was waren für dich die drei entscheidenden Gründe für die Wahl der Region beim Berufseinstieg? Also in deinem Fall für die Region Dortmund?

Also der entscheidende Grund war sicherlich Familie, also weil meine Frau hier arbeitet, und sie sich auch da nicht verändern wollte. Das war eigentlich der Hauptgrund, warum ich mich nur hier in der Region beworben hab. Einen zweiten und dritten Grund in dem Sinne gibt es eigentlich nicht.

Mal angenommen, du hast zwei gleich gute Stellenangebote mit gleichen Entwicklungsmöglichkeiten, Gehältern usw. und der zweite Faktor, die Nähe zur Partnerin und zur Familie wäre gegeben- nach welchen Kriterien entscheidest du dich dann für eine Stelle?

Dann würde ich sagen, das nächste, was auschlaggebend ist, ist wie interessant der Job ist. **Bei der Onlineumfrage ist mir aufgefallen, dass sie Gehaltshöhe relativ selten als wichtig bewertet wurde. Wie schätz du die Bedeutung dieses Faktors ein?** Sie spielt natürlich auch eine Rolle. Wenn ich mich jetzt woanders bewerben würde, würde ich natürlich kein Rückschritt machen vom Gehalt her. Aber wichtiger ist eigentlich, ob der Job gut ist. Ich schaue, dass beim Gehalt eine Mindestgrenze erfüllt ist. Aber darüber hinaus ist es eher wichtig, was sozusagen dahinter steckt.

Meinst du damit speziell die Entwicklungsmöglichkeiten?

Ja, Entwicklungsmöglichkeiten auch, aber eher die Art der Tätigkeit. Man kann ja als Informatiker viele verschiedene Sachen machen, und manche davon sind spannend und ein Teil davon ist furchtbar langweilig. Also man möchte schon das machen was zu einem passt.

Kommen wir zum Thema Kultur und Freizeit. Welche Sparten des Kultur- und Freizeitangebotes sind für dich speziell besonders wichtig?

Also früher, zum Zeitpunkt des Berufseinstiegs da war das Nachtleben schon wichtig, also z.B. Discos, Kneipen usw. Aber jetzt haben wir mittlerweile ein Kind und da fällt Nachteben natürlich flach oder kommt deutlich kürzer.

Inwieweit spielen auch Möglichkeiten, Outdooraktivitäten auszuüben, für dich eine Rolle, also z.B Fahrradfahren oder Wandern?

Ja, das ist schon auch wichtig. Auf jeden Fall.

Welche Bedeutung hatte und hat für dich generell die Nähe zu Wasser/Wasserflächen? Gemeint sind z.B. Flüsse oder Seen.

Wasser ist mir völlig egal.

Inwieweit hat die aktuelle Wirtschaftskrise die IT-Branche in Dortmund, soweit du das beurteilen kannst beeinträchtigt? Haben Leute, die jetzt 2009 mit der Uni fertig werden, schlechtere Aussichten also haben sie es schwieriger bei der Stellensuche?

Mein persönlicher Eindruck ist, dass die Krise in dem Punkt keine großen Auswirkungen hat. Also ich glaube der Arbeitsmarkt in meiner Branche ist immer noch relativ gut, auch hier in der Region. Es gibt sicherlich hier und da einige Firmen, die weniger Aufträge vielleicht dadurch haben und weniger einstellungsfreudig ist, aber im Großen und Ganzen ist das alles nicht so wild.

Protokoll des telefonischen Interviews mit einem Absolventen

Studiengang: Informatik

Absolventenjahrgang: 2002

Herkunftsort: Wuppertal

Aktueller Wohnsitz: Dortmund

1.Themenkomplex: Phase des Übergangs zwischen Studium und Beruf

In der Literatur heißt es oft, als Ingenieur oder Informatiker kann man heutzutage zwischen 3 oder 5 Stellenangeboten gleichzeitig aussuchen. Wie war das in deiner Situation? Inwieweit konntest du wirklich aus mehreren Stellenangeboten gleichzeitig aussuchen, wenn du einen deine Phase des Berufseinstiegs denkst?

Ich habe mir beworben bei ungefähr fünf verschiedenen Stellen, die waren alle im Raum Dortmund, fast. Die weiteste Stelle war in Paderborn. Man hat eine Menge Angebote bekommen als Informatiker, was man machen kann, sowohl regional als auch überregional. Und dann habe ich mich für die Stelle in Paderborn entschieden, weil das noch am Rande des täglich fahrbaren von Dortmund aus war und weil ich die Stelle interessant fand.

2.Themenkompex: Berufseinstieg

Wie viele tatsächliche Stellenangebote hattest du auf dem Tisch liegen?

Also an Angeboten hatte wirklich nur dieses eine zu dem Zeitpunkt. Weil teilweise war es so, dass die Firmen gar nicht geantwortet hatten, teilweise hatten sie nichts frei. Aber ich habe mich auch initiativ beworben, muss ich dazu sagen. Und ich habe nur Firmen gesucht, die auch interessante Sachen anzubieten hatten. Also Informatik im Zusammenhang mit Ingenieurwesen zum Beispiel und nicht einfach nur E-Commerce oder Datenbankkram, wo man vielleicht auch sehr viel schneller ein Stellenangebot gekriegt hätte.

Wie weit bist du räumlich gegangen bei den Bewerbungen? NRW-weit oder auch darüber hinaus?

NRW weit war das. Paderborn war wie gesagt das Weiteste. Und dort hat es ha auch geklappt mit der Stelle.

Wie stark war in der Bewerbungsphase deine Bereitschaft, den Wohnort zu wechseln? Hast du da eine bestimmte Grenze gesetzt, also einen maximalen Radius?

Ich habe die Grenze so gesetzt dass ich jeden Tag von Dortmund aus fahren kann und die Fahrtzeit so eine Stunde nicht übersteigt, mit dem Zug oder mit dem Auto, je nach dem. Habe dann aber doch die Firma in Paderborn genommen, obwohl ich damals anderthalb Stunden fahren musste, weil ich das Angebot sehr interessant fand. Also sprich anderthalb Stunden Fahrzeit waren meine oberste Schmerzgrenze.

3.Themenkomplex: Wohnsitzwechsel

Wie lange hat bei der Übergang zwischen Beendigung des Studiums und Berufseinstieg insgesamt gedauert?

Also ich habe Diplom gemacht 2002. War dann an der Uni ungefähr viereinhalb Jahre, wo ich promoviert habe, und hab dann Ende 2006 angefangen, einen Job zu suchen und knapp nach ein halbes Jahr später habe ich den ersten Job angenommen in Paderborn.

Wie war das bei dir – wolltest auf jeden Fall bleiben an deinem Wohnsitz und hast dann nur Stellen in pendelbarer Entfernung davon liegen?

Ja, das kann man so sagen. Das war schon meine Priorität. Ich wäre auf jeden Fall nicht so gerne bereit gewesen, wegzugehen. Also, meine Priorität war damals, in Dortmund wohnen bleiben zu können und in der Umgebung zu arbeiten. Das war definitiv der Plan. Im Grunde spielt die Region auf jeden Fall eine Rolle. Sie geht vor.

4.Themenkomplex: Gewichtung der Standortfaktoren

Ich habe im Fragebogen ja immer nach dem Erstjob gefragt. Wie schätzt du die Bedeutung des Erstjobs in deiner Branche für die Karriere und die Wohnortwahl ein? Ist es so, dass der Erstjob gar nicht so entscheidend ist für den Ort, wo man länger bleibt? Wie war das in deinem Fall?

Die Online-Befragung ist ja so ausgerichtet: ich bin mit Studium oder mit Promotion fertig, und was ist mir zu dem Zeitpunkt wichtig? Und zu dem Zeitpunkt war es so, dass ich in der Region bleiben wollte. Deswegen bin ich nach Paderborn gegangen stellenmäßig, weil das noch relativ nah am Wohnort ist. Dann habe ich doch gemerkt dass die Stelle nichts für mich war. Und auch die Stelle die ich jetzt habe, ist noch in NRW und hat noch eine relative Nähe zum Wohnort. Von daher: Früher wie heute ist mir die Region schon nicht unwichtig. Ich will zwar nicht ausschließen, dass ich irgendwann mal ganz woanders arbeite, aber damals wie heute finde ich die räumliche Nähe zu meiner Region ist schon relativ wichtig für mich. Auch weil ich dann nah an meiner Freundin wohnen kann, die in meinem Heimatort wohnt.

Inwieweit spielen auch Freunde und Verwandte dabei eine Rolle?

Ja, die spielen auf jeden auch Fall eine Rolle. Meine Eigenen, aber auch die von meiner Freundin.

Inwieweit kann man sagen, Paderborn ist nicht ganz deine Wunschregion gewesen?

Sagen wir mal so: Es war ja in relativer Nähe aber es war auch schon an der Schmerzgrenze. Es war ein Kompromiss zwischen dem, was ich spannend fand und der Entfernung zum Arbeitsort. Und man muss auch bedenken, dass auch meine Freundin nah an ihren Freunden und Verwandten im Heimatort bleiben wollte, also in jedem Fall in NRW. Insofern war Paderborn noch OK.

Wärst du eher bereit, die Region zu wechseln spricht auch NRW zu verlassen, wenn du diese Bindung damals nicht hättest?

Ja, auf jeden Fall.

Du kommst ja ursprünglich aus Wuppertal. Kann man sagen, dass der Herkunftsort bei dir ausschlaggebend für die Wohnortwahl war?

Kann man sagen, ja. Konkret war es so: ich hatte meine meisten Kontakte in Dortmund, meine Freundin wiederrum hatte ihre meisten Kontakte in Krefeld, weil sie da herkommt, und mir war es wichtig gewesen, erst einmal in der Nähe von Dortmund bis Krefeld -so den Umkreis zu bleiben. Sprich Umgebung Ruhrgebiet - Rheinland. Da wäre Paderborn schon zu weit weg gewesen, da wäre auch Aachen zu weit weg gewesen. Also in diesem Umkreis zu bleiben ist mir schon wichtig gewesen, aber meiner Freundin noch mehr. Sie wäre nicht mitgezogen, weil sie Ihren Job hier in der Region hat.

Der wievielte Job ist das jetzt bei dir?

Wenn man die Promotion mitzählt -der Vierte.

Die offene Frage nach den entscheidenden Gründen für die Wohnstandortwahl wurde im Fragebogen oft falsch verstanden. Mit Wohnstandort war nicht der einzelne Ort oder Ortsteil gemeint, sondern die Region wie Rhein Ruhr oder Rhein Main. Deswegen möchte ich dich nochmals fragen: was waren für dich die drei entscheidenden Gründe für die Wahl der Region beim Berufseinstieg? Also in deinem Fall für die Region Dortmund, sprich Ruhrgebiet? (11:14)

Erstens meine existierenden sozialen Bindungen. Zweitens hatte ich während meines Studiums in Dortmund immer mehr Bezüge nach Hause, wo ich mich sehr wohl fühle. Das sind eigentlich die beiden Gründe. Also der wichtigste Grund war mit einigem Abstand die Bequemlichkeit.

Der Ausdruck „Bequemlichkeit" wurde in Fragebogen mehrfach genannt. Was meinst du genau mit Bequemlichkeit? Meinst damit die Gewohnheit, spricht „man hat sich eingelebt"? (bis 11.50)

Ich bin ja während der ganzen Studienzeit am Wochenende immer nach Hause gekommen. Und so musste ich z.b. kein Konto wechseln und all so ein Kram. Ich musste mir auch keine neuen Ärzte suchen und so weiter. Also das ist ein Argument, was bei meinen Prioritäten mit Abstand vorne war. Weil es einfach praktisch ist, wenn man so ein Hauptquartier hat, wo man einfach sein kann. Und wenn man das Bundesland wechselt, ist es komplizierter - man hat einen großen Organisationsaufwand – Ummeldungen und so ein Kram.

Mal angenommen, du hast zwei gleich gute Stellenangebote mit gleichen Entwicklungsmöglichkeiten, Gehältern usw. und der zweite Faktor wäre auch erfüllt- also deine Partnerin wäre auch mitgezogen - nach welchen Kriterien entscheidest du dich dann für eine Region?

Also, obwohl ich definitiv mal Lust hätte, eine andere Region zu sehen als Nordrheinwestfalen, weil ich glaube, dass es da interessante Stellen gibt- also so Umgebung von Hamburg oder vielleicht auch Berlin, hätte bei mir letztlich doch die Bequemlichkeit gesiegt. Also wenn die Bedingungen gleich gewesen wären, wäre ich wahrscheinlich eher hier geblieben und hätte eine Stelle in Dortmund oder näherer Umgebung angenommen.

Inwieweit hat bei deiner Standortwahl die Gehaltshöhe eine Rolle gespielt? War das ein eher untergeordneter Faktor?

Das war bei mir eher untergeordnet, kann man sagen. Ja. Am wichtigsten bei der Jobwahl war, dass mich das Thema interessiert. Die Tätigkeit muss passen. Deswegen spielt das Gehalt eigentlich kaum eine Rolle.

Jetzt möchte näher auf das Thema Kultur- und Freizeitangebot eingehen. Stelle dir wieder die Situation vor: du hast die Wahl zwischen mehreren Stellenangeboten in verschiedenen Region. Wie wichtig wären dann das Kultur- und Freizeitangebot einer Region für deine Entscheidung?

Also wenn die sonstigen Bedingungen stimmen bei den Stellenangeboten usw., würde ich schon den Ort nehmen, wo es ein größeres kulturelle Angebot gibt und es Freizeitangebote gibt, weil ich mag gerne größere Städte. Dortmund ist zwar nicht die super-Großstadt, aber es gefällt mir schon ganz die Mischung hier, weil man hat sowohl die Möglichkeit, Kultur und Freizeitangebote wahrzunehmen; man hat auch die Möglichkeit, relativ viel Natur relativ nah zu haben; und man hat trotzdem die Stadt, in der man alles hat, was man braucht. Und das mag ich gerade an Dortmund und am Kreuzviertel, wo ich auch wohne: dass man sowohl kurze Wege in die Stadt hat als auch zur Natur. Also sprich, das was du gesagt hast, Kultur und Freizeitangebote, ist mir wichtig. Ich würde jetzt aber weder in einen Ort gehen, wo nur Großstadt ist, noch in einen Ort, wo man nur Natur hat. Das wäre mir auch zu langweilig. Und wenn ich jetzt nicht das super-duper-Jobangebot am Ende der Welt hätte, dann würde ich eher dazu tendieren, in eine interessante Stadt zu gehen, als irgendwohin.

Und das hat letztlich auch eine Rolle gespielt, warum ich nicht länger in Aachen bleiben wollte und nicht mit meiner Freundin zusammen nach Aachen ziehen wollte. Weil mir alles doch ein bisschen zu provinziell vorkam dort.

Du sagtest, dass du große Städte bevorzugst. Besteht bei dir da eine psychologische Grenze bei der Einwohnerzahl? Also z.B. eine Stadt muss mindestens 300.000 Einwohner haben oder mindestens so groß wie Dortmund?

Ich kann es nicht einer Zahl festmachen. Aber Dortmund ist eine ganz gute Größenordnung für mich. Es hat ja nicht rein etwas mit der Größe zu tun, weil die Einwohnerzahl sagt ja noch nichts aus über eine Stadt. Dortmund ist zwar nicht in allen Aspekten zu schön aber es hat für mich auf jeden Fall mehr Großstadtflair als eine provinziellere Stadt wie Aachen, wo das Städtische eher vergammelt ist, und dann noch eine Stadt, in der dir irgendwann langweilig wird.

Was macht für dich genau dieses Großstädtische Flair aus? Woran machst du das fest?

Ich mache das z.B. fest. an den Gebäuden, die sich in einem gewissen guten und modernen Zustand befinden – was in Dortmund bei vielen Gebäuden der Fall ist. Und was für mich zumindest das Citybild von Dortmund prägt, ist, dass zumindest in der City alles modernisiert wirkt. Und dass man auch eine Anonymität der Stadt hat. Und das man gute Einkaufsmöglichkeiten hat; dass man viele junge Menschen sieht, die am Wochenende Abends weggehen, egal ob man jetzt selber weggeht oder nicht – das prägt ja auch das Stadtfeeling. Oder auch, dass es eine Uni gibt und dass es deswegen Studenten gibt, die wiederum in Vierteln wohnen, in denen man sich auch wohler fühlt. Also so wie im Kreuzviertel zum Beispiel.

Heißt das auch, der Anteil von jungen Menschen ist dir wichtig?

Ja, das kann man wirklich sagen.

Du hast das Thema Mischung angesprochen. Du willst also eine Stadt, in der man vieles kombinieren kann und in der es Abwechslung gibt?

Ja genau. Auf der einen Seite will ich Einkaufsmöglichkeiten, dann habe ich sozusagen Beton - das kann auch für ein paar Stunden Spaß machen. Auf der anderen Seite will ich auch Wohnviertel, in denen ich meine Ruhe habe und kann aber auch in wenigen Fahrminuten in der Natur sein oder in einem Park oder sonstige Freizeitmöglichkeiten haben. Diese Mischung ist für mich in Dortmund und im Ruhrgebiet und ganz gut gegeben.

Ich möchte jetzt auf den Faktor Kultur näher eingehen. Welche Kulturangebote sind für dich besonders interessant?

Zum einen sind das Bars und Kneipen, zum anderen Weggehmöglichkeiten im Sinne von Clubs, wobei die für mich heutzutage nicht mehr so wichtig sind vor ein paar Jahren, aber das spielt auf jeden Fall auch mit eine Rolle und prägt für mich auch das Flair der Stadt, auch wenn ich selber nicht so viel weggehe und eher in Kneipen und Bars gehe. Ich gehe auch mal gerne ins Theater bzw. in kleinere Kabarette – und sowas gibt es ja auch hier. Wichtig ist, das man einfach diese Möglichkeiten hat, auch wenn man es selber nicht macht.

Wenn ich die beiden Bereiche gegenüberstelle- auf der einen Seite Strassenkultur sprich Kneipen, Bars. Cafés und auf der anderen Seite Theater, Kabarette, Museen- also das, was man als klassische Kultur bezeichnet – was davon ist für dich interessanter und wichtiger?

Teil teils...

Also das erstere, die Strassenkutlur ist für mich schon das wichtigere, weil ich das häufiger nutze. Aber oft geht das eine ja auch mit dem anderen einher. Städte, in denen es keine Theater, Kabarette oder keine „intelligente Szene" gibt, haben auch kaum Kneipen; Also, die beiden Sachen ergänzen sich gegenseitig.

Welche Rolle spielt für dich Möglichkeit, verschiedenen Outdooraktivitäten auszuüben?

z.B. Fahrradfahren, Wandern, Skifahren, Schwimmen etc.

Also in dem Bereich ist es für mich am wichtigsten, das man schöne Parks hat. Was Aktivitäten angeht: also die Möglichkeit, zu Radeln würde ich jetzt nicht als besonderes Angebot sehen. Radeln kann man praktisch überall, wo man eine schöne Umgebung hat, wo man es grün hat. Andere konkrete Aktivitäten wie z.B. irgendwelche Hallen, wo man etwas machen kann oder Skihallen, spielen für mich einer weniger eine Rolle.

Wie wichtig ist für dich der Faktor Wasser also die Nähe zu Wasserflächen? Also in der Umgebung schnell erreichbare Wasserflächen wie Seen, Flüsse etc.

Nicht so eine große Rolle würde ich sagen. Seen gibt es ja in der Umgebung von Dortmund, und ich nutze es auch mal gerne aus, aber das ist nicht so die große Priorität bei mir.

Protokoll des telefonischen Interviews mit einem Absolventen

Studiengang: Logistik

Absolventenjahrgang: 2004

Herkunftsort: Marl

Aktueller Wohnsitz: Aschaffenburg

1.Themenkomplex: Phase des Übergangs zwischen Studium und Beruf

In der Literatur heißt es oft, und das war auch meine Annahme, das man heutzutage als junger Ingenieur sich den Job und die Region nahezu frei aussuchen kann weil man immer zwischen mehreren Stellen aussuchen kann. Inwieweit traf das auch auf deine Situation zu? Aus wie vielen Stellenangeboten konnten Sie aussuchen?

Diese Aussage trifft auf mich überhaupt nicht zu. Ich habe 70 bis 80 Bewerbungen geschrieben aber letztendlich war die Stelle, die ich jetzt angetreten habe, die erste, die mir wirklich konkret angeboten wurde. Ich war bei einer anderen Stelle in der Nähe in der Auswahl aber die Stelle die ich jetzt habe war die einzige, die ich sicher hatte.

Wo haben Sie sich räumlich gesehen beworben? Haben Sie Ihren Radius irgendwie eingeschränkt?

Nein, ich habe meinen Radius nicht eingeschränkt aber ich habe mich in ganz Deutschland beworben und bin einfach danach gegangen, wo es Stellen gab, die interessant schienen, also die zu meinen Interessen passten. Es war aber so dass die meisten Bewerbungen nach Süd- und Westdeutschland gegangen sind, weil ich vermutete, dass es dort die meisten entsprechenden Arbeitsplätze gab.

Haben Sie sich auch über Deutschland hinaus irgendwo beworben?

Darüber hinaus weniger. Ich habe glaube ich eine Bewerbung in die Schweiz geschrieben und eine in die Niederlande aber das war eher die Ausnahme. Ich bin doch schon in Deutschland geblieben bei den Bewerbungen.

2.Themenkompex: Berufseinstieg

Und wie lange hat es ungefähr gedauert, die Phase zwischen Studium und Berufseinstieg?

Das hat insgesamt anderthalb Jahre gedauert. Ich habe zwischendurch noch ein dreimonatiges Praktikum gemacht zur Überbrückung, und hab während dieser Zeit auch weiter Bewerbungen geschrieben und wie gesagt vom Zeitpunkt, wo ich das Diplom in der Hand hatte bis zur Stelle waren es anderthalb Jahre.

Hatten Sie denn in der Bewerbungsphase oder schon davor bestimmte regionale Präferenzen, also bestimmte Regionen, wo Sie vorzugsweise hinwollten? Oder war das erst einmal egal?

Das war erst einmal egal. Innerhalb Deutschlands wollte ich schon eher bleiben, aber darüber hinaus war es wirklich egal zum dem Zeitpunkt.

Ich habe im Fragebogen ja immer nach dem Erstjob gefragt. Wie schätzt du die Bedeutung des Erstjobs in deiner Branche für die Karriere und die Wohnortwahl ein? Ist es so, dass der Erstjob gar nicht so entscheidend ist für den Ort, wo man länger bleibt? Wie war das in Ihrem Fall. Sind Sie bei Ihrem Erstjob geblieben?

Bisher hab ich die Stelle noch nicht gewechselt allerdings überlege ich im Moment, das zu tun aus verschiedenen Gründen. Das hat also bisher noch nicht geklappt.

Und inwieweit ist es unter Ihren Kommilitonen der Logistik überhaupt üblich, den Erstjob innerhalb von ein paar Jahren wechselt?

Durchaus. Also, ich habe nicht mehr zu vielen Kontakt. Aber die, zu denen ich noch Kontakt habe, da war es durchaus so, dass sie gewechselt haben, ja.

3.Themenkomplex: Wohnsitzwechsel

Wie schätzen Sie also die Bedeutung des Erstjobs wie die dauerhafte Wahl der Region ein? Kann man pauschal sagen, es ist eher unwichtig?

Ich würde sagen es kommt auf die persönliche Situation an. Natürlich, wenn man dort in der Region Freunde findet und eventuell einen Partner und vielleicht eine Familie gründet, dann trägt das sicherlich dazu bei, dass man auch da bleibt, aber das ist ja nicht bei allen Menschen so. Und wenn das nicht der Fall ist dann ist man natürlich weiterhin mobil und wechselt mal gern mal die Region.

Wie schnell nach dem Berufseinstieg mussten Sie Ihren Wohnort wechseln?

Ich musste sofort wechseln weil die Entfernung einfach zu groß gewesen wäre um zu pendeln. Und dann bin ich auch sofort nach Aschaffenburg gezogen.

4.Themenkomplex: Gewichtung der Standortfaktoren

Jetzt möchte ich auf die Offen Frage nach den drei entscheidenden Gründen der Wohnstandortwahl im Fragebogen eingehen. Diese offene Frage wurde im Fragebogen oft falsch verstanden. Mit Wohnstandort war nicht der einzelne Ort oder Ortsteil gemeint, sondern die Region wie Rhein Ruhr oder Rhein Main. Deswegen möchte ich dich nochmals fragen: was waren für dich die drei entscheidenden Gründe für die Wahl der Region beim Berufseinstieg also in deinem Fall für die Region Franken?

Wie gesagt, ich hatte keine großartige Wahl. Ich hatte bloß diese eine Stelle und bin dann deswegen hergezogen. Das war der einzige Grund.

Aber jetzt mal angenommen, Sie hätte die Wahl zwischen zwei gleich guten Stellenangeboten, die gleichermaßen für Sie interessant wären, gleiche Konditionen usw. Nach welchen Kriterien würden Sie sich dann für eine Stelle entscheiden?

Dann würde ich natürlich nach der Region gehen und zwar wäre dann für mich vor allem die Größe der Stadt wichtig. Die Stadt muss eine gewisse Größe haben und es sollte vielleicht eine Universitätsstadt sein, damit es eine relativ große Szene von jungen Leuten gibt, wo ich mich wahrscheinlich am wohlsten fühlen würde. Das wäre auf jeden Fall ein Entscheidungskriterium.

Haben Sie da vielleicht eine psychologische Grenze, wie groß diese Stadt mindestens sein muss? Oder kann man das nicht an einer Einwohnerzahl festmachen?

Fauszahl wäre vielleicht hunderttausend Einwohner. Wobei in Universitätsstädten ist in einfach mehr in der Richtung los, auch wenn sie kleiner sind. Im Endeffekt spielt die Einwohnerzahl dann eine unwichtige Rolle.

Ich möchte jetzt auf den Faktor soziale Bindungen eingehen. Im Fragebogen wurde die Nähe zu Freunden, Verwandten und zum Partner sehr oft als wichtig bewerten. Wie wichtig war dieser Faktor für Sie beim Berufseinstieg?

In meinem Fall weniger. Wie gesagt, ich hatte keine Alternative. Es ist sicherlich ein Glücksfall, dass meine Stelle nicht so weit vom Ruhrgebiet entfernt ist, wo meine Familie wohnt und einige meiner Freunde. Aber wahrscheinlich wäre ich, wenn ich eine Stelle in einem weiter entfernten Ort bekommen hätte, da auch hingegangen.

Jetzt möchte ich zum Thema Freizeit und Kultur übergehen. Welche Angebote im Kultur und Freizeitbereich sind für Sie besonders wichtig, wenn Sie wieder zwischen mehreren Regionen entscheiden könnten?

Generell sind das Aktivitäten, bei denen man Menschen kennenlernen kann. Wo man andere kennenlernt, die in der gleichen Situation sind wie man selber ist – vielleicht neu in der Stadt sind und gemeinsame Interessen haben. Zum Beispiel Sprachkurse, oder Theatergruppen oder Gruppen, mit denen man gemeinsam ins Kino geht und sowas. Also generell Möglichkeiten, seinen Interessen nachzugehen und dabei Menschen kennenzulernen.

Sie haben gesagt, dass Sie vorhaben, Ihren Job zu wechseln. Haben Sie da auch schon eine bestimmte Vorstellung, wo Sie dann regional hingehen möchten, wenn Sie wechseln?

Ich glaube es kommt da nicht so sehr auf die Region an wie auf die Größe der Stadt. Wobei, an Regionen mag ich da lieber Norddeutschland als den Süden, aber das wäre letztendlich nicht so wichtig. Ich könnte mir z.B. auch vorstellen, nach Karlsruhe zu gehen, weil es einfach eine Stadt ist, wo ich mich sehr wohl gefühlt habe. Da habe ich ein Praktikum gemacht und so Städte vor der Art würden mich auf jeden Fall reizen. Es kommt da nicht so sehr auf die Region an.

Jetzt möchte ich den Faktor Wasser/Wassernähe ansprechen. Es heißt in der Literatur, dass gerade hochqualifizierte Arbeitskräfte die Nähe zu Wasserflächen sehr schätzen. Wie wichtig wäre dieser Faktor für Sie, wenn Sie später nochmals zwischen mehreren Standorten entscheiden müssen?

Das wäre auf jeden Fall ein Faktor. Ich finde es z.B. auf jeden Fall gut, dass man hier in Aschaffenburg am Main spazieren gehen kann. Und ich fände es noch schöner, z.B. am Hamburger Hafen spazieren zu gehen. Das wäre sicherlich nicht das einzige Auswahlkriterium, aber es wäre natürlich eines.

Möglichkeiten, verschiedenen Outdooraktivitäten auszuüben, inwieweit hat das eine Stellenwert bei Ihren Präferenzen? Also z.B. die Verfügbarkeit von Radwegen, Fußwegen, etc. und die Möglichkeit, diverse Sportarten zu betreiben?

Radwege und Fußwege schon deswegen, weil ich kein Auto besitze und das deswegen für mich einfach zur Fortbewegung dient. Deswegen finde ich ein gutes Radwegenetz immer gut in einer Stadt. Sonst bin ich nicht so der Sportmensch. Wobei es auch schön ist, wenn es ein Hallenbad gibt, wo man nicht nur in einem Becken hin und herschwimmen kann. Aber es muss jetzt auch nicht sowas wie Klettern oder Bungeejumping geben.

Eine Frage zur Einstiegssituation allgemein. Sie sind ja Absolventenjahrgang 2004. Inwieweit hängt Ihre schwierige Stellensuche damals zusammen mit der Situation am Arbeitsmarkt. Fällt das zeitlich auch zusammen mit der kleinen wirtschaftlichen Delle 2004/2005, die es in Deutschland gab?

Das weiß ich nicht. Mit ist allerdings damals aufgefallen, auch wenn es nur subjektiv war, dass es später in der Suchphase mehr Stellenangebote gab, die auf mich passten. Also am Anfang habe ich wirklich oft völlig vergeblich gesucht und später habe ich die Bewerbungen in einem dichteren Takt rausgeschickt, weil es einfach mehr gab, was passte. Kann natürlich sehr subjektiv sein, deswegen weiß ich nicht ob das ein allgemeiner Trend ist.

Thema Gehaltshöhe: Bei der Onlineumfrage ist mir aufgefallen, dass sie Gehaltshöhe relativ selten als wichtig bewertet wurde. Wie schätzen Sie die Bedeutung dieses Faktors ein? Inwieweit würde das eine Rolle spielen, wenn Sie sich später noch woanders bewerben?

Bei der ersten Stelle ist es so, dass man froh ist, überhaupt eine Stelle zu haben, wenn man so lange gesucht hat. Und da reicht es aus, wenn man soviel Geld hat, dass man über die Runden kommt. Und wenn ich mich jetzt neu bewerbe, dann habe ich natürlich die Erwartung, dass ein kleiner finanzieller Sprung damit verbunden ist. Und deswegen spielt es da schon eine größere Rolle als beim ersten Job.

Wie war das bei Ihren Kommilitonen - Inwieweit kennen Sie ähnliche Fälle – dass Leute gar nicht aus Stellenangeboten auswählen konnten und das nehmen mussten was zuerst kam?

Ich kenne so einen Fall aus meinem Jahrgang jetzt nicht. Ich habe es eher erlebt, dass viele gleich von einem Lehrstuhl übernommen wurden, bei dem sie ihre Diplomarbeit geschrieben haben und dann erst einmal eine Weile an der Uni geblieben sind und dann erst später etwas anderes gemacht haben. Das war so das, was ich damals erlebt habe.

Wenn Sie sich jetzt wieder bewerben, wie hoch wird Ihre Mobilitätsbereitschaft sein? Wird sie bei Ihnen gleichbleiben wie bei der ersten Stellensuche bleiben, oder werden Sie einen Radius ziehen?

Nein, sie wird gleichbleiben. Also ich bin da im Prinzip offen, wie gesagt. Es kommt eher auf die Größe der Stadt an oder auf das kulturelle Angebot als auf die konkrete Region.

Und sind Sie derzeit an eine Partnerin gebunden?

Nein.

Anhang 5: Leitfaden und Transkript des Interviews mit Dirk Löhn

Interviewleitfaden

Allgemeines

1. räumliche Abgrenzung der IT-Region Dortmund

2. Wie wichtig ist für die IT-Branche die Verfügbarkeit von jungen, hochqualifizierten Arbeitskräften? Wie hoch ist der Akademikeranteil an allen Beschäftigten der Dortmunder IT-Branche?

3. Woher kommen die Arbeitskräfte der Dortmunder IT-Branche räumlich betrachtet?

Themenkomplex Arbeitsmarkt

4. Wie ist generell das Verhältnis zwischen Angebot und Nachfrage von offenen Arbeitsstellen für hochqualifizierte Informatiker? Daher inwieweit können Bewerber zwischen mehreren Stellenangeboten aussuchen?

5. Inwieweit ist die Region Dortmund im Vergleich zu Konkurrenzregionen bei den Bewerbern benachteiligt? Sind nennenswerte Unterschiede bei der regionalen Bewerbungshäufigkeit zwischen Dortmund und z.B. Süddeutschland bekannt?

6. Wie gut ist die Region im Wettbewerb um hochqualifizierte(IT)- Fachkräfte aufgestellt?

7. Gibt es aktuell Probleme, genügend hochqualifizierte Arbeitskräfte zu finden und falls ja, inwieweit stellt das ein Problem für Ihr Unternehmen und die Dortmunder IT-Branche dar? Gibt es in der Region einen branchenspezifischen Fachkräftemangel?

8. Prognose: Wie schätzen Sie den Akademikerbedarf in Ihrer Branche sowie deren Verfügbarkeit in Zukunft ein? Ist ein zunehmender Fachkräftemangel absehbar?

Themenkomplex Standortfaktoren

9. Welche Faktoren sind Ihrer Meinung nach bei der Wohnstandortwahl von Informatik-Absolventen am wichtigsten? Ist die Attraktivität eines Stellenangebotes das alles entscheidende Kriterium, um sich für eine bestimmte Region zu entscheiden?

10. Und wie schätzen Sie die Bedeutung der weichen Faktoren wie Freizeitwert oder Kulturangebot bei ihrer Wahl der Region ein?

11. Wie stark unterscheiden sich die Einstiegsgehälter zwischen IT-Unternehmen in Dortmund und vergleichbaren Unternehmen in Süddeutschland? Können Sie mir grobe Richtwerte angeben? Und die Karrieremöglichkeiten?

Themenkomplex Handlungsempfehlungen

12. Schlussfrage: Was müsste man tun, um Absolventen in Dortmund und im Ruhrgebiet zu halten und mehr Absolventen von außerhalb in diese Region zu locken?

Sonstiges (Eventualfragen)

Meine Online-Befragung von Absolventen der TU-Dortmund (zu 57% Informatiker) ergab, dass Absolventen mit der Herkunft NRW zu 77 % in NRW geblieben sind. (61% allein im Ruhrgebiet). Diese Zahl ist höher als vermutet. Was glauben Sie, woran das liegen könnte?

Die Umfrage ergab ferner, dass nur 4 % aller Befragten einen Berufseinstieg im Ausland gemacht hat. Dabei locken die angloamerikanischen Länder oder die Schweiz häufig mit deutlich besseren Verdienstmöglichkeiten und Berufsaussichten. Warum gehen Ihrer Meinung nach trotzdem nur so wenige Absolventen der TU Dortmund ins Ausland?

Interviewtranskript

Experteninterview mit Dipl. Informatiker Dirk Löhn,

Datum: 9.06.2009

Zur Person:

Herr Löhn hat an der Universität Dortmund angewandte Informatik studiert. Er ist derzeit Vorstandsmitglied von Networker-Westfalen, einem IT-Firmennetzwerk für das Östliche Ruhrgebiet. Er ist ferner Geschäftsführer der Locatech GmbH und arbeitete in Vergangenheit für bei der Fraunhofer Gesellschaft, bei Microsoft Inc. sowie bei der Materna GmbH. Durch dieses Tätigkeitsprofil gilt er als Experte auf dem Gebiet der IT-Branche in der Region Dortmund.

Themenkomplex: Allgemeines

1. Wie würden Sie die IT-Region Dortmund räumlich abgrenzen? Wie weit reicht sie über Dortmund hinaus?

Ich denke mal die IT-Region Dortmund ist geprägt durch den IHK Bezirk Dortmund. Also der gesamte Umkreis, also das direkte Einzugsgebiet Dortmunds. Aber meisten Unternehmen konzentrieren sich schon eindeutig in der Stadt Dortmund.

2. Wie wichtig ist für die IT-Branche die Verfügbarkeit von jungen, hochqualifizierten Arbeitskräften? Wie hoch ist der Akademikeranteil an allen Beschäftigten der Dortmunder IT-Branche?

Ich habe keine genaue Zahl im Kopf aber bei Locatech sind es bestimmt 60% Akademiker. Einen Durchschnitt kann ich Ihnen jetzt nicht sagen. Das ist je nach Unternehmen unterschiedlich. Materna z.b. beschäftigt auch viele studentische Hilfskräfte. Aber insgesamt würde ich sagen über 60% auf jeden Fall. [...] Ich glaube große Unternehmen wie Materna haben es leichter, Akademiker anzuziehen, während die kleinen Unternehmen, die müssen auch wirklich gucken- kriegen sie die Akademiker an sich gebunden, oder nehmen sie jemanden mit einem Ausbildungsweg.

3. Woher kommen die Arbeitskräfte der Dortmunder IT-Branche räumlich betrachtet? Kommen Sie hauptsächlich aus der Region oder gibt es einen nennenswerten Anteil von Zugezogenen aus anderen Bundesländern oder aus dem Ausland?

Ausland - glaube ich in meiner Wahrnehmung- fast gar nicht. Und, ja das ist natürlich viel Eigengewächs, eben dadurch, dass wir hier die Uni haben und die FH. Wodurch viele aus dem Ruhrgebiet und aus der Region kommen. Und wir haben aber auch ein paar Zugezogene. Also wir haben die Erfahrung gemacht, dass die Zugezogenen, die aber wenige sind, irgendwann wieder in ihre Heimat gehen. Also wie gesagt: Es gibt nur wenige.

Wir hatten mal eine Mitarbeiterin, die kam aus Köln. Sie hat sich standhaft geweigert, nach Dortmund zu ziehen.

Themenkomplex Arbeitsmarkt

4. Wie ist generell das Verhältnis zwischen Angebot und Nachfrage von offenen Arbeitsstellen für hochqualifizierte Informatiker? Daher inwieweit können Bewerber zwischen mehreren Stellenangeboten aussuchen?

Diese Frage ist schwer allgemein zu beantworten. Aktuell ist es sicherlich so: man bekommt in der Regel leichter Mitarbeiter. Bedingt dadurch, dass die IT-Branche als Dienstleiser für andere Unternehmen auftritt, hängt sie zurzeit entsprechend am Nabel. Und die Schwäche der anderen Unternehmen spüren auch wir. In der aktuellen Lage würde ich sagen, ist es nicht so, dass ein Bewerber zwischen mehreren Stellenangeboten aussuchen kann. Wobei man bei Absolventen auch differenzieren muss: diejenigen, die sich über das reine Studium hinaus mit Unternehmen bekanntmachen, und auch wirkliche aktiv Netzwerke knüpfen, die werden in aller Regel den Job aussuchen können und die müssen auch nicht unbedingt Bewerbungen schreiben – das ist meine Erfahrung. Und diejenigen, die einfach vier oder fünf Jahren studieren und sich dann sagen: ja dann schreib ich mal eine Bewerbung- die haben es schwerer. Weil es ja nicht nur auf die passende Kombination ankommt, sondern das ist ja noch viel viel mehr.

5. Inwieweit ist die Region Dortmund im Vergleich zu Konkurrenzregionen bei den Bewerbern benachteiligt? Sind nennenswerte Unterschiede bei der regionalen Bewerbungshäufigkeit zwischen Dortmund und z.B. Süddeutschland bekannt? Kann man z.B. in München bewerben sich Absolventen generell häufiger?

Ich kenne da jetzt keine Statistiken. In der Wahrnehmung, die wir haben, aus Gesprächen mit anderen Unternehmen und auch aus eigener Erfahrung kann ich sagen- klar, wenn man hier in der Region als Unternehmer sitzt dann findet man natürlich auch die Region toll. Ich lebe das ja auch aus hier. Man muss aber in der Wahrnehmung unterscheiden zwischen Bewerbern aus der Region und Bewerbern von außerhalb. Und Bewerber von außerhalb, wenn man mal guckt, wo wollen sie hin? Dann gehen sie vielleicht eher nach München, oder eher in irgendeine gute Region, vielleicht auch nach Berlin als dass sie sagen: „Mensch, nach Dortmund, da wollt ich immer schon mal hin! " Das ist die Wahrnehmung der Region, das ist ein weicher Faktor, der sehr mit dem Image der Region zu tun hat. Wobei ich auch sagen muss: wenn man jetzt die letzten 20 Jahren betrachtet, solange sind wir hier, hat sich der Standort von der Attraktivität für Arbeitskräfte und für Studierende deutlich verbessert. Auch vom Image her.

6. Wie gut ist die Region im Wettbewerb um hochqualifizierte(IT)- Fachkräfte aufgestellt? Würden Sie sagen, Dortmund kann mittlerweile mit anderen IT-Regionen mithalten?

Für jemanden in München hat der IT -Standort Dortmund immer noch nicht den Stellenwert, den es haben müsste. Die Innenwahrnehmung und die Außenwahrnehmung von dem, was man hier wirklich geboten kriegt –die weichen einfach sehr stark von einander ab. Ich glaube was die Leute dazu verleitet, sich für einen Standort zu entscheiden, neben der reinen Stelle, sind weiche Faktoren: Hab ich hier ein gutes Lebensumfeld? Kann ich abends ausgehen? Das macht es aus. Und da ist die Wahrnehmung einfach nicht gut genug, dass die Leute erkennen, „Mensch, diese Region ist toll". Was aber auch etwas ausmacht sind die IT-Unternehmen. Wir haben hier eine *Materna*, wir haben hier eine *Adesso* (große IT-Unternehmen aus Dortmund, Anmerkung des Autors). Wir haben einige Unternehmen, die irgendwo mehr als 100 oder 200 Mitarbeiter haben. Das ist sehr begrenzt. Wir haben kein Siemens, wir haben kein IBM, wir haben kein Microsoft, wir haben kein SAP. Uniabsolventen neigen dazu, zu denken: „Mensch, ein großes Unternehmen als Berufseinstieg- bestimmt nicht schlecht!" Also das Unternehmen und seine Bekanntheit ist mit Sicherheit ein Faktor. Wenn ich an meine eigene Zeit zurückdenke, oder am meine Kommilitonen: wenn ich die Möglichkeit hab, zu Accenture zu gehen oder zu SAP oder so was, dann ist das als Berufseinstieg was anderes als wenn ich zu der Firma „abc" mit drei Mitarbeitern gehe.

Wir haben auch Mitarbeiter, die extra zu uns kommen, weil wir nicht so groß sind, und weil man da auch wieder Vorteile hat. Aber man muss sagen die Region Dortmund ist geprägt durch viele kleine Unternehmen mit 5 bis 50 Mitarbeitern. Und da ist es schon so, dass man die großen Namen nicht hat. Also wer darauf Wert legt, wird schon woanders hingehen. Und aus Sicht von Studenten ist es schon so, dass große Namen viel wert sind.

Themenkomplex Standortfaktoren

9. Welche Faktoren sind Ihrer Meinung nach bei der Wohnstandortwahl von Informatik-Absolventen am wichtigsten? Ist die Attraktivität eines Stellenangebotes das alles entscheidende Kriterium, um sich für eine bestimmte Region zu entscheiden? Oder ist es eher eine Kombination aus verschiedenen Gesichtspunkten?

Es ist natürlich eine Kombination sowohl aus weichen wie auch aus harten Faktoren. Aber gerade Absolventen schauen darauf, wie sie sich im Unternehmen entwickeln können und welche Freiräume sie haben. Für sie ist da noch relativ egal, ob es ein kleines oder ein großes Unternehmen ist. Wenn ich ein großes Unternehmen bin, was sehr hierarchisch organisiert ist, dann ist es vielleicht gar nicht so attraktiv. Viel machen auch die weichen Faktoren aus. Also auch im Bewerbungsgespräch merken Sie schon, ob die „Chemie" stimmt oder, nicht. Hat man von seinem Betriebsklima her etwas, wo der Mitarbeiter sagt: „boah, das kann ich mir super vorstellen! Und der Faktor Einstiegsgehalt wurde an der Stelle nie als Hauptentscheidungsgrund genannt. Klar, gerade beim Berufseinstieg muss man darauf achten, dass man mit seinem Einstiegsgehalt nicht total daneben liegt, aber wichtiger ist in den ersten Jahren, dass man sich Fachkompetenzen aufbaut und Berufserfahrung sammelt, und später Referenzen vorzeigen kann.

Meinen Sie damit den Faktor Entwicklungsmöglichkeiten?

Was ich meine ist die Art der Tätigkeit, also die konkrete Art der Projekte, die man macht. Weil das etwas ist, was man später in seinen Referenzen angeben kann und weil es auch einfach sehr unterschiedliche Aufgaben gibt und da hat jeder Bewerber ganz bestimmte Schwerpunkte, was er machen möchte.

7. Wichtiges Thema zur Zeit ist ja der Fachkräftemangel in der IT-Branche. Gibt es aktuell Probleme, genügend hochqualifizierte Arbeitskräfte zu finden und falls ja, inwieweit stellt das ein Problem für Ihr Unternehmen und die Dortmunder IT-Branche dar? Gibt es in der Region einen branchenspezifischen Fachkräftemangel?

Zurzeit sind die meisten Unternehmen sehr zurückhaltend, was Neueinstellungen eingeht. Dementsprechend kann zurzeit kein Arbeitskräftemangel bei den meisten Unternehmen konstatiert werden. Der Fachkräftebedarf ist sehr stark geprägt durch die wirtschaftliche Lage.

Aber ich denke, dass der Bedarf und der Fachkräftemangel in Zukunft wieder eintreten wird, weil die IT eine Branche ist, die anderen Unternehmen hilft, ihre Unternehmensprozesse zu optimieren und wettbewerbsfähiger zu werden. Und ihr Bedarf an solchen Dienstleistungen wird wieder deutlich steigen. Das heißt in Zukunft werden wir wieder Arbeitskräftemangel haben, davon bin ich überzeugt. Ich kann Ihnen nicht genau sagen, wann das passiert, aber es wird passieren. Und ich kann nur jedem raten, der überlegt, was will er studieren – mit informationstechnischen Berufen ist er auf jeden Fall gut aufgehoben.

8. Inwieweit sehen sie in Ihrer Branche einen breiten, branchenübergreifenden Fackräftemangel kommen in Zukunft?

Man muss auch da unterscheiden zwischen den Tätigkeiten: Alles, was in Richtung IT-Projektmanagement geht, Verstehen von Kundenprozessen und von organisatorischen Abwicklungen geht, ist wichtig und wird auch nachgefragt bleiben. Auf der anderen Seite hat man alles, was eher einfacher strukturiert ist, was nicht davon abhängig ist, wo man es macht - reine Programmierarbeit – für die braucht man nicht studieren.

Aber bestimmte Tätigkeiten, die nicht im direkten Zusammenhang mit Kunden steht –da besteht eine Tendenz, dass sich das immer mehr internationalisiert und das das durchaus nicht nur in Deutschland zunehmen muss. Das kann überall auf der Welt wachsen.

Aber all das, was nah beim Kunden, nah beim Prozess geschieht- das wird in Deutschland mit Sicherheit zunehmen. Dort wird der Bedarf an akademischen Fachkräften langfristig klar ansteigen.

Themenkomplex Handlungsempfehlungen

12. Schlussfrage: Was müsste man tun, um Absolventen in Dortmund und im Ruhrgebiet zu halten und vor allem um mehr Absolventen von außerhalb in diese Region zu locken?

Das Wichtigste wären internationale Programme, die helfen, dass ausländische Studenten nach Dortmund kommen. Einfach auch weil Dortmund als Instanz, als kompetente Region für Informatiker dastehen will. Denn diese Leute, die irgendwann wieder zurück gehen, tragen dieses Bild von Dortmund nach Hause und verbessern so das Image. Ein Beispiel dafür gibt es: Da gibt es z.B. Unternehmen in der Region, die Stipendien und Studiengebühren für Studierende bezahlen. Das ist ein Programm, was wir aufgerufen haben. Das ist aus der Initiative der Unternehmer entstanden. Ich denke, man muss sich einfach kreative Gedanken machen, um interessanten Pakete zu schnüren - ob das jetzt für ausländische Studenten sind oder auch für andere. Also Maßnahmen bereits während des Studiums ergreifen. Da könnte ich mir einen Dialog zwischen Unternehmen und der Uni vorstellen, den wir auch führen...Wenn ich jetzt z.B. aus München als Student hierherkomme, dann könnte ich mir ein Packet vorstellen, dass z.B. schon direkt Praktika an Unternehmen beinhaltet. Dann wäre das vielleicht attraktiver, als wenn ich irgendwo das normale Hauptstudium an einer anderen Uni antrete. Aber letzten Endes sind da wieder ganz viele weiche Faktoren, die eine Rolle spielen, und das ist das Schwierige...

Meinen Sie in diesem Zusammenhang den Faktor Image?

Image ist das Wichtigste. Ich meine Sie haben natürlich eine Vorstellung von bestimmten Städten. Sie haben sich ja auch entschieden, in Dortmund zu studieren. Entweder haben Sie das gemacht, weil es vor der Haustür lag, oder weil Sie dafür bestimmte Gründe hatten. Und ich glaube eine sehr gute Maßnahme in Richtung Image ist, dass die Universität Dortmund in Technische Universität umbenannt wurde. Die RWTH Aachen hat schon immer einen guten Ruf gehabt – Maschinenbau, Elektrotechnik...Und wenn ich Elektrotechnik studiere und ich möchte an die beste Uni dann brauche ich gar nicht überlegen – dann weiß ich - ich muss nach Aachen. Diesen Ruf aufzubauen, dauert lange Zeit und ich denke das ist eine sehr wichtige Sache. Das kriegt man am einfachsten, indem man durch attraktive Programme Leute anlockt. Wenn sie dann erst mal hier sind, finden sie es in der Regel auch gut. Wenn sie dann wieder nach Hause fahren und weitererzählen, wie gut es war, dann entwickelt sich so etwas. Das ist aber ein Prozess, der über viele Jahre geht. Das ist also die Studierendenseite. Und dann im Nachhinein muss man sich fragen- wie behält man diese Leute hier? Sie haben ja selber gesagt, dass über 60 % der Studierenden nach Studienende im Ruhrgebiet bleiben. Daran sieht man ja: wenn man erst einmal hier war, hat man eine hohe Akzeptanz für die Region und bleibt gerne hier. Und was kann man da mehr machen? Da würde ich vorschlagen, dass man frühzeitig als Unternehmer einen Draht zu den Studierenden aufbaut, damit sie die Unternehmen kennenlernen und so frühzeitig Bindungen entstehen. Und daraus entstehen dann wieder Arbeitsverhältnisse und dann bleiben die Leute auch hier.

Sie sagten zuvor, dass die Größe und Bekanntheit eines Unternehmens für viele Studierenden eine wichtige Rolle spielen. Inwieweit wäre das ein sinnvoller Ansatz -dass man versucht, solche große Unternehmen in die Region Dortmund zu holen?

Also ich glaube keiner hier hätte was dagegen, wenn sich tatsächlich ein großes IT-Unternehmen in der Gegend hier ansiedeln würde. Ich denke nur dass das schwierig ist.

Auf der anderen Seite glaube ich auch, und das ist ein langfristiger Trend, dass man eher vernetzt arbeitet. Und das auch kleinere Unternehmen möglicherweise schlagkräftiger in Team mit Partnerunternehmen zusammenarbeiten können. Es ist heute schon so, es ist nur nicht so akzeptiert am Markt, aber die Akzeptanz steigt immer mehr. Ich kann heute mit einem oder mit zwei Partnern zu einem Kunden gehen und wir haben alle drei unterschiedliche Gegebenheiten. Ich kann trotzdem ein Konzept vorstellen für eine erfolgreiche Projektarbeit. Das ging vor 10 oder vor 20 Jahren nicht so. Damals hat der Kunde sich gefragt –was hat der eine mit dem anderen überhaupt zu tun? Und wenn da Leute kommen mit IBM oder Microsoft Visitenkarten dann ich das was anderes. Also vernetztes Arbeiten klappt sehr gut. Das machen die Großen übrigens auch. Die nehmen auch immer Kleine dazu. Die arbeiten dann nur im Namen von. Aber dass Kunden auch große Projekte an kleine oder mittelständische Unternehmen geben, das muss noch mehr entwickelt werden. Das man mehr Vertrauen aufbaut. Also man braucht nicht unbedingt die großen Unternehmen.

Schön wäre natürlich, wenn sich ein Großes IT-Haus für den Standort Dortmund entscheiden würde. Aber das kann man wenig mit beeinflussen.

Sonstiges (Eventualfragen)

Meine Online-Befragung von Absolventen der TU-Dortmund (zu 57 % Informatiker) ergab, dass Absolventen mit der Herkunft NRW zu 77 % in NRW geblieben sind. (61 % allein im Ruhrgebiet). Diese Zahl ist höher als vermutet. Was glauben Sie, woran das liegen könnte?

Dafür gibt es eine relativ einfache Erklärung. Wenn ich an einem Standort studiere, dann lebe ich ja auch dort. Möglicherweise fühle ich mich da einfach wohl, habe dort meine Freundschaften – das ist der weiche Faktor. Aber was viel wichtiger ist – ich habe da eben Kontakte zu den IT-Unternehmen. Wenn ich ein Unternehmen habe, das mir eine herausragende Tätigkeit bietet, dann gehe ich da natürlich hin. Also ich denke mal da ist man schon gut aufgehoben. Und von außen betrachtet lebt man hier ja nicht schlechter als in jeder anderen Region Deutschlands, möglicherweise sogar besser als in einigen anderen. Ich glaube man kann sich hier sehr wohlfühlen. Aber ich glaube der Hauptgrund ist, dass man den ersten Arbeitgeber meistens im Laufe des Studiums kennenlernt und da geht man natürlich gerne hin.

Also, diesen hohen Verbleib in der Region, den Sie in Ihrem Fragebogen herausgefunden haben, kann ich nachvollziehen. Das ist viel leichter nachvollziehbar als Leute, die woanders studiert haben und dann hier in Dortmund eine Tätigkeit aufnehmen.

Ich habe im Fragebogen nach den Standortfaktoren beim Ersteinstieg, also dem ersten Job nach dem Studium gefragt. Aber möglicherweise ist der Erstjob für die dauerhafte Wohnstandort gar nicht so wichtig. Wie häufig wechselt man als Informatiker seinen Job? Und welchen Stellenwert hat der Erstjob tatsächlich?

Das kann man schwer allgemein sagen. Die Frage ist ja, wann haben ich meinen ersten Job gemacht? Nach dem Studium oder schon während des Studiums? In der IT ist es immer noch sehr üblich, dass Leute schon während des Studiums eine Tätigkeit haben. Ob das Praktika sind, ob das studentische Mitarbeiter sind oder sonst etwas – das sind ja auch Jobs, wo man Berufserfahrung sammelt. Und wenn ich wirklich erst nach dem Studium den ersten Job habe, dann ist so: entweder es klappt gar nicht und man geht schnell weg oder man bleibt schon für einige Jahre. Und um in einen Job reinzukommen braucht man auch einige Zeit. Und viele Leute brauchen ja auch ein bis zwei Jahre.

Anhang 6: Leitfaden und Transkript des Interviews mit Kerstin Aigner

Interviewleitfaden

Einstiegsfragen zu Materna:

1.Ihre genaue Tätigkeit bei Materna. Nur für Dortmund zuständig oder auch andere Standorte?

2.Wie viele Beschäftigte zurzeit?   Mitarbeiter welcher Fachrichtungen sind am Standort Dortmund überwiegend beschäftigt?

3. Wie hoch ist der Akademikeranteil? Und wie viele sind Informatiker oder ähnliches?

4. Wie wichtig ist für Materna die Verfügbarkeit von hochqualifizierter Arbeitskräfte adäquater Fachrichtungen?

Themenkomplex Arbeitsmarkt

5. Woher kommen die Materna-Beschäftigten räumlich betrachtet? Überwiegend aus der Umgebung?

6. Wie viele Bewerbungen kriegen Sie, und woher kommen die Bewerber regional?

7. Inwieweit ist die Region Dortmund im Vergleich zu anderen Materna-Standorten bei den Bewerbern benachteiligt?

(Sind nennenswerte Unterschiede bei der regionalen Bewerbungshäufigkeit zwischen Dortmund und z.B. Süddeutschland bekannt?)

Wie gut ist die Region im Wettbewerb um hochqualifizierte(IT)- Fachkräfte aufgestellt?

8. Fachkräftemangel: Gibt es aktuell Probleme, genügend hochqualifizierte Arbeitskräfte zu finden und falls ja, inwieweit stellt das ein Problem für Ihr Unternehmen dar? Gibt es bei Materna einen Fachkräftemangel, falls ja, wie viele und welche Stellen konnten nicht besetzt werden?

9. Prognose: Wie schätzen Sie den Akademikerbedarf bei Materna sowie deren Verfügbarkeit in Zukunft ein? Ist ein zunehmender Fachkräftemangel absehbar?

10. Inwieweit wird es notwendig, akademische Arbeitskräfte für den Standort Dortmund auch aus anderen Regionen für Dortmund anzuwerben?

Wie ist generell das Verhältnis zwischen Angebot und Nachfrage von offenen Arbeitsstellen für hochqualifizierte Informatiker? Daher inwieweit können Bewerber zwischen mehreren Stellenangeboten aussuchen?

Themenkomplex Standortfaktoren

11. Welche Faktoren sind Ihrer Meinung nach bei der Wohnstandortwahl von Hochschulabsolventen am wichtigsten? Ist die Attraktivität eines Stellenangebotes das alles entscheidende Kriterium, um sich für eine bestimmte Region zu entscheiden?

12. Und wie schätzen Sie die Bedeutung der weichen Faktoren wie Freizeitwert oder Kulturangebot bei ihrer Wahl der Region ein?

Wie stark unterscheiden sich die Einstiegsgehälter zwischen IT-Unternehmen in Dortmund und vergleichbaren Unternehmen in Süddeutschland? Können Sie mir grobe Richtwerte angeben? Und die Karrieremöglichkeiten?

Themenkomplex Handlungsempfehlungen

13. Schlussfrage: Was müsste man tun, um Absolventen im Raum Dortmund zu halten und mehr Absolventen von außerhalb in diese Region zu locken?

Sonstiges (Eventualfragen)

Meine Online-Befragung von Absolventen der TU-Dortmund (zu 57 % Informatiker) ergab, dass Absolventen
mit der Herkunft NRW zu 77 % in NRW geblieben sind. (61 % allein im Ruhrgebiet). Diese Zahl ist höher als
vermutet. Was glauben Sie, woran das liegen könnte?

Die Umfrage ergab ferner, dass nur 4 % aller Befragten einen Berufseinstieg im Ausland gemacht hat. Dabei
locken die angloamerikanischen Länder oder die Schweiz häufig mit deutlich besseren Verdienstmöglichkeiten und Berufsaussichten. Warum gehen Ihrer Meinung nach trotzdem nur so wenige Absolventen der TU
Dortmund ins Ausland?

Interviewtranskript

Experteninterview mit Kerstin Aigner, Materna GmbH

Datum: 9.06.2009

Zur Person:

Frau Aigner ist Chefin der Personalabteilung bei der Materna GmbH in Dortmund. Materna ist Dortmunds
größter IT-Arbeitgeber mit 800 Beschäftigten allein in Dortmund und rund 500 Beschäftigen an weiteren
Standorten in Deutschland und im europäischen Ausland. Frau Aigner ist für Bewerbungen bei allen deutschen Materna-Standorten zuständig.

Einstiegsfragen

Was ist Ihre genaue Tätigkeit bei Materna. Und für welche Fillialen sind Sie zuständig?

Also ich bin für die komplette Nachwuchsrekrutierung bei Materna beschäftigt. Meine offizielle Stellenbe-
zeichnung ist Ausbildungsleiterin und Personalreferentin. Mein Zuständigkeitsbereich ist Materna Deutschland, also Dortmund und alle anderen deutschen Niederlassungen.

Wie viele Beschäftigte sind zurzeit in Dortmund beschäftigt?

Also komplett Materna hat über 1300 Mitarbeiter und etwa 800 haben Ihren festen Dienstsitz in Dortmund.

Mitarbeiter welcher Fachrichtungen sind am Standort Dortmund überwiegend beschäftigt?

Schwerpunktmäßig Informatiker und Wirtschaftsinformatiker. Bei den langjährigen Mitarbeitern haben wir
auch E-Techniker, Maschinenbauer, aber die meisten sind wie gesagt Informatiker und Wirtschaftsinformatiker.

Wie hoch ist der Akademikeranteil ungefähr?

Er liegt bei etwas mehr als 80 %.

Wie wichtig ist für Materna die Verfügbarkeit hochqualifizierter Arbeitskräfte adäquater Fachrichtungen?

Das ist auf jeden Fall einer der zentralen Standortfaktoren für Materna. Den Fachkräftemangel haben wir letzes Jahr akut gespürt. Jetzt im Moment, wo alle Unternehmen etwas zögerlich einstellen, ist es so, dass wir recht gute Bewerbungen bekommen, auch gerade von Absolventen und es ist entspannter als letzes Jahr, aber wir sehen den Fachkräftemangel ganz klar in den nächsten Jahren wachsen.

Themenkomplex Arbeitsmarkt

Genau darüber wollte ich mit Ihnen auch sprechen. Inwieweit wird sich der Fachkräftemange in Zukunft weiter verschärfen? Und wie ernst ist die Lage für Materna? Glauben Sie, dass ein breiter, branchenweiter Fachkräftemangel eintreten wird?

Ich glaube, dass der Fachkräftemangel gerade bei den Informatikern und in den Naturwissenschaften auf jeden Fall problematisch werden kann, ja.

Woher kommen die Materna-Beschäftigten am Standort Dortmund räumlich betrachtet? Überwiegend aus der Umgebung? Oder gibt es auch einen relativ hohen Anteil von zugereisten oder ausländischen Arbeitskräften?

Die Personen, die in Dortmund bei uns arbeiten, kommen überwiegend aus der Region. Also Absolventen der TU Dortmund, FH Dortmund, wir haben Leute als Münster, aus Essen, Duisburg usw. Aber doch überwiegend als der Region, also aus dem Ruhrgebiet.

Das war auch eine Tatsache, die mir Herr Löhn von der Firma Locatech bestätigt hat. Woran liegt es Ihrer Meinung nach, dass die Dortmunder IT-Branche überwiegend Leute aus der Region beschäftigt? Materna ist ja nicht gerade unbekannt, und trotzdem überwiegen die Beschäftigten aus der Region….Warum gibt es dann nur relative wenige Arbeitskräfte von außerhalb?

Es mag sein, dass es attraktivere Orte gibt, als unbedingt Dortmund. Und wenn ich an der Universität in München oder in Baden-Württemberg meinen Abschluss mache, dann kann ich als guter Informatiker ja auch vor Ort einen Job suchen. Dann muss ich nicht nach Dortmund ziehen. Umgekehrt haben wir oft Schwierigkeiten, hier im Ruhrgebiet für unsere süddeutschen Geschäftsstellen Leute zu rekrutieren. Weil nicht jeder bereit ist, für den Job in den Süden zu ziehen.

Wie viele Bewerbungen kriegen Sie in etwa, und woher kommen die Bewerber regional?

Es kommt ja immer darauf an, was wir ausschreiben und wo wir ausschreiben. Es ist also ganz unterschiedlich. Es sind nicht so viele insgesamt. Wenn wir jetzt von Festeinstellungen reden, sind es vielleicht im Schnitt 10 am Tag. Und es gibt natürlich Phasen, wo wir viel mehr bekommen. Wenn wir bestimmte Stellen neu ausschreiben, dann gibt es solche Hochphasen. Wir hatten auch schon Phasen, da haben wir innerhalb einer Woche mehr als 100 Bewerbungen bekommen aber im Schnitt sind es nicht so viele Bewerbungen.

Materna hat ja viele Niederlassungen in Deutschland, auch an so attraktiven Städten wie München oder Hamburg. Inwieweit ist die Region Dortmund im Vergleich zu anderen Materna-Standorten bei den Be-

werbern benachteiligt? Kann man also sagen, dass es mehr Bewerbungen gibt in Städten, die gefühlt oder auf den ersten Blick bei den Absolventen attraktiver wirken? Gibt es da gefühlte Unterschiede?

Nein, das kann ich nicht sagen, weil wir in Dortmund als größerer IT-Dienstleister sehr bekannt sind. In Berlin haben wir eine sehr kleine Geschäftsstelle, und in München, da sind es 20 bis 30 Leute, aber dort ist Materna nicht so bekannt. Deshalb bekommen wir für Dortmund mehr Bewerbungen als für München oder für Berlin. Es sei denn wir sind aktuell vielleicht in München oder in Berlin auf einer Recruitingmesse. Dann fällt es dort vielleicht mehr auf, aber es sind nicht so viele.

Ich möchte nochmal auf den Fachkräftemangel zurückkommen. Die Lage im letzen Jahr war ja relativ angespannt. Kann man das irgendwie in Zahlen ausdrücken? Wie viel Prozent der Stellen in etwa konnten nicht besetzt werden? Laut einem Bericht des DIHK konnten damals rund 30% der IT-Arbeitsplätze nicht besetzt werden. Ist das auch eine Größenordnung, die auf Materna zutraf?

Kann ich so nicht unterschreiben. Insgesamt ist es ganz klar so, das sagt BITKOM ja auch, dass 40.000 offene Stellen in der IT-Branche bestehen(BITKOM steht für „Bundesverband für Informationswirtschaft, Telekommunikation und Neue Medien", Anmerkung des Autors). Wenn man Stellen ausschreibt, dann sind diese Stellen manchmal so speziell, dass sich niemand traut, sich darauf zu bewerben und wir manchmal auch wissen, dass wir da ohnehin nach dem normalen Bewerber niemanden bekommen. Wir haben, das war auch Aussage unseres Geschäftsführers, allerdings für ganz Europa gesehen, gesagt: wenn wir wirklich 100 Personen finden würden, die unseren Anforderungen genügen, dann würden wir auch 100 einstellen.

10. Wie schätzen Sie den künftigen Bedarf an Arbeitskräften am Standort Dortmund ein? Kann man sagen, dass langfristig immer mehr Arbeitskräfte benötigt werden, zusätzlich zu den bestehenden? Inwieweit wird also der Fachkräftebedarf insgesamt steigen?

Ich glaube, langfristig gesehen wird der Bedarf steigen. Langfristig wollen auch wir weiter wachsen, das ist ganz klar. In dem letzten Jahr stand bei uns das Wachstum in Vordergrund. In diesem Jahr steht das Halten und das Entwickeln eher im Vordergrund, weil wir alle nicht wissen, was in diesen Zeiten alles auf uns zukommt.

Inwieweit wird es langfristig notwendig, akademische Arbeitskräfte für den Standort Dortmund auch aus anderen Regionen für Dortmund anzuwerben? Oder glauben Sie, dass Sie Ihren steigenden Fachkräftebedarf auch weiterhin mit Absolventen aus der Region, sprich TU und FH Dortmund decken können?

Da wir in Dortmund sehr stark auf die eigene Ausbildung und Übernahme nach der Ausbildung bzw. auf die Beschäftigung von studentischen Mitarbeiter und dann Weiterbeschäftigung nach dem Studium setzen, glaube ich, dass es uns für Dortmund gelingen wird, den Bedarf mit den Personen aus der Region ganz gut zu decken. Wir machen eher Werbung an Schulen dafür, dass mehr Personen ins Informatikstudium gehen und unterstützen Schulen...Also das ist eher unsere Strategie wie wir den Fachkräftebedarf decken wollen.

Themenkomplex Standortfaktoren

Welche Faktoren sind Ihrer Meinung nach bei der Wahl der Region von Absolventen der Informatik am wichtigsten? Ist die Attraktivität eines Stellenangebotes das alles entscheidende Kriterium, um sich für eine bestimmte Region zu entscheiden oder glauben Sie, dass anderen Faktoren auch eine Rolle spielen? Spricht auch die Stadt / die Region?

Alles. Es fließt natürlich alles in die Entscheidung mit ein. Und es ist so, dass gute Absolventen der Informatik mehrere Angebote vorliegen haben und dann für sich die Entscheidung treffen- was ist mir wichtig? Es gibt sicherlich Personen, die schauen als erstes auf das Gehalt, aber es gibt mehr und mehr Absolventen, die auf die Tätigkeit oder auf die spannenden Aufgaben als erstes gucken, oder auf die Weiterentwicklungsperspektiven. Gängige Umfragen sagen immer, dass natürlich die Attraktivität der Aufgabe viel viel wichtiger ist als das Gehalt. Und ich würde sagen der Standort spielt eine Rolle, wobei die Dortmunder oder die Westfalen schätze ich eher als bodenständig ein. Das heißt sie bleiben doch gerne in der Region.

Heißt das also, dass für die meisten dieser Leute die sogenannten weichen Standortfaktoren, also das, was die Stadt neben dem Job zu bieten hat, eine eher geringe Rolle spielt?
Ja. Wobei, man muss dazu sagen, dass unsere Mitarbeiter ohnehin in den Projekten beim Kunden vor Ort arbeiten, das heißt ihr Dienstsitz kann Dortmund sein aber es kann durchaus möglich sein, dass sie in dem Projekt in Hamburg arbeiten.

Nun kann es ja auch sein, dass man zwischendurch für längere Zeit von einem Standort zum anderen verlegt wird. Inwieweit ist das problematisch wenn die Mobilitätsbereitschaft fehlt?
Nein, man wird jetzt nicht verlegt. Also man arbeitet in Projekten beim Kunden vor Ort. Und wir versuchen, die Projekte, die wir beispielsweise in Süddeutschland oder in Norddeutschland haben, mit Kollegen zu besetzen, die in Süddeutschland oder in Norddeutschland ihren Dienstsitz haben – ganz klar, um die Reisekosten oder den Fahraufwand so gering wie möglich zu halten. Aber es gelingt uns nicht immer und wir hatten auch schon durchaus Kollegen, die sagten, wir möchten gerne in den süddeutschen Raum wechseln. Das fanden wir sehr positiv. Und man hat dann nicht mehr den Dienstsitz Dortmund sondern den Dienstsitz Erlangen.

Eine Frage zu den Einstiegsgehältern: viele Arbeitskräfte rechnen in Süddeutschland mit deutlich höheren Einstiegsgehältern als z.B. in Dortmund. Inwieweit sind da tatsächlich Unterschieden vorhanden zwischen unterschiedlichen Materna-Niederlassungen?
Ja, es ist ganz klar so: Wenn man sich anguckt, was man in München an Miete und Nebenkosten und Lebenskosten zahlt im Vergleich zu Dortmund, dann muss man, wenn man in München jemanden einstellt, da etwas draufzahlen, ganz klar. Frankfurt ist genauso: wir haben auch eine Geschäftsstelle in Frankfurt, da geht man mit etwas höheren Einstiegsgehältern also hier in Dortmund. Weil man in Dortmund noch relativ günstig wohnen kann.

Themenkomplex Handlungsempfehlungen

Abschließend eine Frage zum Thema Handlungsempfehlungen: Was müsste man tun, um Absolventen im Raum Dortmund zu halten und mehr Absolventen von außerhalb in diese Region zu locken? Wo könnte man ansetzen? Glauben Sie, es ist die Imageseite, oder glauben Sie, man muss schon im Studium ansetzen?
Also ich glaube, als Unternehmen kann man da eher wenig tun. Als Student, der eine Uni aussucht frag man sich, was für einen Ruf hat sie, was bietet sie, und dann geht man dahin….Ich denke als Unternehmen können wir da wenig tun. Also da sind Andere gefragt, um den Standort attraktiver zu machen. Ich stelle immer wieder fest - der IT-Standort Dortmund ist nicht so sehr in den Köpfen. Da ist sicherlich noch mehr Marketing für die Region gefragt. Dieses Bild, was immer noch in den Köpfen herrscht, „dreckiges Ruhrgebiet", daran muss noch verstärkt gearbeitet werden.

Sie sagten, der IT-Standort Dortmund ist also noch nicht so bekannt. Welche deutschen IT-Standorte sind denn am bekanntesten?

Dort, wo die großen Unternehmen sitzen. Genauso wie Frankfurt z.B. die Bankenmetropole ist, ist in NRW ganz klar Düsseldorf der Sitz der großen Telco-Unternehmen (Telekommunkationsunternehmen, Anmerkung des Autors). Dass in Dortmund die IT-Unternehmen sitzen, das ist glaube ich nicht so in den Köpfen der Leute so fest verankert. Das hängt sicherlich auch damit zusammen, dass in Dortmund nicht die Global Player sitzen, sondern dass Dortmund sehr sehr mittelständisch geprägt ist. Dass es hier unglaublich spannende Firmen und unglaublich viele Arbeitsplätze im IT-Sektor gibt, das müsste auch an anderen Universitäten außerhalb von Dortmund bekannter gemacht werden.

Anhang 7: Leitfaden und Transkript des Interviews mit Rasmus Beck

Interviewleitfaden

1.Themenkompex Dortmund-Project

1. Tätigkeitsbereich des Interviewspartners
2. Auswirkungen des Dortmund Projects auf den akademischen Arbeitsmarkt der Region für Ingenieure und Informatiker: bisherige Entwicklung von Arbeitsplätzen und Prognose für die Zukunft
3. Räumlicher Aktionsradius der 3 Säulen des Dortmund Project: nur die Stadt Dortmund oder das gesamte östliche Ruhrgebiet?
4. TU Dortmund/ FH Dortmund: Absolventen welcher Fachrichtungen werden besonders verlangt?

2.Themenkomplex Arbeitsmarkt

1. Arbeitsplatzangebot für Dortmunder Absolventen in Raum Dortmund: aktuelle und künftige Situation (Bereich IT, Logistik, MST) im Vergleich zu Konkurrenzregionen
2. Nachfrage an hochqualifizierten Arbeitskräfte: aktuell und in Zukunft; Welche Fachkräfte werden besonders nachgefragt?
3. Verhältnis von Angebot und Nachfrage: Kann der (steigende) Bedarf an Hochschulabsolventen gedeckt werden? Inwieweit gibt es derzeit einen Fachkräftemangel?
4. Auswirkungen auf Wirtschaft: Inwieweit stellt der Fachkräftemangel ein Problem für die regionale Wirtschaft dar? Welche Folgen hat oder wird dieser Mangel auf die Wirtschaft haben?

3.Themenkomplex Räumliche Mobilität von Absolventen

1. Verbleib von Dortmunder Absolventen: wie viele Absolventen kommen am Dortmunder Arbeitsmarkt unter? Wo gehen Sie sonst noch hin?
2. Woher kommen hochqualifizierte Arbeitskräfte außerdem nach Dortmund?

4.Themenkomplex Handlungsstrategien zur Anziehung von akademischen Arbeitskräften

1. Strategien: was wurde/ wird getan, um hochqualifizierte Arbeitskräfte zu anzuziehen/zu halten?
2. Faktoren der Standortwahl von Absolventen: was ist Ihrer Meinung nach entscheid für Wohnstandortentscheidungen von Absolventen in der Phase des Berufseinstiegs? Warum verbleiben nicht so viele im Raum Dortmund?
3. Gesamteinschätzung: wie gut ist Dortmund aufgestellt bei der Anziehung hochqualifizierter Arbeitskräfte?

5.Sonstiges

Interviewtranskript

Experteninterview mit Rasmus Beck

Datum: 9.06.2009

Zur Person: Rasmus Beck ist Mitarbeiter des *dortmund-project*. Er arbeitet dort im Team „Menschen und Kompetenzen.

1.Themenkompex Dortmund-Project

Was ist Ihre genaue Tätigkeit beim dortmund-project?

Ich persönliche mache Fachkräftemonitoring das heißt ich versuche den konkreten Fachkräftebedarf nach Branchen zu erfassen und zum anderen schaue ich- was ist das Angebot an Fachkräften am Markt.

Wie ist der räumliche Aktionsradius der 3 Säulen des Dortmund Project: nur die Stadt Dortmund oder das gesamte östliche Ruhrgebiet?

Wir als städtische Einrichtung sind für die Stadt Dortmund zuständig. Die Institution, die das eher im regionalen Kontext betrachtet, ist die Industrie- und Handelskammer zu Dortmund. Durch den IHK Bezirk ist das ganze räumlich weiter ausgestreckt. Gleiches gilt für die Agentur für Arbeit Dortmund, sie schauen auch auf die gesamte Region. Aber das *dortmund-project* ist wie gesagt auf Dortmund fokussiert.

2.Themenkomplex Arbeitsmarkt

TU Dortmund/ FH Dortmund: Absolventen welcher Fachrichtungen werden besonders verlangt? Bei IT sind es die Informatiker, bei Logistik eher die Logistiker- aber welche Fachkräfte werden von der MST-Branche nachgefragt?

Man muss sehen, dass MST keine eigene Branche ist, sondern eine Querschnittstechnologie. Das heißt sie findet überall Verwendung. Mikrosystemtechnologische Kompenenten finden Sie bei Autos, in neuen technischen Geräten aller Art, in der Medizintechnik usw. Somit ist MST eher eine technologische Bezeichnung als eine Branche. Bezogene auf Fachrichtungen würde ich sagen: Mit der MST Technik arbeiten Physiker, Chemiker, Biologen, Bauingenieure also alle, die mit dieser Spezialisierung umgehen können. Somit eine spezielle Ausbildung für MST gibt es im akademischen Bereich nicht.

Arbeitsplatzangebot für Dortmunder Absolventen in Raum Dortmund: aktuelle und künftige Situation (Bereich IT, Logistik, MST). Ist auch in Zukunft mit der Schaffung weiterer Arbeitsplätze in den Schlüsselbranchen zu rechnen?

Das hängt ganz erheblich von der konjunkturellen Entwicklung ab. Natürlich entlassen die Unternehmen ihre hochqualifizierten Leute als letztes, weil sie relativ wertvoll sind. Aber wenn man langfristig in die Zukunft schaut: klar, mit dem technologischen Wandel steigt die Wissensintensität und Technologieorientierung in der Wirtschaft. Insofern werden langfristig immer mehr hochqualifizierte Arbeitskräfte nachgefragt. Also dass es diesen grundsätzlichen Trend gibt, ist klar. Aber ich kann Ihnen nicht sagen, wie sich das ganz konkret auf den Dortmunder Arbeitsmarkt auswirken wird. Wir müssen natürlich auch sehen: durch den demografischen Wandel werden junge Leute knapp. Hochqualifizierte werden dadurch generell in diesem Alterssegment immer weniger. Somit ist sicherlich mit einer Verknappung der Fachkräfte zu rechnen.

Gehen also davon aus, dass sich diese Situation in Zukunft weiter verschärfen wird?
Ja. Diese Verknappung könnte in 10 oder 20 Jahren zu einem Problem für die Unternehmen werden. Für sie wird es dann schwieriger, gut ausgebildete Fachkräfte zu finden.

Aber zurzeit sehen Sie in diesem Punkt keine Problem oder gibt es auch aktuell ganze Brachen, die über einen Mangel an gut ausgebildeten Fachkräften klagen?
Beschweren tun sich sehr viele. Das Thema Fachkräftemangel ist ja auch ein politisches Thema, das müssen Sie bedenken. Natürlich gibt es hier und da Unternehmen, die nicht genügend Fachkräfte finden können. Ich würde nicht sagen, dass es über keinen Fachkräftemangel gibt. Aber er ist nicht immer so ausgeprägt, wie man ihn in den Medien häufig darstellt. Es gibt häufig vorübergehend unbesetzte Stelle, weil es oft schwierig ist, innerhalb kürzester Zeit eine gewisse Anzahl von adäquaten Arbeitskräften zu finden – aber das ist noch lange kein Fachkräftemangel. Von einem Flächendeckenden Fachkräftemangel in Dortmund kann man zurzeit nicht sprechen. Behauptungen, dass 30 Prozent aller Stellen in einem Unternehmen nicht besetzt werden können, muss man kritisch hinterfragen.

Kann der steigende Bedarf an Hochschulabsolventen gedeckt werden? Inwieweit gibt es derzeit einen Fachkräftemangel?
Einen flächendeckenden Fachkräftemangel, auch bei Ingenieuren und Informatikern gibt es nicht. Die, die besonders gesucht wurden, waren meistens sehr spezialisierte Menschen, die von den Unternehmen in einem bestimmten Maß nachgefragt werden. Das heißt nicht jeder, der Informatik oder Maschinenbau studiert hat, ist zeitgleich der Gruppe zuzurechnen, der händeringend nachgefragt wird. Grundsätzlich haben alle Informatiker und auch die meisten Ingenieure gute Jobperspektiven, klar. Aber man kann nicht übergreifend sagen, dass an den Informatikern oder an den Elektrotechnikern ein Mangel besteht. Aber ist es jetzt im letzten Jahr, wo die Konjunktur angesprungen ist, zeitweise zu Verknappungen auf dem Fachkräftemarkt gekommen. Weil einfach sehr viele Unternehmen lange gewartet haben mit Neueinstellungen und plötzlich sehr schnell sehr viele Personen neueinstellen wollten. Und dann kann es zu einer künstlichen Verknappung.

3.Themenkomplex Räumliche Mobilität von Absolventen

Was ist Ihnen über den Verbleib von Dortmunder Absolventen bekannt? Wie viele Absolventen kommen am Dortmunder Arbeitsmarkt unter? Wo gehen Sie sonst noch hin?
Die, die so etwas in erster Linie befragen, sind die Universitäten selbst. Da müssten Sie sich an Studentensekretariate oder an Alumnivereine wenden. Mit persönlich sind dahingehend keine Informationen bekannt.

Und woher kommen die hochqualifizierten Fachkräfte, die in den Schlüsselbranchen IT, Logistik und MST arbeiten? Können Sie darüber etwas sagen? Sind das überwiegend Leute aus der Region oder gibt es viele aus anderen Regionen?
Auch das kann ich nicht sagen. Die Leute hier sind sicherlich gerne bereit, in der Region zu bleiben. Sie sind relativ bodenständig. Und auf der andere Seite ist es auch so: wenn großes Unternehmen woanders eine interessante Stelle anbietet, dann wechseln sie zum Teil auch die Region. Wenn Sie sich die Einwohnersta-

tistiken anschauen: Es gibt hier in Dortmund nicht nur Wegzüge sondern auch etliche Zuzüge. Es kommt immer auf das Unternehmen an, wo die Leute hinziehen. Wenn Sie nach dem Studium einen Job suchen, fragen Sie sich ja auch nicht als erstes: was bietet mir diese Stadt an Kultur, sonders sie gehen als erstes nach der Stelle und fragen sich doch als erstes: Was ist das für ein Unternehmen? Wie steht es am Markt? Wie kann ich meine Fähigkeit dort einsetzen? Wie kann ich mich weiterentwickeln? Was verdiene ich? Wie gut ist es für meine Karriere? Und dann, wenn diese Frage geklärt ist und es läuft, dann fragen Sie sich: wie kann ich meine Familie dort unterbringen, wie sieht es aus mit Parks oder mit Kultureinrichtungen? Ich glaube es geht den Berufseinsteigern hier eher um harte Faktoren.

Glauben Sie also, dass weiche Faktoren in dieser Situation weniger wichtig sind?
Ja, ich glaube, dass zuerst die beruflichen Faktoren kommen. Also gerade für junge Absolventen, für die die Familie noch nicht das Kriterium ist, nach dem sie sich richten müssen. Gerade sie gehen zuerst nach beruflichen Motiven. Ein Absolvent, der gerade eben mit der Uni fertig ist, hat noch nicht eine Ehefrau, die arbeitet und zwei Kinder. Deswegen hat er ganz andere Präferenzen als ein Familienvater.

4.Themenkomplex Handlungsstrategien
Handlungsstrategien zur Anziehung von akademischen Arbeitskräften
Strategien: was wurde/ wird getan, um hochqualifizierte Arbeitskräfte zu zuziehen/zu halten? Inwieweit gibt es also Projekte, durch die gezielt Absolventen angezogen bzw. gehalten werden sollen?
Auf der Homepage der Stadt können Sie sich das Projekt Phönix angucken. Da wird ein Riesensee mitten in Dortmund erschaffen, mit einer attraktiven Wohnlage drum herum und auch Einkaufsmöglichkeiten. Das ist in allererster Linie eine Maßnahme, um die Lebensqualität zu erhöhen. Oder auch andere Projekte wie z.B. die Aufwertung des Brückstrassenviertels mit dem neuen Konzerthaus...Es gibt etliche Projekte, die zu einer bessere Lebensqualität in Dortmund beitragen. Das sind Aktivitäten für die Einwohner, aber auch dafür, mehr Menschen von außerhalb zu gewinnen. Da wird viel getan in Dortmund, das muss man wirklich sagen. Das sind solche Sachen, mit denen auch Absolventen angesprochen werden.

Gesamteinschätzung: Wie gut ist Dortmund aufgestellt bei der Anziehung hochqualifizierter Arbeitskräfte?
Nicht umsonst haben sich z.B. im IT-Bereich etliche Unternehmen aus der Universität heraus im Technologiepark entwickelt. Viele Absolventen haben da Unternehmen gegründet. Sprechen Sie nochmal mit den Informatikern, es lohnt sich.
Die Dortmunder Informatikfakultät hat einen guten Ruf, sie ist einer der größten Fakultäten und da sollten sie einfach mal hingehen.

Sonstiges
In meiner Arbeit möchte ich mit Absolventen beschäftigen, die im Raum Dortmund besonders nachgefragt sind. Mit welchen Fachrichtungen sollte ich mich Ihrer Meinung nach daher beschäftigen? Zur Auswahl stehen die Informatiker, die Informationstechniker, die Elektrotechniker, Bio- und Chemieingenieure, Physiker Bauingenieure und die Logistiker.
Die Gruppen, die Sie hier genannt haben, werden im Großen und Ganzen alle von der Stadt nachgefragt. Ich denke Sie haben da durchaus die Richtigen in Ihre Auswahl genommen.

Wie gut ist Dortmund derzeit im Wettbewerb um die hochqualifizierten Arbeitskräfte aufgestellt, im Vergleich zu Konkurrenzregionen? Und inwieweit hat Dortmund dabei Fortschritte gemacht? Ich rede z.B. von den Bereichen Lebensqualität und Freizeitwert. Wie ist da Ihre Einschätzung?

Es kommt ja immer darauf an, mit welchen Städten Sie Dortmund vergleichen. Es ist schwer, die Lebensqualität in Dortmund mit anderen Städten zu vergleichen, dadurch dass wir hier sehr viele Städte nebeneinander haben. Sie müssen ja wirklich unterscheiden in ihrer Arbeit: es geht ja einmal um Arbeiten und einmal um Leben, das sind zwei unterschiedliche Dinge. Wer z.B. an monozentrischen Standorten wie Stuttgart arbeitet, der lebt in der Regel auch in Stuttgart. Aber hier ist das völlig anders. Wenn in Essen einen Job kriegen und Sind Dortmunder - ziehen Sie dann um? Wahrscheinlich nicht. Wenn Sie Bochumer sind und kriegen eine Job in Dortmund- ziehen Sie dann um? Nein. Damit will ich nur eins sagen: klären Sie in Ihrer Arbeit ganz klar, was Sie untersuchen wollen –die Wahl des Wohnstandortes oder die Wahl des Arbeitsstandortes. In Dortmund leben ist das eine, (das hängt vielleicht auch davon ab ob Sie hier geboren Sind, hier Freunde haben usw.), in Dortmund arbeiten ist eine andere Sache.

Wenn Sie jetzt Wohnen untersuchen, dann darf das Gebiet, was sie untersuchen, nicht auf Dortmund beschränkt sein, weil die Leute wie gesagt überall in der Region wohnen, wenn sie in Dortmund arbeiten. Deswegen müssen Sie auch klar entscheiden: schauen Sie sich die Leute am Arbeitsort am oder Wohnort an? Und dann würde ich wirklich den ganzen Umkreis von Dortmund miteinbeziehen – also Östliches Ruhrgebiet.

2539879R10131

Printed in Germany
by Amazon Distribution
GmbH, Leipzig